破门纪

——张国焘传

蘧仲玉 著

加拿大国际出版社

Canada International Press

书名：破门纪——张国焘传
作者：蘧仲玉
出版：加拿大国际出版社
出版社网站：www.intlpressca.com
出版社联系邮箱：service@intlpressca.com
作者联系邮箱：zhangguotaozhuan@gmail.com

Name: Excommunication: Biography of Zhang Guotao
Written by: Zhongyu Qu
Published by: Canada International Press
www.intlpressca.com
Contact Email: service@intlpressca.com
Author email: zhangguotaozhuan@gmail.com

ISBN 978-1-98976331-5

版权所有，翻印必究
CopyRight @2021
Canada International Press

序

党性不够，神性不足

张国焘在中共百年党史中，是一个极为特殊的存在。论资历，他排在陈独秀、李大钊之后，远在其他任何人之前；在中共的一大上，他是大会主席。说张国焘是中共的 founder（创建者），可以不用加上"之一"来限定。论能力，他参与领导了"五四运动"，独立领导了"二七大罢工"，参与领导了国共合作全过程，主持了八一南昌起义，"重新创建"了鄂豫皖苏区，整编扩大了红四方面军，开创了具有"联合政府"性质的川北苏区……等等。从 1919 年至 1936 年，中共党史上的几乎所有重大事件，他都是决策人或重要参与者；论实力，他一手创建的红四方面军，人员、装备、战斗力是红一方面军（中央红军）的五至八倍；论外援，他受到过列宁召见，担任过驻共产国际代表，共产国际远东局书记是他的政治导师，战神徐向前是他的股肱大将……无论从哪个方面看，那颗冉冉升起的红太阳都应该是张国焘。

但红太阳最终还是升起在了山环水绕的湘潭县韶山冲，而不是三百华里之外、煤层之上的萍乡县山明村（张国焘出生地）。张国焘输得很难看，成了人所不齿的叛徒，并且还是屈居国民党内三流人物戴笠手下的小特务（戴笠的上级是陈立夫，陈立夫的上级是蒋介石）。张国焘的政治走向和人生结局，前半段是历史正剧，后半段是地摊文学，这让众多党史研究者都觉得难堪和难以置信。

如果不考虑政治因素，中共党史既可供专业人士研究和探讨，也可作为普通民众的阅读文本和席间谈资。百年中共党史，可以有一万种写法。在海外华人圈中颇为流行的《毛泽东——鲜为人知的故事》（作者张戎），就把1935年之前的党史，直接写成了张毛争霸。这样的写法，作者的灵魂足够有趣，读者的心态也足够休闲。

当然，张国焘和毛泽东之间的剑拔弩张确实是真实存在的。对于非专业研究者而言，的确可以把纷繁复杂、千头万绪的中共党史，简化为张毛争霸——"张国焘为什么输？"这个问题，也可以反过来问："毛泽东为什么赢？"

而关于"毛泽东为什么赢"的书籍，早就已经汗牛充栋了。自秦皇汉武至唐宗宋祖，再到一代天骄成吉思汗，大凡风起云涌、改天换地的乱世，能够于一众枭雄之中脱颖而出者，大多具有某种超凡脱俗的"神性"。"中国出了个毛泽东"，没有比这句话更能彰显毛氏神性的语言了。毛泽东天与人归神性的养成，经历了一个由外而内、再由内而外的过程。从发起成立新民学会时算起，经过近二十年的磨难和历练，到遵义会议召开时，毛泽东完成了对共产党党性的接触、接纳与升华全过程。党性充盈，嗜读二十四史的毛泽东，在1935年6月与张国焘会师时，其中外融通的神性光辉，已经远超军阀色彩浓重的张国焘了。人神角力，张国焘不能不输。

至于何谓"党性"，这是一个极为复杂而神秘的命题，至今官方和民间都没有统一答案。我们只能简单表述一下它的形态：按照马克思在《共产党宣言》中的设想，以及列宁在俄国实施的建党原则，"共产党"是跨越国界、民族、文明、文化的政治势力；共产党的党性，亦具有这种跨越性，有类似各大宗教的教义。1929年中东路事件爆发后，共产党中国支部（中共中央）提出"武装保卫苏联"的口号，派出刘伯承、叶剑英前往伯力，率领中国工人武装，协助苏联军队攻打中国军队。

刘、叶指挥的这次军事行动，就是为党而战，具有鲜明的圣战色彩，是跨越国别和民族的党性的体现。

圣与非圣，常在一念之际。陈独秀因为反对"武装保卫苏联"，被李立三主持的中共中央开除了党籍。陈独秀此生，占尽了一个"独"字，两个儿子因他发起的赤色革命而死于蒋介石的屠刀之下，留下他孑然独立于人间；亲手创立的中共将他开除出党，让他独处于组织和同志之外。陈独秀的孤独，是射天追日，是求仁得仁。

张国焘则不一样，他后半生的作为，完全就是乡野鄙夫的作派；轰轰烈烈二十载，狗苟蝇营四十年。圣与非圣，还在云泥之间。

在中国传统的儒家语境中，"神"和"圣"都是只可意会不可言说的事物。"子不语怪力乱神"，"敬鬼神而远之"，都是孔夫子的教导。历史和现实双重制约之下，神性的毛泽东不可轻易言说；则党性不够、神性不足的张国焘，于彼大党百岁庆生之际，可以趁机多说他几句，近观他一番。

2021 年 5 月于多伦多

目录

作者自序 iii

第一章：1897-1919 1

  第一节：洪江会造反 1

  第二节：剪辫子和断手指 9

  第三节：熊、蔡校长，亲自爱国 12

  第四节：匡互生火烧东城 26

  第五节：从"群众运动"到学生要人 31

  第六节：清扬狂恋歌狄娜，申府终老文津街 36

第二章：1920-1922 43

  第一节：南陈北李，稍晚建党 43

  第二节：南陈西戴，相约建党 45

  第三节：罗老三和长辛店 48

  第四节：中共一大张主席 54

  第五节：陈家后门小裁缝 62

  第六节：见到列宁 65

  第七节：立三开除独秀，武装保卫苏联 68

  第八节：马林首倡"国共合作" 71

  第九节：商团事变，屠戮乡梓 75

第三章：1923-1926 88

第一节：仇深似海且复工 88

第二节：孙文越飞宣言 93

第三节：政治导师维经斯基 99

第四节：蒋介石考察苏联 102

第五节：结婚、入狱、瘐不死 105

第六节：工贼和五卅运动 112

第七节：刺廖案 118

第八节：李之龙是叛徒 121

第九节："北伐"和"不要北伐" 126

第四章：1927 130

第一节：三爱党 130

第二节：彭述之被历史撞了一下腰 133

第三节：另一根稻草 138

第四节：回不回广东？ 141

第五节：南昌起义，假传圣旨 145

第六节：革命吞噬了陈独秀的两个儿子 152

第五章：1928-1932 155

第一节：中共六大上的布哈林 155

第二节：中大、米夫、陈绍禹 160

第三节：李立三的大嘴巴 163

第四节：张国焘更忠诚 168

第五节：空降、空降、空降.................... 175

第六节：顾顺章+富农路线和稀饭政策.......... 180

第七节：徐向前后，曾中生死................. 185

第八节：白雀园肃反......................... 193

第九节："猛烈扩张"引来"猛烈围攻"......... 200

第十节：北进南出........................... 208

第六章：1932-1979 212

第一节：我的重伤战友+川北土地革命.......... 212

第二节：通南巴出了一个真命天子............. 220

第三节：杨虎城该杀......................... 224

第四节：镇反、肃反、万人坑................. 230

第五节：三大战役和六路进攻................. 235

第六节：活神仙刘从云....................... 241

第七节：博古、李德、阵地战................. 249

第八节：西渡嘉陵........................... 253

第九节：两大主力会师歌..................... 259

第十节：三人行，必有遵义会议............... 264

第十一节：开明天子，不能让位............... 269

第七章：1935-1979 276

第一节：沙窝分兵：左路、右路............... 276

第二节：他跑了，我另立..................... 281

第三节：过不去的百丈关...................289

第四节：神仙下凡断案.....................295

第五节：借刀杀掉西路军...................299

第六节：彻底清算张国焘路线...............305

第七节：清明时节欲破门...................312

第八节："让子烈同志回家吧"...............321

第九节：军统和中统，戴笠和王陵基.........323

第十节：你揭我的老底，我揭你的画皮.......331

第十一节：与他人合用一块墓碑.............338

后记...341

参考书目.......................................348

第一章：1897-1919

第一节：洪江会造反

张国焘是江西萍乡人，生于1897年11月4日，阴历丁酉年十月二十日（下文凡数字日期，均为阳历；凡文字日期，均为阴历），属鸡。当时还是大清国的光绪二十三年。

张国焘的出生地是江西省萍乡县上栗市山明村。赣南习惯把"集镇"称为"市"，所以这个"上栗市"其实是当地一个热闹的集镇。现在该地的行政隶属关系是：江西省萍乡市上栗区金山乡山明村。1937年之前，"红太阳"在哪儿升起，有若干备选之地，此为其中之一。

萍乡自古产煤，而且储量丰富。张国焘出生前五年，1892年，湖广总督张之洞在萍乡设立了矿务局，为汉阳铁厂提供燃料。1908年，张国焘十一岁的时候，当时中国最大的煤钢联盟—汉冶萍煤铁厂矿公司，在他的家乡附近成立了。工业、工厂、工人，这些当时绝大多数中国人从没听说过的新名词，成为张国焘的童年记忆。

上栗市位于萍乡县境北部，虽处山峦之中，却得交通之便，西接长沙，北通汉口。这里盛产竹木，造纸、爆竹、麻布，商贾往来频繁，信息流通顺畅。

张国焘出生于乡宦之家，祖父张恭丞和父亲张霄鹏（字觐珑）都有功名在身，族中有良田千亩。张国焘在他本人撰写、长达七十万字的《我的回忆》中，详细叙述了自己的家族渊源——

"我家可说是诗书之家，历代相传直到我祖父和父亲一辈，大多是读书人。大屋里住着祖父一辈六房人家，每家都有收五百担到一千担租谷的土地。因此，也可以说是地主乡绅之家。我祖父这一辈六兄弟中,有四个是可以戴顶子穿补服的。到我父亲一辈,因科举开始废除,多数人逐渐转入新式学校。我父亲是在满清最末一届省试中取录的拔贡。"(下文中,凡未标明出处的直接引文,均引自《我的回忆》)

"拔贡"张霄鹏,算得上人中龙凤了。萍乡本地文献《昭萍志略人物志》中,记载有张霄鹏的人生经历:

"张霄鹏,号劼庄,县试冠军,附邑学籍。宣统己酉科拔贡生,考取法官,历任浙江高等审判厅推事。嗣考取县知事,在任三年,政平讼理。考绩获得金牌单鹤章。嗣解职回籍,历任九江地方检察厅厅长,南昌市政处秘书主任,洁己奉公为宁,兼优工书,乞求者众,从不应以苟简。年六十卒,著有诗文等梓。"

从这段记载中看,张国焘的父亲是如假包换的读书人,克己奉公的县级和市级官员。

需要特别提一下张国焘父亲的"拔贡"身份。台湾历史作家高阳先生在他的著作《清末四公子》里,有过这样的论断:"拔贡"的科名很高,高过举人,堪比翰林。

高阳为什么这么推崇"拔贡"呢?

"拔贡"是清朝特有的科考制度,有点像当代的"免试录取",但难度系数高太多了。简单说,就是将"贡生"从地方县学直接"拔"到国子监,成为太学生。"拔贡"又称"小京官",特别优秀的拔贡,可以直接外放知县。

想要成为"拔贡",难度极大。按照乾隆皇帝亲自改定的大清科考律例,"拔贡"只在逢酉之年、也就是鸡年开录,每个县只取一名。民间常说"鸡窝里飞出金凤凰",而不说"狗窝里跑出金马驹",就是因为只有在鸡年,寒门学子才有这个一飞冲天的机会。"酉年拔贡"的传统从乾隆朝开始,至满清覆亡,每十二年一次的"拔贡"一直在有序进行,即便是洪杨之乱期间,也未曾间断。各省历届拔贡的名录,也都一一在列,清晰可考。

我查考了清代科举档案,张霄鹏被取录为"拔贡"的"最末一届省试",是在1909年(农历己酉年)。属鸡的张国焘十二周岁那年,父亲张霄鹏成了"拔贡",萍乡县十二年才出一个的"超

第一章：1897-1919

级高考状元"。

据张国焘本人回忆，其父张霄鹏是一位"半新半旧"之人，既主张国粹，又能接受新式教育；但对于"革命"一事，张霄鹏似乎一直不太认同，后来还为此和张国焘发生过比较严重的分歧。此乃后话，下文有述。

张国焘的母亲姓刘，娘家在湖南省浏阳县文家市，也是殷实的大户人家。上栗市和文家市虽分属两个省，距离却很近，不过一百华里。再往西一点，就是著名的湘潭县了。江西萍乡距离湖南湘潭不过二百华里，两地风俗相通，语音相近——说得再明白一点：湖南的毛泽东和江西的张国焘，其实是半个小老乡。

张国焘是家中的长子，后面还有三个弟弟和两个妹妹。

二弟张国燕早夭。

三弟张国庶出生于1905年，受大哥的影响，1925年加入中国共产党，任萍乡县党小组组长，1926年冬赴莫斯科中山大学学习，1929年回国后任中共江西省委书记。1930年5月，张国庶在南昌被捕，被时任陆军第十八师师长的张辉瓒下令杀害，尸体抛入赣江。妻子晏碧芳同时遇难。

这个对张国庶痛下杀手的师长张辉瓒，半年之后即被毛泽东写进了《渔家傲——反第一次大围剿》中——

"齐声唤，前头捉了张辉瓒"。

张辉瓒屠杀过太多共产党人，赤色工农对他恨之入骨。被捉了之后不久，张辉瓒便被押上工农公审大会，愤怒的群众齐声高呼，要求处死张辉瓒。于是便真有一群士兵，趁着场面的混乱，在大会主席团并未宣判张辉瓒死刑的情况下，冲上主席台，揪住张师长，挥舞大刀片，直接把头砍了下来，扔到了赣江里。当时朱德、毛泽东等红军领导人并不在现场，闻听此事，大吃了一惊，朱毛的本意，是要把张辉瓒放回去，以便缓和与国民党方面的敌对态势，同时换回己方的被俘人员。

张辉瓒就这样被砍了头、弃了尸，所谓现世报，从张国庶的角度看，算得上毫厘不爽。

张国庶以中共早期地方党组织重要领导人的身份，死于国民党之手，死后却哀荣阙如。即便是1949年中共建政之后，也一直未能得到官方的追认和纪念。很显然，这是受到了大哥张国焘"叛党"的牵连。直到1986年，中共江西省委才发文，追认本省前省委书记张国庶为革命烈士。

"追认张国庶为革命烈士"是一个信号，正是从这时候开始，张国焘的名字在大陆不再是禁忌，相关事迹逐渐被人提及，部分事迹还得到了官方认可。此时距离张国焘本人在加拿大多伦多去世，已经七年之久了。

四弟张国杰，1910年出生，早年也曾在大哥、三哥的影响下参加了中共，入党不过一年，即因形势险恶而退出。从此之后一直在老家过活，娶妻生子，春种秋收，一生过着卑微而平静的农家生活。张国杰的子嗣颇多，多数至今仍在故乡居住着。

"拔贡"张宵鹏很重视子女教育，张国焘是长子，父亲对他的发蒙很早，三岁左右即已命其读书认字。

"国焘"是他的大名，父亲还给他取了一个字号：恺荫。虽然他本人很少用这个字号，外界也几乎不知道，但张国焘本人对此应该是珍惜的。目前安放在加拿大多伦多郊区士嘉堡镇的张国焘墓穴，嵌入地面的铭牌上，标注的就是"恺荫"的拼音：kaiyin。

成年之后，张国焘又给自己取了一个更张扬的字号：特立。

征诸文字、足资考证的张国焘的人生传奇，始于1906年。

在《我的回忆》第一章，晚年张国焘用叙事散文一样的笔触，细致描述了九岁那年他所经历的"洪江会造反"。这段回忆逻辑清晰，感情丰富，字里行间满是温情和怀念。

1906年，九岁的张国焘离开父母家，来到十余华里之外的上栗市，在父执廖石溪先生主办的一间私塾读书。私塾开在街市中心，张国焘白天读书，晚上就住在廖家。塾里共有十几个学生，包括廖先生的儿子，和张国焘尚未成年的四叔。

就是在这间私塾里，张国焘第一次见识了"革命"。

1906年12月初，孙中山领导的同盟会，派出会员刘道一和蔡绍南，前往萍乡、醴陵、浏阳一带，联络当地的洪江会首领龚春台，利用当年旱灾严重、民怨沸腾的时机，发动反清暴动。

洪江会是洪门的一支。洪门又称洪帮，是发端于清初的一个秘密会社，最初的主旨是反清复明，主事者多为明朝遗老，参与者多为反清义士。发展到清末，洪门的政治色彩淡去，反社会的功能增强，"有情怀"的知识分子和乡绅几乎绝迹，"混社会"的流氓无产者成为主体。此时的"洪门"，更应该被称为"洪帮"，芜杂混乱的帮规中，既充斥着神话、迷信、江湖义气等粗鄙的底层共识，也包含一些承诺、约定和行为规范。"洪帮"并无统一的领导架构和严密的组织规范，它更像是一个兼容并包的大箩筐，任何"非政府组织"和"反社会团体"都可以自称"洪帮"。诸如天地会、哥老会、三点会、三合会等经常出现在金庸小说和香港电影里的帮会组织，以及童年张国焘见识过的洪江会，都可以算是洪门或洪帮的旁门支派。

张国焘幼年时，洪江会在湘赣边界势力很大。

萍乡地处罗霄山脉北段，罗霄山脉是江西和湖南两省的分界线，名气更大的井冈山，其实是罗霄山脉的南段。此地处于亚热带，林高丛密，路远坑深，自古就是湘赣两省流民的避祸之所和栖身之地。

萍乡地下的煤炭储量丰富，煤层浅，煤质优，到处都是自行开掘的小煤窑。因为是两省交界之处，官府力量薄弱，丛林法则盛行，煤窑老板与挖煤工人之间，大小煤窑之间，煤窑与社会其他行业之间，纷争不止，械斗不断。湘赣两省的地方官都本着多一事不如少一事的法则，尽量把麻烦的人和事驱赶到对方的地界上。

官府一旦缺位，帮会组织便乘虚而入，在攫取超额利益的同时，也代为行使空缺的政府职能。

洪江会就是这样的组织。当时在湘赣边界的主要市镇上，都有洪江会开设的赌场，每天开标一次，上午有专人走村串巷找人下注，下午在集镇之上公开开标，童叟无欺，很有信誉。会众骨干负责"护场子"，赌场里很少有混乱局面发生，没有欺凌底层百姓的事件，甚至附近山上的小股土匪都不敢和赌场发生冲突。其实参与赌注的大都是底层百姓，农民、矿工和贩夫走卒参赌的热情最高，乡绅和读书人则很少参与。洪江会和赌场，在民众中的声誉不坏，更像是底层百姓自愿参加的互助组织，而非现代意义上恃强凌弱的黑社会。地方官府有时会对赌场发起取缔行动，但如果湖南的官厅来取缔，他们就往江西那边跑；反之亦然。

洪江会由官府的"帮衬"转变为"造反先锋"，肇始于1906年初的革命党人渗透和引导，兴盛于1906年夏秋的旱灾，爆发并终结于当年底的"丙午萍浏之役"。

1906年（丙午年，光绪三十二年）夏秋之际，湘赣一带的旱灾非常严重，秋粮大面积绝收，进入深秋以后，饥民开始成群打伙地四处游荡，半乞半抢。

一直在寻找机会武装反满的革命党人，开始发动饥民造反。当年12月初，经刘道一和蔡绍南介绍，本地洪江会首领龚春台加入了黄兴的华兴会，在萍乡县高家台宣布起义，打出"中华国民军"的旗号，公开声讨满清政府的"十大罪恶"，并向会众和党徒承诺：

"打下浏阳县城，没收富户钱粮，大家都有饭吃。"

对于饥肠辘辘的灾民来说，所有抽象的革命口号，都没有"有饭吃"更具鼓动性。拉起招军旗，便有吃粮人，龚春台宣布起义后的几天之内，便有两万多民众起而响应。一时间，在萍乡、浏阳、醴陵一带的乡间土路上，到处都能看到一队队手拿长枪、鸟枪、锄头、大刀、马刀、木棍、锅盖等各色武器，身穿各式短衣短裤的农民队伍。许多人还挑着空箩筐前来"造反"，准备打下浏阳县城之后，把分到的粮食挑回家中。

革命已经发动，会众也已经聚集，但接下来该怎么办，龚春台似乎还没想明白。

"打县城，抢粮食"算是比较明确的目标。12月8日，近万人的会众纠集在一起，准备攻占浏阳县城。

面对城外蚁聚的暴民，县衙里的官员非常害怕，硬着头皮命令仅有数十人的官军，携带二十六支步枪出城应战。

第一章：1897-1919

战斗开始了，数十名官军排列整齐，向护城河对岸瞄准。一阵排枪打过后，对岸的会众倒下了几个，其余的全都一哄而散了——

"如堤防溃塌，大水奔流。"

事后官方曾这样描述恢弘的战斗的场面，并做出总结：

"十万洪江会，被二十六支洋枪打垮了。"

这便是后来被称为"丙午萍浏之役"最为高潮的一幕。

攻打浏阳县城失利之后，龚春台的中华革命军陷入了混乱之中。大约十天以后，这场有近三万名洪江会会众和少数革命党党徒参加的暴动，就被从湘、鄂、赣以及江宁（南京）紧急调来几路清军镇压下去了。

与此前此后革命党人发动的反满暴动相比，这次暴动并无太大区别：既有明确的革命党色彩：就是要推翻满清统治；又有本地会众造反的常态：乌合之众，不堪一击。

如果一定要找出此次暴动的不同凡响之处，那便是对尚在冲龄的本书传主张国焘，产生了重大而深远的影响。洪江会的这次造反，给张国焘这位中共创始人、职业革命家，早早地上了一堂实践课，后来他的种种早熟和超前行为，似乎都是从这次现场观摩"洪江会造反"开始的。

九岁张国焘对造反的观摩是全方位、近距离的，最后甚至还亲自参与了一下。

当洪江会造反的消息传到上栗市的时候，正是下午时分。张国焘和几个小学生正在私塾里温书，学生们突然发现，大街上人声嘈杂，人群惊恐万状，正四下逃散。当时塾师廖先生有事外出了，慌乱之中，张国焘的四叔和几个年长的学生，带着张国焘等几个小不点儿，从后窗吊下，越过一条小河，向市镇之外逃跑。一路疾行，终于在天黑之前，来到了一个文姓同学家开的店铺。文家和张国焘家是世交，张家叔侄决定，先在文家店铺留住一宿，第二天再赶回几里外的文家大屋（老宅）避难。

当天晚上的奇遇，让张国焘牢记终生，晚年的他仍能清晰回忆起当时的细节：

半夜时分，一群背着马刀的醉汉闯进店铺，把张国焘和另外两个小孩从被窝里拖出来，放到店铺的柜台上，半开玩笑地说，要杀掉他们祭旗。当时他们吓坏了，醉汉的话未可当真，但也不可不信。让人有些意外的是，当时文家店铺里的管店先生，竟然认识这些带刀的醉汉，管店先生要他们不要吓唬小孩子，还热情地招待他们喝酒吃肉，惊魂未定的小孩子们才又被放进被窝里接着睡觉。

第二天一大早，张国焘发现，管店先生和那帮带刀的莽汉都不见了。原来管店先生也是会众的小头目，他们把店内的货物席卷一空，早早地离开了。

张国焘出门察看——

"大队农民队伍，穿着形形色色的短衫裤，正由大路上成单行的稀稀疏疏的走过……看不见旗帜，也没有什么叫喊。在这种肃静气氛中，并没有显现出造反的热情。我们三个小孩站在路旁观看，也没有人理睬我们，不一会我们看厌了，才循着一条去文家的岔路继续我们的行程。"

张国焘在文家大屋住了十余天之后，回到了山明村。

这十余天，也正是"丙午萍浏之役"从开始到结束的全部时间。浏阳县城之外"二十六支洋枪"大显神威之后，会众们便一哄而散，回到各自的村庄，继续良民的干活。

会众已经作鸟兽散了，官军的"进剿"才刚刚开始。以汉人为主的绿营军，俗称"绿勇"，民间暗骂其为"兵痞"，开始分头进入各个乡间村落，大肆搜捕"会匪"。

一哨绿勇（"哨"约等于排，二十人左右）来到了张国焘所在的山明村，每人一口马刀，数人一枝洋枪，直接进入本村最大的院落、也就是张国焘家的老宅之中。张家有功名的男人纷纷穿起"补服"。兵痞也是官军，按照大清律例，兵丁要尊重有功名的官人。身着官衣的张家官人们，在本村保正和间正的配合之下，小心接待这群气焰嚣张的绿勇。

一番酒肉之后，绿勇们开始行动，挨家抓捕青壮年男丁，集中关到距村子五里外的一座庙里。绿勇哨长责令：由张家穿补服的乡宦和保正、闾正一道随行，到庙里指认"会匪"。

对张家官人和保正、闾正来说，"指认会匪"是一道要命的难题：这群被抓的男丁，都是他们的乡亲近邻，如果指认这些人都不是"会匪"，很可能会犯下隐瞒不报之罪；如果指认谁是"会匪"，官军一定会将之就地正法，这可就和乡邻们结下了血海深仇。

左右为难之际，有人想出了一个妙着：让小孩们去指认。一番交待之后，包括张国焘在内的几个小孩，跟着绿勇们来到庙里，认真表演了一番"这些人都不是会匪"的戏码——当然在此之前，绿勇们也都从嫌犯家属那儿勒索到了足够多的钱财——"一方面，孩子不会说谎；另一方面，孩子说错了也情有可原。"民间智慧搞定了要命难题，绿勇们得胜还朝，张家官人和保正、闾正如释重负；乡亲们暂停造反，重操旧业。张国焘平生亲历的第一场革命，就这样以一番儿戏的方式平息了。

第二节：剪辫子和断手指

1908 年，十一岁的张国焘来到离家一百华里的萍乡县城，入读县立小学。虽然号称新学堂，先生们讲授的主要内容还是经史子集。

此时距离满清灭亡还有三年，但民间反满情绪已经公开化了。在这间小学校里，张国焘遇到了一位曾经参加过太平天国起事的老更夫。七十多岁的老人身材依然强健，之前一直不敢公开谈论自己当"长毛"的经历，现在大家都在反满，老长毛的胆子也大了起来。张国焘从老更夫那儿听到了许多战斗故事，如何行军打仗，如何排兵布阵，老更夫说得头头是道。老更夫看不起刚结束的"洪江会造反"，觉得他们没有好的章程和办法，气派也大不如当年的长毛。这些偶然听到的点滴知识和零星经验，算是给日后统率千军万马的张副主席上的第一堂军事课。

经史子集之外，小学堂里也教授一些新学。教师里也有新派人物，张国焘从他们那儿了解到拿破仑、华盛顿以及牛顿、瓦特、卢梭等西方先贤；他也知道，圣人不仅出在东方，也出在西方。这算是张国焘最早接触的西方知识、最早拥有的国际视野。

1908年11月间，光绪帝和慈禧太后相继去世。祖父要求家中的后辈为帝、后戴孝，张国焘遵命，在辫子上系了一根白布孝带，回到小学堂后，受到同学们的一番嘲笑。从这件小事上可以看出，当时反满的情绪，已经普及到中国的每一寸土地之上。

反满需要实际行动，年岁稍长的同学，都以参加新军为荣。当时的新军虽然仍属于大清军队，但已经带有明显的革命色彩。不时有同学从学堂不辞而别，张国焘因为年岁太小，没有资格参军，一直呆在小学堂里继续读书。

倏忽之间，三年时光过去了。1911年双十事变（武昌起义）爆发了。

张家的大人们虽然知道大清国快完了，但对于传说中的革命党领袖、草药郎中孙文能否担当得起改朝换代的重任，依然持观望态度。

张家的年轻人则激进得多。辛亥革命后的某一天，包括时年已经14岁的张国焘在内，二十几个张家子侄，约齐了聚在家族大厅里，集体把辫子给剪掉了。

这次集体剪辫子行为，有点像家族内部的微型暴动，长辈们除了顿足和叹气，似乎也找不到应对之策。

保守的张家长辈和激进的张家子侄，后来的命运让人唏嘘。

1938年冬，张国焘在广西桂林六塘镇，与阔别二十多年的老母亲重逢，此时张国焘已经背叛他亲自参与创建的中共半年有余。或许当时他已经对革命、运动有过一些反思，在《我的回忆》里，他以哀伤的笔触，记录了母亲与他的这次刻骨铭心的对话：

"明末清初的时候，我们的祖宗也不知为了什么缘故搬到这两省交界的山区里居住，虽然是客籍，倒也相安无事的住了下来。中经长毛等变乱，听老人们说，我家倒没有遭受到很大的骚扰……那年洪江会造反，兵勇会众都闹到我们家里来了。从此以后，就没有安宁的日子了。接着革命排满、军阀战争、北伐、闹

第一章：1897-1919

农民协会、闹共产，一次比一次激烈，我家所受的磨折也就一言难尽了。到了国共对拼的时候，家乡一带更常成为双方争夺的战场。今天什么红军游击队来了，我们家里老是驻扎着什么司令部，还有什么政治保卫局，关犯人、杀反动；明天剿匪军来了，也驻扎在我们家里，同样的在那里关呀、杀呀。这样来来往往，不知有过多少次，我们的老家简直变成了一所凶宅！

"老母亲还说到我那活到八十九岁的老祖父，如何被农民协会公审，以及他晚年逃难时伤感的情景，他特别为他的第二个女儿被游击队绑票勒索的事，大为愤慨。她也说到我那在八年前去世的父亲，为我受了许多磨折，晚年郁郁不乐，但仍疼爱我这个做共产党的儿子，不加责备，也无怨言。她说到我这个著名的共产党人的家庭，由于我的牵连，曾受到国民党地方官吏的多次蹂躏。她提到她自己的六个儿女中，有两男一女在这些变乱中夭折了，和她自己在逃避战火中几乎丧失了生命等遭遇。"

1912年三、四月间，武昌起义带来的社会动荡基本平息了。在家呆了一段时间之后，张国焘重回县城里的学堂。此时"萍乡县立小学校"已经改名为"萍乡县立中学校"，主持校政的也已经换成了支持革命的新派人物。

在县中学，已经是中学生的张国焘，见到了回乡路过的"革命伟人黄兴"。

黄兴字克强，是湖南长沙人，他之所以要在返乡途中，在萍乡停留一下，是因为他认为1906年的"丙午萍浏之役"跟他本人有直接的关系。现在革命成功了，他要前来凭吊一番。

此时黄克强尚不满40周岁，已经是名满天下的"革命伟人"。黄伟人的到来在萍乡县城引起了轰动，县中学邀请黄兴前来作了一次演讲。黄兴挥动着标志性的八根手指头——1911年4月黄花岗之役中，黄兴负伤，断了两指，用一口浓重的长沙话，给师生们上了一堂革命理论课。少年张国焘记住了黄兴仪表堂堂的外表、两根光荣的断指，却没记住演讲内容——"也许是他的湖南腔不容易听懂吧！"

黄兴有机会返乡省亲，是因为当时中国正经历一个短暂的和平时期。

1912年2月，前清军机大臣兼内阁总理大臣袁世凯，从南京的中华民国临时大总统孙中山的手里接棒，在北京就任"中华民国临时大总统"。从这时起到1913年3月宋教仁遇刺，中国政局暂时处于风平浪静的状态之中。

1913年3月20日，中国国民党代理理事长宋教仁（理事长为孙中山）在上海北站遇刺身亡。作为上一年国会大选中胜选的中国国民党党魁，宋教仁正准备赴京就任内阁总理。宋教仁遇刺至今都是一桩悬案，公认的幕后主使嫌疑人有两个：一个是袁世凯，另一个是孙中山。

孙中山在宋教仁遇刺之后，情绪极为激动，拒绝黄兴提出的"循法律途径解决"，策动皖、赣、粤三省都督柏文蔚、李烈钧、胡汉民，发起了"二次革命"，亦称为"第一次讨袁战争"。

此时张国焘已经是略懂时务的十六岁少年，之前他的那些年龄稍长、投笔从戎的同学，多在本省都督李烈钧手下。此时江西成为"讨袁战争"的前线战场，不断有消息传来，一些同学战死了，一些同学失踪了，这引起了张国焘"深深的怀念和同情。"

这些与"造反"、"反满"、"革命"、"讨袁"有关的早年经历和见闻，深刻影响着张国焘的"三观"。据他本人称，大约从中学时期开始，他就成为"一个革命的同情者"。

第三节：熊、蔡校长，亲自爱国

1914年初，张国焘转到省城的心远中学，做了一名插班生。

心远中学是由严复的朋友熊育锡创办的。张国焘回忆："熊先生貌似猴子，是一位著名的教育家。"心远中学注意科学和英文教育，鼓励学生投考清华大学或其他新式大学，为学生争取出国留学的机会。

张国焘在心远中学读书半年左右，当年7月，第一次世界大战爆发，学校的宁静生活被搅乱了。

第一章：1897-1919

当时，张国焘等普通中国人关心的并不是遥远的欧洲战场，而是国门之内的日本侵华问题，更具体地讲，是青岛问题。

正是第一次世界大战，使得青岛问题成了中日之间不可调和的大问题。中日两国关系从马关和约之后的对峙，走向一战之后的对抗，进而发展为二战之中的对决。

青岛问题由来已久，最早可上溯至1898年中德两国签订的《中德胶澳租界条约》，德国据此占据胶澳地区，租期99年，并以修筑铁路等方式，将山东变成了德国专属的势力范围。

1914年7月一战爆发，日本抓住机会，加入英、法、美战队，于8月23日向德国宣战。9月2日，日本海军约40000人，从山东登陆，占领济南，抢占德国人经营的胶济铁路，对据守青岛的约4000德军发起进攻。经过两个月的较量，十倍于德军的日军取得压倒性胜利，11月7日，驻守青岛的德军向日军投降。日本在付出了伤约1500人、亡约500人的微小代价之后，完全占据了原德国租借地青岛，接管了德国在山东的势力范围。至此，中国民众才如大梦初醒：前门驱虎，后门进狼，原来中国最危险的敌人不是西方列强，而是近邻日本。

"青岛战役"是中日关系史上的一个重大转折点——日本自明治维新以来即在官民之间形成共识、并逐步付诸实施的"大陆政策"，之前并未为中国所觉察或重视；到日德之间的青岛战役结束，中国普通民众才觉察到日本蚕食、侵吞中国大陆领土的狼子野心和真实动作。"青岛战役"之于中日关系，大体类似"偷袭珍珠港"之于美日关系，只是中国最终战胜日本所付出的族群代价、所经历的时间跨度，远远大于美国战胜日本。

在此之前，即便是1894年（甲午年）日本在战争中大胜中国，1900年日本参与八国联军入侵北京，1904年日本在中国的领土之上与俄国开战并取得辉煌胜利，虽都属于中日之间的对抗性事件，而且中国均占据下风和弱势，但都没有动摇中国从官方到民间在面对日本时的自信，也都没有实质性地影响中日关系。当时盛行的做法是以日本为师，赴日本留学，把日本看成是完成了变法维新、蜕变为现代国家、和西洋诸国一样可以学习借鉴的榜样，是"东洋"。

青岛战役的大胜，极大地刺激了日本举国上下的扩张野心。此后不久，1915年1月，日本逼迫袁世凯主政的中国政府，签订出让山东等领土权益给日本的《二十一条》。

《二十一条》的签订，彻底激怒了最广大的中国民众。

当时民智初开，国际视野狭窄，处理国际关系时应予遵循的妥协原则和理性之道（利益交换），尚不为主流民意所接受。官方和民间普遍认为，《二十一条》是日本灭亡中国的开端，如果不起而反抗的话，则中国很有可能为日本所侵吞。这种汹汹的民意，最终形成民族主义的洪流和爱国主义的烈焰，冲垮了袁氏中央政府的合法性基础，也烧掉了自满清灭亡以来，宋教仁、黄兴等先贤以生命为代价培育起来的、细弱游丝的民主理想和法治思维。

十八岁的张国焘对这些国家大事也极为关心：

"'追求科学知识'和'热心于国事'两种愿望在我内心发生了冲突；后者占了优势，终于成为一个狂热的爱国者。"

时局多变、时事艰难，作为中华民国拿摩温的大总统袁世凯，本应小心应对、谨慎作为，方能化敌为友、化危为机；很遗憾，他错判了国内外形势，昏招迭出，于1915年底，在一众宵小蛰贼的拥戴之下，宣布接受劝进，称帝登基，改"中华民国"为"中华帝国"，改明年"民国五年"为"洪宪元年"，并于1916年元旦，举行登基大典。

袁氏此举遭到国内外一致反对，切断了自己的后路，堵死了改良（君主立宪）的通道，也再次打开了革命的潘多拉魔盒。

1915年底，唐继尧、蔡锷、李烈均在云南拉起讨袁大旗，以滇军为主力的护国军一路高歌猛进，北洋军节节败退，南方各省相继宣布独立，洪宪帝国甫一成立，即陷入众叛亲离的困境。勉强坚持到1916年3月23日，便被迫宣布改回"中华民国"。又过了两个多月，1916年6月6日，57岁的袁世凯在无尽的遗憾中怆然辞世，既没有成为中国的华盛顿，也没有成为中国的佛郎哥。

第一章：1897-1919

张国焘所在的心远中学，距离云南不远，师生们自始至终反对袁世凯称帝。熊育锡校长作为地方贤达，公开拒绝在本地劝进分会发起的"劝进书"上签字。熊校长"义不帝袁"，在张国焘等年轻学生看来，是正义和进步的壮举。校长带头"爱国"，亲自参加街头活动，这对于张国焘来说，是一个极为特殊的经历。三年后的1919年，他又见识了自己所在的北京大学、校长蔡元培亲自带头"爱国"的非凡经历。

时间来到1916年，19岁的张国焘已经成长为青年。当年7月，他利用暑假去了一趟浙江省象山县，看望任象山知事的父亲张霄鹏，然后转道去上海，投考了北京大学。

张国焘在《我的回忆》中说，之所以要报考北大，是因为"我所仰慕的蔡元培先生于数星期前被任命为北大校长，我想北大可能有一番新气象，因而决定去投考，父亲也积极支持。"

这段回忆与历史事实不符。蔡元培被任命为北京大学校长，是在1917年1月，此时张国焘已经进入北京大学理科预科班小半年了。

从这个看似不起眼的史实错误中可以推知，这部长达七十万字的《我的回忆》，一定存在不少有意无意粉饰自己的虚构内容。这些内容有的很容易证伪——比如蔡元培就任北大校长的时间，历史上有确切记载；有的则很难证实。如果把《我的回忆》当成信史来读，有可能被带进沟里；如果把它当成线索和参考资料，那就比较合适了。

张国焘的考试成绩不错，1916年8、9月间，他便收到了北京大学的入学通知书。

从7月至10月，张国焘在上海闲住了近三个月，住在法租界八仙桥首善里的一幢住宅里，与七八个年青的革命党军人混住在一起。

此时袁世凯已经去世，黎元洪继任中华民国大总统，宣布恢复《中华民国临时约法》；唐继尧宣布撤销旨在对抗北洋政府的军务院；孙中山新组建的中华革命党，也宣布中止一切军事行动。

以上三大事件，标志着护国战争已经正式结束，年轻军人们没了用武之地。孙中山在上海的中华革命党总部，决定派他们去日本学习。张国焘与几名年轻军官在上海同住的这两个多月，正是他们等待去日本留学的时候。他见识了革命党人的豪放和不羁，以及革命军人的乐观和团结，这些对于日后他领导军队、特别是作为红四方面军最高统帅指挥各级军官，应该是有帮助的。

1916年10月，张国焘来到北京大学报到。

当时北京大学还在城内的景山东街马神庙，校址是原乾隆皇帝四公主的府邸，紧挨着皇城。张国焘进入北大的时候，还看到附近驻扎的张勋辫子军。当时距离张勋复辟，还有大半年的时间。

1916年底的北京大学，设有文科、理科、法科、工科等专业，学制三年。当时新学初张，学生们的文化程度参差不齐，所以北大还设有预科。张国焘进入的就是理工预科，他被编入了一年级第三班。

江西历来是文教繁盛之地，和张国焘同年考入北京大学的江西同乡，还有后来成为国立清华大学首任校长的罗家伦。罗是江西进贤人，和张同岁，进入北大文科。

据罗家伦回忆，他初入北大时，感觉这所大学很腐败，很没落，教员们多为老派文人，因循守旧；学生中多纨绔子弟，喜欢捧戏子，逛窑子。

变化从张国焘入学后的第四个月开始出现。

1917年1月4日，前清进士、浙江诸暨人蔡元培，奉时任中华民国总统黎元洪、内阁总理段祺瑞、教育总长范源濂之命，出任北京大学校长。蔡元培和他治下的北大，将为时代带来一番暴风骤雨和惊涛骇浪。

蔡元培横跨前清和民国两个时代，他曾任翰林院编修，后留学日本和德国，再后来又变身"革命党"，发起组织"光复会"，以大清高级官员的身份，亲自造大清的反。1912年孙中山在南京组织"中华民国临时政府"，蔡被聘为首任教育部长。

第一章：1897-1919

作为浙江本地乡贤，蔡元培应该受到过所谓"浙东学派"的影响，经世致用的思想根基深厚。蔡元培思想开放，熟谙旧学，但更倾向于向西洋（欧美）和东洋（日本）学习。蔡校长刚一上任，就对全体学生发布了训诫：

"大学学生，当以研究学术为天职，不当以大学为升官发财之阶梯。"

此后不久，蔡校长更加明确地宣示了北大的办学宗旨：

"囊括大典，网罗众家，思想自由，兼容并包。"

蔡元培提倡的"学术"，是"新学"＋"西学"。

先说"新学"。"新学"方面的代表人物是陈独秀，此时正大力提倡"新文化"运动。

蔡元培聘陈独秀为北大文科学长，请其主持北大文科教学事务。

"文科学长"在北大的职权，大致相当于今天的文学院院长一职。当时并没有"书记"和"院长"搭班子，所以当时"学长"的权力，比当下"院长"的权力更大一些。

陈独秀在职期间，针对教员推行了一系列激进的改革措施，比如废止年功加俸，每年更换聘约等，出发点很好，但操之过急，得罪了太多同事。两年之后，陈学长即被迫离职。从这件事情上看，陈独秀更适合做学问，不适合当领导。

陈独秀来到北大，他主编的《新青年》月刊也跟着入驻校园。这份杂志由他本人于一年前在上海创办，在全国激进青年中具有很大的影响力和号召力。陈独秀是当时的学界名星，他和《新青年》的到来，让张国焘喜出望外：

"1917年春，我看到了《新青年》，一眼就觉得它的命名合乎我的口味，看了它的内容，觉得的确适合当时一般青年的需要，登时喜出望外，热烈拥护，并常与反对者展开争论。"

当时新文化运动已经开展得如火如荼，北大校园内的学生们，也分成了三派：保守派、中间派和激进派。张国焘显然是激进派，他的白话文写得很不赖，文笔可称一流。

此时张霄鹏仍在浙江象山任职。张国焘和父亲的关系一直比较密切,他把《新青年》寄给张霄鹏,意图影响父亲的政治主张。张霄鹏在保持了一年左右的沉默之后,回信表态:反对新思潮,反对白话文。

父亲的态度让张国焘有些失落。很快老家又传来一个让他不爽的消息:祖父作主,给他订了一门婚事,女方乃本地望族,门当户对。

此时的张国焘已经自认为是一名拥有自由思想和独立意志的"新青年"了,他回信给家里,明确拒绝接受这门亲事。

"拒婚"是一个标志,祖父和父亲并未因此大发雷霆,反而更加尊重张国焘本人的意愿了,相当于承认他已经长大成人。从此之后,张氏父子之间便很少再讨论时局和政治,双方以无言为默契,互相尊重对方,不轻易干涉对方的政治立场。

将张氏父子之间的关系和毛氏父子(毛泽东和父亲毛顺生)之间的关系做一番对比,你会发现,拥有一个"高考状元父亲",比拥有一个"土财主父亲",更容易养成宽容、理性、尊重和妥协的性格。

再说"西学"。"西学"又可分为"西洋之学"和"东洋之学",蔡校长力邀之下,多名西洋学者和东洋学者先后入彀。

1917年9月,蔡校长聘任刚从美国哥伦比亚大学哲学系博士肄业、时年26岁的安徽青年胡适,担任北京大学教授,主讲英国文学、英文修辞法和中国古代哲学。看胡教授所开的课程,明摆着是冲着"学贯中西"的路数去的。

同年11月,经章士钊推荐,蔡校长将留学东洋的学者李大钊请进北大。李大钊是河北乐亭人,是遗腹子,一岁半时母亲也因病去世,童年、少年历尽人间艰辛,由祖父抚养成长大。十岁时与邻家十六岁的姑娘赵纫兰结为夫妻,从此夫妻相伴,生育三男二女。李大钊1915年毕业于日本早稻田大学政治科,是宋教仁的"学弟",和陈独秀一样,他也热衷于办报办刊。李大钊到来之后,先担任北大图书馆主任,后兼任经济学和历史学教授。

直到1927年4月27日,李大钊以"和苏俄通谋,里通外国"的罪名,被实际控制北洋政府的奉系主帅张作霖绞死在一架从意大利进口的绞刑架下。当时李赵二人最小的儿子尚在襁褓之中。

处死李大钊的过程极为残忍。这部绞刑架，是 1919 年时任中华民国总统的徐世昌，为了改革"不文明"的砍头处决人犯方式，专门下令从意大利进口的。第一个被这部"文明"的绞架绞死的犯人，就是宋教仁案的首犯、洪金宝的曾祖父洪述祖。处决李大钊的时候，行刑军警使用绞刑架的技术生疏，先后绞了三次，用时约四十分钟，李大钊才断气。据观刑者回忆，连当时被折磨得神志不清的李大钊本人，都在央求刽子手："力求速办"。事后，家属赵纫兰带着年幼的儿女收敛遗体，发现李大钊脖颈之上有三道深深的血痕。

这部处死李大钊的绞架，于 1947 年被收入国家博物馆，文物编号为 0001 号。

时间来到张国焘的 1918 年。

中日两国国民之间的情绪对立，在这一年又上新台阶。

段祺瑞主持的北京中央政府，在当年 5 月间，和日本政府秘密签署了《中日共同防敌军事协定》。根据该协定，日本军队可以在中国领土和领海之上，开展对苏俄的战争行为。

这一协定的本质，是日本以条约的形式，取得了出兵中国本土的合法权力。此后日本出兵东北、进占华北、挺进中原，最初的法理依据，就是这个《中日共同防敌军事协定》。

此前，亦即 1914 年 10 月，日本四万海军登陆山东，对四千德国驻军展开作战，所依据的法律基础，是第一次世界大战期间的"正式对德宣战"；在中国的地界上打德国，无论如何，日本都很勉强。

但《中日共同防敌军事协定》签订之后，日本再要出兵中国，则要名正言顺得多了。

1929 年下半年，中苏两国军队（张学良统率的东北军和苏联远东部队）因"中东路事件"而爆发战争，东北军一败涂地。貌似强大的数十万东北军如此不堪一击，让曾经在日俄战争中大胜的日本，更加坚定了进占中国东北的信心。

1931年9月，日本出兵中国东北，所依据的法律基础，就是这个《中日共同防敌军事协定》——从国际法的角度看，日本出兵东北，协助中国军队抵御苏俄进攻，是履约行为。

《中日共同防敌协定》签署的消息，首先被正在日本求学的数千名中国留学生获悉了。留日学生立即集会抗议，日本政府予以镇压，多人被捕。此后，留日学生的抗议活动升级，在日同学会发出号召：全体罢读，回国发动民众，救亡图存。1918年5月至8月，短短几个月的时间里，两千余名留日学生回到祖国，发动民众，开展救亡运动。

大陆近现代史学界，很少有人把一年后发生的"五四运动"，和1918年年中发生的"留日学生罢读回国事件"联系起来。历史事实显示，正是这两千多名留日学生在极短时间内集体回国所造成的中日两个国家和民族之间"割席断交、割袍断义"的极端情绪，促成了一年后的"五四运动"，并点燃了至今未熄的仇日之火。

两千多名中断学业、愤然回国的留日青年，迅速分散到全国各地去动员民众。一些留日同学赶到北京，在各大专学校之间进行演讲和鼓动。

来到北京大学的留日学生是李达、王希天，张国焘直接听了他们的反日演说，深受触动，随后他便参加了于5月21日举行的"和平请愿"。

这次和平请愿发生在"五四运动"之前整整一年，来自北京大学等数所学校的一千余名学生，来到位于中南海的总统府请愿。当时的中央政府最高领导人，是代总统冯国璋。

有些出乎请愿学生的意料，代总统冯国璋亲自出面，在居仁堂接见了十三位学生代表。根据《民国日报》的报道，冯代总统的言辞很恳切：

"此事（指《中日共同防敌协定》）牵扯到许多方面，又关系到军事秘密，不能及时告知协定内容，遭到国民怀疑，我深以为憾。如有机会，一定将内容公布于国民之前，请各位代表劝告

第一章：1897-1919

同学暂归本校，勿过于躁急从事云云。"

冯代总统成功地说服了学生，请愿学生安静地过来，又安静地走了。

这应该是张国焘进入北大以后参加的第一次成规模的学生运动，他似乎觉得此次运动过于低调，很不过瘾——

"这次请愿是十分温和的，类似康有为的公车上书，由四个代表捧着请愿书，恭而且敬地求见总统。我们大队学生则在新华门外肃静等候；既没有人演说，也没有标语口号，市民也不知道学生们在做什么。

"这次请愿毫无结果，四个代表并未见着徐世昌总统，仅由其秘书代见，答应将请愿书转陈。四个代表步出总统府向大队约略报告数语，大伙儿也就跟着朝回走。当时我身历其境，真是觉得太不够味。幸好有一位天津学生代表郭隆贞女士在总统府门前大哭大闹一顿，表示抗议，才显示了一点热烈的情绪。"

张国焘的这一段回忆，至少有三处史实错误：

一，多位参与者回忆，当时选出的学生代表是13人，肯定多于张国焘所说的4人。

二，当时学生们的请愿对象是代总统冯国璋，而不是"大总统徐世昌"。1917年7月张勋复辟之后，总统黎元洪引咎辞职，副总统冯国璋代理大总统职务。一直到1918年10月10日，新任大总统徐世昌正式就任，冯国璋才正式下野，退出政坛。

三，冯代总统亲自接见了学生代表，而不是由其秘书代见。

短短一段回忆，出现三处事实性错误，显示出张国焘在撰写《我的回忆》时的散漫和随意。类似的细节失实，在他的这部"巨著"里随处可见。张国焘夫人杨子烈称《我的回忆》为巨著，很显然，仅从事实错误太多这个基本标准来判断，其与真正的"巨著"之间，还有很大差距。

冯国璋任代理大总统的时候，国务总理是段祺瑞。冯是直系军阀的旗帜，段是皖系军阀的领袖，冯国璋的总统府和段祺瑞的国务院之间再次产生冲突，也就是所谓的"第二次府院之争"。"第一次府院之争"，发生在黎元洪的总统府和段祺瑞的国务院之间。

冯、段之间的主要分歧，在于冯主张和平统一中国，段主张武力统一中国。为此，段祺瑞只能选择"亲日"这个最符合北京政府和皖系集团利益的"国策"，对内对外政策，都在"亲日"的框架内转圈。对于日本侵吞中国山东、觊觎中国东北的行为，此时的北京中央政府也只能采取绥靖政策。而这又进一步推高了反日、仇日、抗日的民族主义和爱国主义情绪。

冯代总统在面对学生代表时，表达出"无法向国民解释清楚"的无奈，应该是他的真实心态。

1917年8月，中国步日本后尘，向德国宣战。这是当时中国政府的必然选择。这种选择的理性和明智之处，在两年之后彰显无疑——正是因为采取"亲日"的国策，追随日本参战，中国才如愿成为"战胜国"。当时全体中国民众，从激进的左倾知识分子，到保守的前清遗民，都对中国在一战中成为战胜国而欢欣鼓舞，认为中国从此便可以在国际上彰显实力、发挥作用，缩小与列强之间的不平等地位。但从知识精英到普通民众，都没有想到，更不愿意提及，成为战胜国，其实是"亲日"的必然结果。

国民不愿意提及和接受的，则是"亲日"的代价：战败国德国在青岛、山东的权益，要全数转交给战胜国日本。从日本的角度看，中国民众口中的"青岛问题"、"山东问题"，其实都是中国因"亲日"而成为"战胜国"所应该付出的代价。

国与国之间的关系，一定是基于利益的对等交换。但北大的学生们不可能顾及冯国璋、段祺瑞等中央政府要员们在"亲日"和"战胜国"之间的折衷樽俎，他们要保住青岛，他们一心救国。

521和平请愿不久，以北大学生为骨干的"学生救国会"便成立了，负责人是北大高年级学生、张国焘的江西老乡许德珩。几个月之后，许德珩又以"学生救国会"的名义，创办了《国民》杂志，杂志宣示的办刊宗旨，很具当时的时代气息：

"增进国民人格；灌输国民常识；研究学术；提倡国货。"

或许是因为口音相近，且性格相合，许德珩很喜欢小学弟张国焘，任命他为《国民》杂志社的总务股干事，负责向社员募集经费，落实杂志的出版和发行工作——这几乎就是举办一份杂志所必须完成的全部基础工作了。从这个分工上看，许德珩是领头的，张国焘是办事的。

资料显示，从1919年1月到5月，许德珩创办的这本《国民》杂志一共出了四期。

《国民》杂志是张国焘由一名普通学生成长为学生领袖的第一个台阶。通过办杂志，他有机会接触一大批当时的风云人物：李大钊、黄凌霜、区声白、傅斯年、罗家伦等，都是这个时期认识的。

许德珩一生忠诚于中共，但一直没有加入中共，他和夫人劳君展于1946年创立九三学社，成为中共建政后仅存的八大民主党派之一，社员多为科技界高中级知识分子，著名的社员有光明日报前总编辑诸安平等。1979年，许德珩在八十九岁高龄时终于被获准加入中共。此后又见证了十一年间岁月，包括不平静的1989年春夏之交，于1990年2月仙逝于北京，终年一百周岁。夫人劳君展的经历也很传奇，她是居里夫人的入室弟子。而许劳夫妇的女婿，就是"两弹元勋"邓稼先。

1918年底，第一次世界大战胜利的消息传到中国。北京各届人士、特别是知识分子群体反响热烈，"公理战胜强权"的说法，成了当时解释"一战胜利"的主流观点；而"战胜"和"亲日"之间的必然联系，当时和后世均少人提及。这种单向、一维的爱国方式，加剧了中日关系的恶化。

经过蔡元培校长近两年的改造，此时的北京大学已经成为爱国中心。一战胜利的消息传来，北大师生们的第一反映，就是中国"一战"成名，从此便可"跻身世界民族之林"了。

1918年11月15、16日，北大师生连续两天在天安门举行讲演大会，对中国所在的协约国的胜利进行大肆宣传。当时共有11名演讲者登台演讲，其中就包括前革命党人、现北大校长蔡元培。

蔡校长亲自参加非官方的爱国运动，即便是在当时，也是不寻常的举动。对于张国焘来说，短短三年之内，他就见识到两个热衷于参加爱国运动的校长，也算是不寻常的经历。

1918年的天安门前，还没有经历大拆大建，没有拥有后来这么大的广场。当时参加演讲会的学生人数，应该不超过千人。可能是觉得天安门前不够宽敞，11月27日，一本校内刊《北大日刊》在头版头条发布了一条《本校特别启事》：

"本月二十八日至三十日为庆祝协约国战胜日期，本校拟于每日下午开演说大会（地点在中央公园内外，俟择定后再行通告），各科教职员及学生有愿出席演说者，望即选定演题，通知文牍处，以便先行刊印，散布听众。"

11月28日到30日，北京大学的师生们，在天安门西侧的中央公园（现中山公园）内连续发表演讲。公园里举办演讲，更像是聚会联欢，教授们也来参加。图书馆主任李大钊接受邀请，公开登台，发表了他此生最为著名的演讲之一：《庶民的胜利》。

《北大日刊》如约全文刊登了这篇演讲稿，现在再看这篇被称为"中国最早的马列主义文献之一"的讲稿，从开头就出现了严重的误判，或者说是误导：

"我们这几天庆祝战胜，实在是热闹的很。可是战胜的，究竟是哪一个？我们庆祝，究竟是为哪个庆祝？我老老实实讲一句话，这回战胜的，不是联合国的武力，是世界人类的新精神。不是哪一国的军阀或资本家的政府，是全世界的庶民。"

李大钊是一位出色的演说家和鼓动者，他毫不犹豫地给一战下定义，把协约国的胜利，直接说成是"世界人类的新精神"的胜利；然后，又毫不犹豫地把"世界人类的新精神"，直接安到了"全世界庶民"的头上。

最后，李大钊慷慨激昂地发出号召：

"民主主义、劳工主义既然占了胜利，今后世界的人人都成了庶民，也就都成了工人……对于这等世界的新潮流，是只能迎，不可拒的……一九一七年的俄国革命，是廿世纪中世界革命的先声……须知今后的世界，变成劳工的世界……照此说来，我们要想在世界上当一个庶民，应该在世界上当一个工人，诸位呀，快去作工呵！"

虽然现在看来，李大钊的这篇演讲稿逻辑混乱—或者说没有逻辑，但正是在这样的概念随意转换过程中，李大钊这个苏俄革命的忠实信徒，成了最早向中国激进青年介绍苏俄革命经验的知识精英。在他的直接影响下，本传传主张国焘，即将由一名单纯的江西籍大学生，迅速蜕变为年轻的职业革命家。

第四节：匡互生火烧东城

1919 年到了。

1月18日，一战的胜方协约国组织，在法国巴黎西南的凡尔赛宫举行"和平会议"，五大战胜国：英、法、美、意、日主导议程。中国作为战胜国之一，也派出了代表参会。

许多人知道一战期间中国曾经向德国宣战，但并未向欧洲战场派出过军队；其实一战期间，中国作为参战国，是做出过特殊贡献的，十四万中国劳工，曾经亲历一战。

早在一战开打不久的 1915 年，袁世凯的总统府秘书长、广东三水人梁士诒，就向袁总统建议：无法派出军队参战，可以派出劳工助战。虽然梁士诒本人不久即以"帝制犯"之名遭通缉，亡命香港，但他"以工代兵、参加一战"的建议，在两年后得以践行。

自 1917 年初至 1918 年底，北洋政府向欧洲战场派出了十四万名华工，用"以工代兵"的方式，协助法国、英国以及美国军队对德作战。"一战华工"的主体是山东、河北的年轻农民，他们的到来，有效缓解了法国、英国因为战争减员而导致的劳动力短缺。战争期间，近两万名中华子弟捐躯异域，长眠他乡。

一战结束之后，根据约定，法国和英国将绝大部分华工分批遣返回国，这些曾经在欧洲的兵工厂、农场、矿山、铁路等近代工业系统内工作过的华工，回到国内之后，许多人以熟练工人的身份进入相关工业系统，少数人在随后此起彼伏的工人运动中，凭借在欧洲工厂积累的经验，成为工人运动的中坚力量。

虽然相隔不过百年，但中国官方史书和民间记录中，都很少提及这十四万"一战华工"。

偶尔也有例外。

2014 年 7 月 14 日，法国国庆日当天，法国邀请 80 余国政要参加第一次世界大战爆发一百周年纪念活动。时任中国外交部长的李肇星应邀出席，并专程来到位于法国索姆省的诺莱特华工墓园，向长眠于此的 884 名一战华工献花凭吊。这处墓园，是散布在法国和比利时的 69 处华工墓园中的一处。

李肇星赞扬了华工们所做的重要贡献，回顾了他们的不幸遭遇，代表中国政府表态：以后中国政府将努力为海外华人提供更好的领事保护和服务。

李肇星的这个表态显然是有所指的。"一战华工"的"不幸遭遇"不在战场上——协助作战或直接参战，战死或负伤都属正常，无所谓"幸与不幸"；一战华工们的"不幸"体现在战后：虽然付出了鲜血和生命的代价，却因为祖国的外交话语权微弱、领事保护能力阙如，而无法获得应有的尊重和回报，英国严格执行事前签署的协议，罔顾部分华工请求留在英国的强烈意愿，将全部助英华工悉数遣返回国；法国虽稍有通融，但也仅只有约六七千名助法华工得以留住法国，大部分华工仍被遣返回国。这批滞留在法国的华工，就是目前法国和比利时"土著华人"的祖宗。

回头再看巴黎和会，中国代表团提出，取消中日《二十一条》及换文，将德国在山东拥有的各项特殊权益，直接归还中国。

上述两点，日本绝不可能答应。战胜国日本认为，取代战败国德国，接手德国的在华权益，包括青岛的租借权和胶济铁路的所有权，以及德国在山东的其他所有权益，符合国际法原则。

其他四个战胜国：英、法、美、意，接受了日本的这一诉求，同意将德国的在华利益，转让给日本。中国代表团虽然坚决反对，但证据不足，理由不够，反对无效。

1919 年 4 月底，中国代表团在巴黎和会上"外交失败、没能收回山东权益"的消息传到国内，中国民众群情汹汹，大家把矛头直接指向北京的中央政府。

北京大学再次成为爱国中心，蔡元培校长也再次站出来，领着全校师生由"庆祝公理战胜强权"，改为"抗议政府出卖主权"。北京大学能成为 1919 年全国群众运动的策源地，与校长蔡元培本人天生的革命党气质有直接的关系。

5 月 2 日，蔡元培亲自在学生饭厅，召集学生班长和代表 100 余人开会，发出明确号召：

"此为国家存亡的关键时刻,同学们应该奋起救国。"

于是同学们便应声奋起。当天下午,许德珩挂帅、张国焘主持的《国民》杂志社召开编辑例会,通知罗家伦、傅斯年、康白情、段锡朋十多名杂志社社员,来北大西斋开会。意料之外、情理之中,这次编辑例会,开成了"五四运动"爆发前的第一次预备会议。与会者一致同意:立即行动起来,抗议政府卖国,阻止代表签字。会议做出两个决定:

一、 第二天晚上,也就是5月3日晚上,在北大三院礼堂,召开全体学生大会,同时邀请其他十多所大专院校的学生代表参加,为第三天、也就是5月4日的全市学生大游行做动员。

二、 第三天,也就是5月4日下午,举行全市大中专学生大游行。

5月3日晚,北大第三院大礼堂内,"五四运动"前的第二次、也是最后一次"预备会议",在群情激愤的气氛中召开了。当时除了北大学生之外,还有北京高等师范、中国大学、民国大学、法政专门学校等其他十二所中等以上学校的上千名学生参会。

大会开始,首先由《京报》社长、北大新闻学讲师邵飘萍登台,向学生们报告他所了解的巴黎和会讨论山东问题的前后过程。

邵飘萍之后,就是张国焘登台。

22岁的张国焘,用他浓重的江西萍乡口音,多次提到"群众运动"这个大词。如此激情澎湃的会场,弥漫着昂扬悲壮的气氛,突然冒出富有喜感的江西老表口音,这幕独特的场景,给台下听众留下了深刻印象。如果以后有机会拍电影或电视《张国焘传》,建议编剧和导演一定不要漏掉这个传神的历史细节。

许多当年的与会者,都提到了张国焘的这次演讲;张国焘本人也在会后得到了一个响当当的绰号:"群众运动"。

"群众运动"之后,陆续又有十多名同学登台演讲,现场气氛逐步达到沸点。这时候,一个戏剧性的场面出现,成功地将现场情绪激发到了最高潮。北大法科学生谢绍敏当场撕下衣襟,咬破中指，写下四个血字："还我青岛"

这场"五四运动"前的最后一次"热身运动"进行得非常成功。大会一直开到晚上十一点钟，同学们才依依不舍地离去，相约第二天下午天安门见。

第二天下午到了。

5月4日下午，同学们从各自的校园出发，陆续赶到天安门前，他们挥舞着自制的白色小旗，上面多为"还我青岛"、"宁为玉碎，勿为瓦全"、"外争主权，内除国贼"、"废除二十一条"等内容。沿途不断有军警和教育部的官员劝阻，希望学生们返回学校，但效果甚微，反而更加坚定了他们无畏、悲愤和决绝态度。

各校同学聚齐之后，现场人数多达三千。同学挨次登台，发表慷慨激昂的演说。他们根据新闻报道和坊间传闻，逐渐把批判和斗争的矛头，指向了三个具体的政治人物：交通总长曹汝霖、驻日公使章宗祥、前驻日公使陆宗舆。

演说进入尾声，进入游行环节。于是便开始游行。

游行队伍先是侧身向东，前往天安门东南、东交民巷北侧的日本驻华公使馆抗议。行到半途，大队军警摆开阵势，不许通过。本国军警保护外国使节住地，这也是国际惯例，现在位于北京东二环外的使领馆区，依然是大批武警把守，如有游行队伍前往，也是不许通过。

游行队伍一时间陷入了困境：接下来该何去何从？

有"地图专家"和"导航达人"提议：交通总长、卖国贼曹汝霖的私宅就在长安街东端北侧、离这儿不远的赵家楼胡同。

于是游行队伍稍一转头，便浩浩荡荡地接着向东行进。

很快便到了赵家楼胡同——这条胡同的大致位置，在北京国际饭店北侧、华润大厦西侧，距离天安门两公里左右的地方。学生们找到了有两进院落的曹汝霖住宅。游行队伍的指挥之一、北京高等师范学校数理系（北京师范大学天文物理系的前身）的学生匡互生一马当先，跳进院墙，打开大门，放战友们进来。

学生们此时已经由书生化身战士，四处寻找曹汝霖而不获，却意外遇到了另一个被点了名的卖国贼、驻日本公使章宗祥。有学生指认清楚，大家一拥而上，对他拳打脚踢。某位冷血的学生，抄起一块板砖，砸向章宗祥的头部，直接把时年四十岁的章宗祥打昏在地。事后检查，他被打成了脑震荡，身上有六十余处伤。

匡互生是湖南邵阳人，秉承了邵阳人的霸蛮本性，别人在砖拍卖国贼，他则用火柴点燃了从曹宅内室找来的一堆衣物和字画。于是便接二连三，牵五挂四，将两进院落的曹宅，五十多间房屋，烧得如火焰山一般。大火一直烧到晚上八点钟左右，才被京城的消防队扑灭。

"群众运动"张国焘全程参与了天安门前的集会、东交民巷的游行、以及赵家楼曹宅里的纵火。据他本人回忆，曹宅火起之后，他和几个担任游行指挥的同学认为目的已经达到，便分头通知已经乱作一团的同学们，整队撤退，返回各自的学校。

大队同学刚刚走开，警察总监吴炳湘就带着大批军警赶到了，一部分协助消防队扑火，一部分负责抓人，将未能及时撤退的三十二名学生，全部予以逮捕，这其中就有许德珩。

以上便是中国现代史上有名的"五四运动"、"火烧赵家楼"。

匡互生后来回到湖南师范学校，做教务主任，并破格同意一个高个子的小学教师，来这所中等以上学校任教，此教员就是毛泽东。

一直以来，历史学界都把"火烧赵家楼"看作一个影响深远的政治性事件，极少有人会想到，它还是一起严重的刑事案件：放火烧毁民宅五十余间，动用私刑殴打他人至重伤，这在任何文明社会都是重罪。

在绝大多数人真傻或装睡的时候，此时极少数人的清醒便显得更加难能可贵。"五四运动"还在如火如荼之时，北京大学讲师梁漱溟，便顶着泰山一样的压力，对"火烧赵家楼"、"殴打卖国贼"的所谓正义性予以公开质疑，5月18日，他在《国民公报》上发表《论学生事件》一文，直接指斥其为"现行犯"、"暴行"：

"我的意思很平常，我愿意为学生事件赴法庭办理……在道理上讲，打伤人是现行犯，是无可讳言的。纵然曹、章罪大恶极,在罪名未成立时,他仍有他的自由。我们纵然是爱国急公的行为,也不能侵犯他,加暴行于他。纵是国民公众的举动,也不能横行,不管不顾。绝不能说我们所作的都对,就犯法也可以使得……在事实上讲,试问这几年哪一件不是借着国民意思四个大字不受法律制裁才闹到今天这个地步?"

在"五四运动"百年之后再看梁先生的这段文字,我们除了唏嘘感慨,似乎无法作其他表态。仅只数年前(2012年9月),西安街头,一位高呼"誓死保卫钓鱼岛"的21岁男子蔡洋,指斥开日系车的50岁的李建利卖国,并用一把U型锁砸开了他的头颅。梁漱溟先生如泉下有知,对这一事件,不知还能写出什么样的文字。

第五节:从"群众运动"到学生要人

让我们再回到"五四运动"当年现场。

32名爱国学生被捕,更加证明了政府的卖国本质。5月4日晚上,包括张国焘在内的北大学生再次齐集三礼堂,学生领袖们宣布:

一、 为营救被捕同学,决定联络其他各校,举行同盟罢课;
二、 成立"北京大学学生干事会",领导接下来的爱国运动。

"群众运动"张国焘已经为大家所熟知,被选为干事之一,他的"学生领袖"地位,也在这一刻被正式确认。

三天后,"北京中等以上学校学生联合会"(简称"北京学联")成立,张国焘被推举为"讲演部"干事。很显然,这得益于他在5月3日晚上的那次江西口音演讲。

在其位就得谋其政,张国焘走马上任讲演部,一番策划之后,5月12日,学生讲演团便走上了北京街头。稚气而激动的脸庞,配以写有标语的彩色小旗,吸引着沿途市民驻足倾听。

一开始,北京地方警署对学生们的街头讲演还能容忍。

到了5月15日,地方警署开始对讲演者予以制止,一些不配合的同学，被巡警押到警备区盘问。

其实，包括蔡校长在内的社会人士，对于巴黎和会上中国代表团的真实情况并不了解，5月2日，大家被告知中国即将在"卖国和约"上签字；一直到5月18日，确切的消息传来：中国代表团仍未签字。但既然爱国激情已经点燃，"仍未签字"也是不可接受，应该"明确表态，拒绝签字"。

5月18日，北京学生联合会通电全国，发布《罢课宣言》，号召全国的同学一起爱国。从这一天开始，北京的学潮开始向全国蔓延。

6月2日，张国焘等7名学生因为公开上街演讲、宣扬抵制日货而被捕，这是张国焘有生以来第一次被捕。后世学者检索当时的警察厅档案，发现了一份"内左一区警察署署长"给上级的报告中，内中记载：

"本日下午二时余，又据东安市场巡官白祖荫电称，有北京大学校学生刘仁静、陈用才等二名，在市场南门内售卖国货……现在办公室内。……又将第二起学生接见……而第三、四、五起学生相继而为巡警送至，共计钟笃余等七名，均系北京大学学生也……而该学生又只推出二人代表到厅，遂先将钟笃余、张国焘二人送厅后，又向在署之陈锡等五人劝解良久……"

这条史料的珍贵之处在于，它把"刘仁静"、"张国焘"这两个名字，第一次纳入地方官府的文件之中。

5月18日以后，被捕的学生越来越多，警署里已经关不下了，警察厅借用北大法科、理科的楼房来关押学生，理科楼的门口，挂起了"学生第二监狱"的牌子。这一场景，在电影《建党大业》中，有过再现。

北洋政府显然是错判了形势，逮捕学生，犹如火上浇油，全国各地开始大规模罢课、罢市、罢工，声援北京被捕的爱国学生。

全国都在声援，上海的反应最快。日本侵占青岛，是导致五四学潮的关键因素，所以上海日资棉纺厂的中国工人，反应也最为强烈。6月5日，沪上三大日资棉厂的5000名工人率先罢工了。紧接着，汉口、长沙、芜湖、南京、济南等地的工人，也加入了罢工行列。按照官方历史教科书的说法：中国工人阶级从此走上了政治舞台。

全国已呈鼎沸之势，排山倒海的民意，迫使徐世昌大总统主持的北京中央政府不得不做出让步。

中央政府让步的第一步，是接受民间针对学生的道德褒扬——"爱国无罪"，以"爱国"为执法原则，释放被捕的学生。

6月8日，张国焘等人被军警用汽车送回北大。凯旋之后的张国焘，已经成为学生领袖中的领袖。此前远比他有名的学生领袖邓中夏，特意给张国焘取了一个新的外号："学生要人"。

中央政府让步的第二步，是接受民间针对官员的的道德审判——承认曹汝霖、章宗祥、陆宗舆三人为卖国贼。6月10日，徐世昌大总统批准了曹、章、陆三人的辞职请求。

至此，且不管国际上是否"公理战胜了强权"，至少中国国内是民间战胜了政府，道德战胜了法律。

曹汝霖辞职后的某一天，国务总理段祺瑞亲自前往曹汝霖的暂住地问候——赵家楼的曹宅已经被匡互生放火烧掉了。据曹本人的回忆录，当时段祺瑞说了这样一段话：

"这次的事（火烧赵家楼），他们本对我，竟连累了你们，我很不安。"

段祺瑞的这段话，翻译过来就是——

"制订并执行亲日国策的是我段祺瑞，如果认定卖国贼，我才是最正宗的一个；让你曹汝霖替我担责并受罪，实在是对不住你。"

在"被火烧"四十多年之后，曹汝霖的人生已近终点，回头再看此事，他仍然难以释怀，但也无可奈何：

"此事距今四十余年，回想起来，于己于人，亦有好处。虽然于不明不白之中，牺牲了我们三人，却唤起了多数人的爱国心，总算得到代价。"

6月28日是巴黎和会的签字日。头一天，远在巴黎的"一战华工"、留学生和本地华侨包围了中国代表团的驻地，要求代表们拒绝第二天的签字。当时中国代表团的总代表是外交总长陆征祥，陆总长决定顺应民意，在第二天的和会上，他真的拒绝签字了。由此，中国成了所有参会国中唯一没有在和约上签字的国家。

某种程度上，"五四运动"达到了预期目标，街头政治左右了中央决策。这是一个危险的信号，从此之后，各种势力、各路枭雄都开始粉墨登场了。

在张国焘成为"学生要人"之后不久，便与李大钊建立了亦师亦友的密切关系。

张李交情的加深，缘于陈独秀的被捕。

张国焘从警署凯旋的第四天，6月11日，北京大学又有人被捕了，这回不是默默无闻的学生，而是著名教授、北大文科学长陈独秀。他因在新世界游艺场散发传单《告北京市民宣言》，被暗探盯上、并遭逮捕。

随后不久，北京学联的11名学生领袖也被捕了。

张国焘躲过了一劫，当时他被北京学联指派，去上海参加"全国学联成立大会"。

即将在上海成立的这个"全国学联"，其实是由北京学联发起成立的；当时上海的罢工、罢课风潮比北京的规模更大、声势更高，在上海发起成立"全国学联"，更便于领导全国的学生运动。

6月16日，来自北京、上海、天津、武汉、南京、河南等地的数十名学生领袖，齐聚上海，发起成立了"全国学生联合会"。

从1919年6月上海版"全国学联"的成立模式上看，当时邀请各地的代表来上海开会，宣布成立一个全国性的组织，是一件很流行、也很方便的事情。自1911年辛亥革命以来，经过数轮更迭之后，北京的中央政府已是弱势政府。租界林立的上海，更是各自为政，目无中央。相应的集会、结社的自由度，在上海也就是更高一些。上海版"全国学联"成立两年之后，"中共一大"也在上海召开了。

在上海的"全国学联成立大会"上，张国焘被推举为"全国学联总务负责人"。

张国焘没有就任这个"总务负责人"。在他看来，上海的学生运动，至少在街头演讲方面做得没有北京好：

"我发觉上海及各地学生会讲演方面的工作，赶不上我们在北京所做的。'到民间去'的风气很不普遍。为了要给各地同学树立一个榜样，我亲身在上海从事街头活动。我制了一些卖报的布袋子，发动同学们一齐去推销爱国书刊，进行像北京学生联合会演讲团一样的工作。我背了一个装满《每周评论》、《星期评论》等爱国书刊的袋子，到街上去一面叫卖，一面向市民宣传，晚间归来，有些代表以惊奇的眼光笑着问我：'你这位社会运动大家的生意好吗？'我充满了自信向他们说：'成绩还不错。我们都要有这种到民间去的精神才好！'"

正在张国焘起劲地在上海做街头运动示范的档口，北京传来消息：陈独秀和十一名学联骨干被捕了。大家一致建议张国焘，抓紧回北京，设法营救陈独秀和被捕学生，同时把北京学联的日常工作开展起来。

张国焘迅速返回北京，马上开展工作——

"我忙得至少有一个月没有回到自己的寝室去，疲倦了就在办公室的睡椅上躺一会，吃饭也在办公室里，日以继夜，每天工作十六个小时左右。一切工作如主持会议、指导内部工作、对外联络通讯、营救被捕同学、沟通各校同学意见等等，我都做得十分积极，学生会的阵容因此又坚强起来了。这对我个人言，也可说是实习了一课领导工作。"

这确实是张国焘"革命生涯"中的关键成长期，其他学生领袖都被军警抓走了，剩下他一个学生领袖挑大梁，而他还真的就挑起来了。

但是张国焘毕竟还是一名在校学生，想要营救陈独秀和被捕同学，谈何容易。

这时候，30岁的李大钊适时出现了，他给予张国焘很多关键的指导和具体的帮助。晚年张国焘在《我的回忆》中，带着深情回忆他和李大钊最初的交往：

"为了抵抗当局的压迫，各校校长、教职员和学生联合采取同一步骤……各专科学校教职员也组织了各校教职员联合会……反抗政府加害陈独秀先生和爱国学生。李大钊先生也是教职员联合会的一个活动人物。他在暑假期中，仍然常到他的办公室、图书馆里办公，与我接触更为频繁。他不仅对我提供了许多宝贵意见，甚至常代我草拟一些重要文件，对于沟通教职员与学生间的意见和联络新闻界等，更是多所尽力。从此，我和李大钊先生就成了不分师生界限的共同奋斗的战友。"

9月16日，经各方努力营救，陈独秀获释出狱。经此一难，陈独秀也成了超级英雄，北大师生专门为他举办了欢迎会，张国焘在会上发言，称陈独秀为"北大柱石，新文化运动的先锋。"

第六节：清扬狂恋歌狄娜，申府终老文津街

"五四运动"后期，张国焘有过一段浪漫史，他爱上了天津来的学生运动领袖刘清扬。

但是刘清扬却没有爱上他，刘清扬爱上了北大青年教师张申府。

之后刘清扬和张申府有过27年夫妻关系，他们是中共党史上一对极为特殊的人物。刘清扬是天津觉悟社的主要发起人，张申府的早年经历极为传奇，他是蔡元培的秘书，是张国焘的老师，是李大钊的副手——兼任北大图书馆副主任，还是毛泽东的上司——毛在北大图书馆打工时，归张申府领导。

1920年11月，刘清扬和张申府陪同蔡元培旅法。在法国期间，刘清扬把同在法国的、觉悟社时期的老熟人周恩来介绍给了张申府。此时中共一大还没召开，所谓"中国共产党"，其实就是李大钊本尊和张申府本尊。1921年2月，张申府批准周恩来加入中共。

1924年2月，张申府从法国取道苏联回国，到达广州之后，在广州大学任教，担任蒋介石的德文翻译。当年5月，被孙中山

任命为刚刚成立的陆军军官学校政治部副主任（即黄埔军校，政治部主任为戴季陶）。一个月之后，张申府即辞任回京，度暑假去了。

张申府辞任黄埔军校政治部副主任，力荐在法国结识的青年才俊周恩来接替这个职位。这次推荐，是促使周恩来由普通党员直接进入中共领导核心的最为关键的因素，说张申府是周恩来此生最贵的贵人，并不过份。

刘清扬狂恋张申府，这是当时人所尽知的绯闻。关于刘张之间的情史，请耐心阅读，后文还有详细叙述。

刘清扬是天津人，回族，大户人家出身，"五四运动"发起时，25岁的她已经从直隶第一女子师范学校毕业了，但她仍带着包括邓颖超、郭隆真在内的一帮小师妹搞学运，很快便成了天津学生运动的骨干。天津距离北京不远，1919年夏秋两季，她往北京跑过许多趟，一来二去，她和张国焘就认识了。刘清扬比张国焘大三岁，又是天津卫的风云人物，从年龄、经历、身份、地位各个角度看，刘清扬都不会看上这位满口南方口音的小学弟。张国焘对刘清扬的感情，基本上是单相思。

晚年的刘清扬，回忆起1919年激情燃烧的岁月，对她和张国焘的这段似有若无的情史，进行了政治性的分析和事后诸葛亮式的批判：

"1920年7月，天津'觉悟社'决定周恩来、郭隆真、张若茗和我出国学习。9月间周恩来同志先出国了。这时，李大钊同志通过张国焘给天津写信，约我到北京谈话。我到北京见了李大钊同志，他说，成立了共产主义小组，其中有张申府、张国焘等，并希望我成为一个妇女中的小组成员。但是我拒绝了，这是我终生的遗憾。拒绝的原因是我和张国焘有一个感情上的沟壑。'五四'运动时，我和马骏代表天津学生，出席全国各界联合会的成立大会（这个会是由天津发起的），张国焘代表北京学生出谋划策，我们在一起工作。我感到他思想狭隘，既不善于团结人，又没有远大的革命理想。大约是在'五四'运动接近结束的时候，他向我提出恋爱要求。本来我们'觉悟社'的社员是不能过早地考虑个人问题的。虽说'五四'运动的火热斗争将要结束，但仍在作坚持长期革命的准备，所以我根本没有考虑过什么个人的恋爱问题，因而我严肃地拒绝了张国焘的要求。所以，当李大钊同志要我加入共产主义小组时，因为张国焘也在小组里，怕他再和我纠缠，我就表示拒绝了。"

"（和李大钊同志）这次谈话之后，我就与张申府一起出国了。张申府是共产主义小组的成员，在出国的路上，他给我讲苏联革命的情况和共产主义的基本知识，提高了我的认识。因为张申府出国前已与李大钊同志商量好，要在法国成立海外党支部。我们到法国巴黎后，在1921年，就成立了中国共产党的海外党支部。这时，我就加入了海外党支部。这个组织除由张申府发起外，郭隆真、张若茗、赵世炎等同志都相继加入。紧接着我又介绍周恩来同志入了党……1922年春，我与周恩来、张申府转到柏林，又在德国成立了海外党支部。"

刘清扬1977年病逝于北京，此前曾在1968年至1975年被逮捕入狱，认定的罪名是"攻击无产阶级司令部、叛徒、美国特务"。上面这篇回忆录，其实是1960年河北省党史编委会驻京小组对她的访问记。当时张国焘在中共党史中的地位被完全否定，刘清扬全盘否定她和张国焘之间的情事，并拉来沉默的古人李大钊"作证"，既有些苍凉，又有些无奈。

刘清杨是周恩来的入党介绍人，这是她一生最值得骄傲的经历。当时中共一大尚未正式召开，周恩来加入的这个"党"，其实就是张申府本人。

刘清扬在回忆录中没有提到的，是她和张申府轰轰烈烈的恋爱经历。

张申府是河北献县人，1913年考入北大学数学，1917年毕业后留校任教，教哲学和数学，他最早向中国介绍了英国哲学家罗素，翻译出版了多部罗素的解析哲学著作，而且终其一生都在向罗素看齐，尤其是对待婚姻、家庭、女性、性自由方面，与罗素如出一辙。"罗素"这个译名，也是张申府给起的。

张申府和李大钊是同乡，两人关系密切，李大钊将其聘为自己的副手，图书馆副主任，自己外出期间，由张申府代行其责。

正因为此，张申府有机会直接领导了半年毛泽东。

毛泽东于1918年随杨开慧的父亲杨昌济进京，当年10月，经杨昌济介绍，到北大图书馆做抄录员，挣点薪酬补贴在北京的日用，顶头上司正是张申府。有一次，张申府发现毛润之誊抄的图书卡片过于潦草，将其训斥了一番，令其重做。

这件极小的事情，让毛泽东记恨了一生，并深深影响了他对待知识分子的态度。当时毛泽东在北大见到的知识分子，多是张申府这样的自由派；这些留过洋的新派知识分子，对于这位土包子一样的图书馆临时工，言语行动之间，一定是充满了傲慢与偏见。张申府们的无意之失，给后来的他们、以及后世几代知识分子，带来了灾难性后果。

1936年，毛泽东在延安窑洞里接受美国记者埃德加斯诺的采访，谈到他在北大的半年经历时，依然恨恨不平，发了这么一通著名的抱怨：

"我的地位这样地低下，以至于人们都躲避我。我担任的工作是登记图书馆读报纸的人们的名字，可是大多数人，都不把我当人类看待。在这些来看报的人们当中，我认识了许多有名的新文化运动领袖们的名字。像傅斯年、罗家伦，和一些别的人，对于他们我是特别感兴趣的。我打算去和他们开始交谈政治和文化问题，可是他们都是忙人。他们没有时间去倾听一个图书馆助理员说湖南话。"（《西行漫记》）

天道轮回，命运弄人，曾经风流倜傥的张申府，后半生就是在距离毛泽东的中南海一墙之隔的文津街图书馆（现为中国国家图书馆北海分馆）的一间斗室里度过的。

张申府貌似聪明绝伦，实则糊涂透顶，每逢大事必错判。

1948年秋，国民党军大败，国民政府大势已去，失败已成定局，张申府发表《呼吁和平》一文，公开承认国民政府的宪政，拥护蒋介石的戡乱。此举彻底激怒了中共，各方人士也争相与之切割关系。张申府先是被自己亲自创建的民盟开除，然后又被妻子刘清扬抛弃，公开发表声明：永远解除与张申府的夫妻关系。

沧桑巨变，1949年到来。贵为政务院总理的周恩来，没有忘记张申府这位他生命中最贵的贵人，在周的亲自关照和安排之下，将张申府聘为北京图书馆馆员。从此之后，这位"中国的罗素"便栖身于北海西侧文津街图书馆的一间斗室之内，茕茕孑立，终老此间。1986年，张申府溘然长逝，带走了太多的故事和传奇。

现在有机会详细回顾一下刘清扬和张申府的情史了。

刘清扬和张申府的情史，和中国革命史一样波澜壮阔、迂回曲折。

1920年的张申府不但是年轻的哲学教员、中国研究罗素哲学的第一人，他还是北大校长蔡元培的秘书，在北大乃至全国学界，一时风头无两。

1920年下半年，蔡元培重启"赴法勤工俭学"活动。这是他于1912年做中华民国教育总长时期支持过的一个中法联合办学项目。与利用庚子赔款设立赴美国留学预科班、进而创立"国立清华大学"的模式相似，"赴法勤工俭学"活动，也催生了一所民国时期的著名大学"私立中法大学"。1920年底，前清外交官、精通法语的李石曾与法国里昂市市长达成协议，在里昂大学创办里昂中法大学海外部——其实就是中国留学生的集体宿舍。

因为当时蔡元培除了做国立北京大学的校长之外，还兼任着私立中法大学的校长。中法大学海外部成立是一件大事，蔡校长应邀亲自前往视察。

1920年11月底，蔡元培从北京到达上海，在上海登上"歌狄娜"号邮轮，前往法国里昂。同行的有包括刘清扬在内的几十名前往法国勤工俭学的青年学生，以及北京大学哲学系讲师、蔡校长的秘书张申府。张申府已经应里昂大学之邀，前往该校任逻辑学教师。此时他才刚满二十七周岁。

一年前，刘清扬和张申府相识于李大钊组织的活动现场，张申府是李大钊的挚友，刘清扬是李大钊的拥趸；但以张申府的风流才子作派，他不可能看上刘清扬这位激情有余、风情欠奉的寻常女子。

但是，上海至里昂的一个月漫长旅途，给了刘清扬一个绝佳的机会。她最不缺乏的就是勇气，在蔡校长和其他同学的眼皮子底下，住在法国邮轮"歌狄娜"号低级舱位的刘清扬，向住在一等舱的张申府发起主动进攻，上演了一出比《围城》里的方鸿渐和鲍小姐在另一艘法国邮轮"白拉日隆子爵号"上的情事还要精彩的爱情大戏。

对于这段感情，后来的张申府有过一段直白的描述，将来有人要拍《张申府传》，可以作为参考资料：

"我和刘清扬在1920年便同居了。我们同船去法国的时候，是她先向我示爱……我们从欧洲回来后，她住在我家，起初像一个侍妾，但我们对这全不在意……在上船前，我已经另有女友。我不知道我的感情为什么转变得这样快。在女人方面，我真像罗素。"

"真像罗素"的张申府还向世人公布，上船赴法之前，已经年满26周岁的刘清扬仍然是一个处女，当时妇女普遍早婚，这几乎是一件"骇人听闻"之事。但当时张申府已经结过两次婚、有了三个孩子，而且还"另有女友"。但是，这些都没有关系，刘清扬看重的是张申府不但"真像罗素"，而且还会讲"苏联革命的情况和共产主义的基本知识"。

经过一个月的漫长旅行，"歌狄娜"号抵达马赛，然后张刘二人同往巴黎，张申府租住在一栋四层的楼房里，非常宽敞明亮，还能饱览巴黎繁华而浪漫的风情。一年之后，刘清扬诞下一名男婴，张刘二人商量之后，决定把男婴送给一位法国保姆，请她代为收养。现在算起来，如果这位男婴有幸长大成人并活到今天的话，也已经是百岁老人了。如果有法国本地的朋友对这段历史感兴趣，可以凭地利之便，探讨知情人士，查找档案资料，还原一下这位男婴的人生经历。

如果以刘清扬作为参照，则张申府和张国焘之间，是如假包换的情敌关系。张国焘在《我的回忆》里，提到过张申府，但没有提到过刘清扬。

或许是因为情场失意，1919年9月，新学期开始之后，有些心灰意冷的张国焘决定暂时退出火热的革命运动，过一段潜心读书的时光。按他自己的说法，是想重理学业，为以后的前程打下坚实的基础。

这期间，他现场聆听了来华讲学的美国哲学教授杜威的演讲。杜威是胡适在美国哥伦比亚大学读哲学时的导师，崇尚实用主义哲学。杜威自1919年4月至1921年7月，在中国呆了两年多，举办了二百多场演讲会。

受杜威实用主义哲学的影响，1919年末，张国焘加入了邓中夏、罗章龙组织的新生活试验团体—曦园，和十几个志同道合的同学一道，过一种乌托邦式的集体生活。大家住在东皇城根达教胡同的一个大院子里，按照事前达成的公约，凑钱过日子，轮流烧火做饭，每周召开数次讨论会，讨论时局、政治、哲学、救世等宏大的论题。类似的"工读互助社"在当时还有很多，是"新村主义"的一种落地实践。

张国焘的这种新生活试验被一次意外给叫停了。1919年12月的一个中午，张国焘正在曦园里烧饭，几个巡警进来搜查。张国焘怀疑他们是来抓捕自己的，赶忙起身，离开北京，再奔上海。

这就到了1920年初。

第二章：1920-1922

第一节：南陈北李，稍晚建党

陈独秀比张国焘稍晚来到上海。

1920年2月，也是为了躲避军警的报复，由李大钊亲自护送，陈独秀离开北京，前往上海。

对于此次李陈之间的"十八相送"，中共党史界一直高调宣传，说正是在这次道别之际，两人相约，分别在北京和上海展开创建中国共产党的准备工作，所谓"南陈北李，相约建党"，就是在这次互道珍重之际。

仔细研读相关史料，笔者发现，这是一个有意为之的"虚假报道"。"南陈北李相约建党"，在中共党史上确有其事，但此事发生在李大钊护送陈独秀赴上海之后的两个月。官修中共党史之所以"故意"提前两个月"相约建党"，是要强化中共诞生乃"历史的选择"，同时淡化第三国际（共产国际）在创建中共之初的主导作用。

目前所见的各种史料均显示，李大钊是最早倡议在中国创立共产党的人。

李大钊之所以有此倡议，是因为第三国际给了他明确的指示。

第三国际之所以给李大钊指示，是因为他本人就是第三国际的共产党员。1924年1月，在中国国民党第一次全国代表大会上，李大钊公开宣称："本人原为第三国际共产党员。"

那么，李大钊是何时成为第三国际（共产国际）共产党员的呢？

答案很明确：1920年4月。此时距李大钊护送陈独秀赴上海，已经过去两个月了。

第三国际成立于1919年3月，由列宁亲自发起创建，正式名称为共产国际，是各国共产党的国际联合组织。共产国际的奋斗目标，是促使共产主义革命在各国兴起、取得胜利；支持各国创立共产党组织，是共产国际创建之初便定下的核心工作。

共产国际之所以被称为"第三国际"，是因为在此之前有"第二国际"和"第一国际"。

"第二国际"的正式名称为"社会主义国际"，是一个国际工人政党组成的国际联合组织，成立于1887年的法国巴黎，创始人是恩格斯。第二国际主张以同盟罢工作为工人斗争的主要武器。因第一次世界大战爆发，第二国际于1916年解散。虽然国内很少有人知道第二国际，但第二国际做出的的一些决议，对中国影响极为深远，五一国际劳动节、三八妇女节、八小时工作制，都是第二国际通过的决议；开个玩笑，是第二国际给我们创造了"五一黄金周"。

"第一国际"是马克思于1864年参与创建的国际工人联合组织，这一组织号召发起工人运动，推翻资本主义，建立工人阶级政权。国际工人联合组织的法国支部支持并领导了著名的"巴黎公社运动"。自1864年宣布成立、至1876年宣布解散，"国际工人联合会组织"都从未自称或被称为"第一国际"，只是由于"第二国际"的创立，才被"追认"为"第一国际"。

再回到第三国际（共产国际）。共产国际创立时，苏俄和中国之间还隔着被白俄军队占领的西伯利亚。一战胜利方协约国，特别是日本的数万军队，坚定支持白俄军队，抵抗苏俄对西伯利亚的进攻和占领。

1920年2月，列宁领导的布尔什维克军队发动西伯利亚战役，战胜了日本军队支持的白俄军队，占领了西伯利亚，打通了远东交通线，与中国之间不再有阻隔。

1920年3月，共产国际在远东城市伊尔库茨克建立共产国际远东局。远东局的核心任务，就是要在包括中国、朝鲜、日本以及印度、印尼等东北亚、东南亚和南亚国家，建立共产党组织。

远东局成立后不久，4月初，即派出俄裔犹太人维经斯基，作为共产国际的代表，前往中国，寻找合适人物，在中国建立共

第二章：1920-1922

产党组织。

4月中，维经斯基一行（包括妻子库兹涅佐娃、翻译杨明斋及其他几位苏俄人士）到达北京，经当时在北京大学俄文系任教的俄籍教员鲍立威（一译柏烈伟）介绍，与当时正热衷于宣传俄国革命的李大钊会面。维经斯基认定，李大钊正是他要找的中国本土马克思主义代表人物，双方一拍即合：

一， 李大钊加入共产国际，成为共产党员（共产国际的党员，没有国籍的区分）；

二， 由李大钊牵头，启动在中国建立共产党组织的进程。

5月中，经李大钊引荐，维经斯基前往上海，与陈独秀会面。

至此，中共党史上高调宣传的"南陈北李，相约建党"一事，才真正成为历史事实。

这一历史事实的本质是：维经斯基以共产国际代表的身份，给中国的李大钊和陈独秀，下达了"在中国创建共产党组织"的任务。

第二节：南陈西戴，相约建党

在上海期间，维经斯基建立了"共产国际东亚书记处"，除了和陈独秀频繁接触之外，他还与日本、朝鲜的共产主义分子建立了联系，协助并督促他们抓紧建立本国的共产党组织。

历史风云际会，维经斯基成了李大钊和陈独秀的"共同上级"；张国焘则成了李大钊和陈独秀之间的联络人。

1920年2月陈独秀初到上海，他一家的住处还是张国焘帮他找的。

从这时候开始，张国焘和陈独秀之间相处的时间多起来了，二人的亲密关系也与日俱增。

经李汉俊介绍，陈独秀结识了同在上海的戴季陶，戴是孙中山的秘书。

许多人知道戴季陶是蒋介石的秘友，蒋纬国的生父，国民党内"反共最早，决心最大，办法最彻底"的反共专家；但很多人都不知道他本人还是中共创党元老之一。

戴季陶是四川广汉人，1906年留日期间即结识了蒋介石，1909年回国"闹革命"，1912年成为孙中山的秘书，1913年"二次革命"失败之后又逃亡到日本，与蒋介石重逢，二人互换秉贴，成为金兰兄弟。蒋介石大戴季陶四岁，二人同赁一室，共有一个日籍女朋友、护士重松金子。不久之后重松金子为戴季陶产下一子，戴蒋二人商量，将孩子过继给了蒋介石，这就是后来的"二太子"蒋纬国。

1918年5月，因受桂系军阀排挤，孙中山辞去广州军政府"大元帅"一职，由戴季陶等陪同，来到上海，同时也把中国国民党党部搬到了上海。

当年底，戴季陶结识了也曾留学日本的李汉俊。李汉俊是中国最早研究马克思主义的学者之一，戴李二人对马克思主义都极为热情推崇，二人商量，并经孙中山同意，决定在上海创办《星期评论》，宣传马克思主义，试图与陈独秀在北京举办的《每周评论》形成南北呼应之势。

从1918年底到1919年6月初，戴季陶亲自撰写了若干篇文章，对社会主义、共产主义做了广泛宣传，他尝试将马克思主义"中国化"，敏锐地认识到，马克思主义具有不可阻挡的、强大的实践性，这或许正是日后他"反共最彻底"的原因。

戴季陶本质上是一个悲观主义者，他曾两次自杀——第一次是1922年10月，奉孙中山之命返回四川老家途中，感念于军阀混战、民不聊生，一时绝望，愤而投江，幸被老渔人齐顺发搭救。第二次是1949年2月，戴季陶服药自尽，这次无人搭救，最后死于广州。

1919年6月3日的上海工人罢工事件，让悲观主义者戴季陶心生疑虑。近距离观察之后，他把观感汇报给了孙中山，他认为像罢工这样的群众运动，如果缺乏有智识的人引导和约束，必定会发展为社会动乱。

戴季陶与陈独秀甫一相见，便有惺惺相惜之感。最初的一

第二章：1920-1922

段时间里，戴陈二人日夜接谈，亲如兄弟。为了表达尊崇之意，并方便随时交流，戴季陶将自己租住的渔阳里六号小楼，让给陈独秀一家居住。于是这里便成了陈独秀的家和《新青年》的编辑部，不久之后，也就成了中国最早的共产主义小组——当时称"中国社会主义青年团"，对外挂"外国语学校"的牌子——的诞生之地。

"中国社会主义青年团"成立于1920年5月，也就是维经斯基来沪之后不久。陈独秀和维经斯基一道，召集施存统（作曲家施光南的父亲）、沈玄庐、陈望道、李汉俊、周佛海、杨明斋和袁振英等人，到戴季陶的居所开会。多次讨论之后，形成一致意见：

一，　正式成立中国共产党。

二，　为了取得先声夺人的效果，请曾任中华民国首届参议院议长的张继、曾任安徽都督的柏文蔚牵头组党。

三，　请马克思主义理论家戴季陶牵头起草《中国共产党党纲》。

中国现代历史充满了太多吊诡之处，但最初起草《中国共产党党纲》的戴季陶，不久之后却成了中国共产党最危险的敌人，这或许可称为"吊诡之最"。

戴季陶手快，《中国共产党党纲》很快便完成了。

5月的一天，陈独秀召集戴季陶、李汉俊、施存统、沈玄庐、俞秀松、邵力子等人来家里开会，决定在《党纲》初成之际，正式成立共产党组织。其他人都到会了，唯独缺了戴季陶。大家不再等他，一番热烈讨论之后，将建党所需的大小事项一一落实。

会议即将结束之际，戴季陶来了，他向与会诸公宣布：

"我不能参加共产党。只要孙中山先生在世一天，我就决不可能参加其他的政党。"

戴的这番表态，惊住了在场的所有人。当今中国，戴是公认的马克思主义理论第一人，陈独秀亦不敢抢了他的风头；其他人更是等而下之，比如翻译了《共产党宣言》的陈望道，就是在戴的直接指导下，才鼓足勇气完成的。在中国成立共产党，谁不参加都可以理解；戴不参加，不可想像。

事后了解，戴季陶之所以断然拒绝参加共产党组织，直接原因是受到了孙中山的严厉呵斥。从1914年组建中华革命党，到1919年改组中国国民党，屡经挫折的孙中山，此时正在加速将国民党改造成一个对自己绝对服从、绝对忠诚的"革命党"，他无法容忍自己的秘书加入其他政党组织。

戴季陶参与创建中共的经历，早期中共领导人尽人皆知。曾任中共最高领导人的的李立三，在一次党史报告中这样评价戴季陶：

"中国党的发生，是由六个人发起，陈独秀、戴季陶……但戴并没有继续朝前进步。"

第三节：罗老三和长辛店

戴季陶突然退出的前后脚，张国焘"突然"闯了进来。

因为陈独秀的关系，时年仅23岁的"革命后辈"张国焘，有两次机会拜见孙中山。第一次是和许德珩、康白情、刘清扬一同去的，晚年张国焘回忆当时的情景，依然是历历在目：

"不一会，孙先生步到客厅里来了，互相问好之后，许德珩首先少年气盛地说：'我们素来敬佩孙先生，因为孙先生是平民领袖；谁知门禁森严，不肯与普通人接触。'孙先生若无其事地不置答复，局面就这样僵持着。我乃说明：'现在国事糟到如此地步，所以我们特来拜访求教。'孙先生反问我们说：'我愿意先听听你们的意见。'这样话匣子就打开了，我们四个人一个接一个的说起来了。有的陈述学生运动和一般民众运动的情况；有的批评国民党人对民众运动的态度不尽恰当；有的指出南北政局都是一团糟，要问孙先生有何方针和计划；有的甚至表示孙先生只注重上层的政治活动，搅外交、搅军队、搅土匪，对于五四以来的各次民众运动和新文化运动，似乎不够重视等等。

"孙先生对于我们这些青年坦率的说话并不敷衍或示弱，也直率地说出他的意见。他大意说：'你们学生反抗北京政府的行动是很好的;你们的革命精神也是可佩服的。但你们无非是写文章、开大会、游行请愿、奔走呼号。你们最大的成绩也不过是集合几万人示威游行,罢课、罢工、罢市几天而已。北京政府只要几挺机关枪就可以把几万示威的学生解决掉。现在,我愿意给你们五百条枪,如果你们能找到五百个真不怕死的学生托将起来,去打北京的那些败类,才算是真正革命。'"

从张国焘这段回忆中可见,此时的孙中山更相信武装和武器的力量,组建党军,应该已经成为他的重要目标。

在上海期间,张国焘属于活跃分子。除孙中山之外,他与当时的国民党上层人士胡汉民、汪精卫、朱执信、廖仲恺、戴季陶等亦多有接触。1920年3月,张国焘以"五四学生领袖"的身份,被聘为国民党创建的"中华全国工业联合会"总干事。这个"中华全国工业联合会"号称拥有上万会员,但实际运作却流于形式,主要是以"联合会"的名言发表通电和宣言,支持国民党的各项主张,并不热心组织具体的活动。对于崇尚实干的张国焘来说,这个"联合会"太水了,两个月之后,便辞去了这个"总干事"的职务。

但这个短暂的"总干事"身份,实实在在地增加了这位二十三岁年轻人的资历,在"学生领袖"的光环之外,他又多了一个"工会领袖"的光晕。一年之后中共一大正式成立,不久便成立了全国性的工会组织,张国焘被任命为负责人;又过了一年半左右,1923年初,尚未满26周岁的张国焘,又成了中共领导的"二七大罢工"的最高领导人。

1920年5月初,张国焘返回北京。第二天就去拜访了他的老师李大钊。

显然是秉承了维经斯基带来的第三国际(共产国际)的指示,此时的李大钊已经把精力放在了工人运动上,他和邓中夏、何孟雄等,刚刚组织了一次纪念"五一国际劳动节"的活动,发动五十多人上街,打旗帜、喊口号:"劳工神圣、五月一日万岁、资本家的末日",如此等等,不一而足。

此时北京的局势已经平静下来了,李大钊组建了一个"马克思学说研究会",邓中夏、高君宇、黄日葵、何孟雄、罗章龙、刘仁静等都在其中,张国焘来了,自然也成了其中一员。

既然名曰"研究会",那就认真研究吧。据张国焘回忆,此后的几个月里,他泡在北大图书馆里,系统地阅读了一些马克思主义的书籍:

"那时的北大图书馆设备还很简陋,地方不算宽敞,图书也不够齐备,但已甚具吸引力,常常挤满了人,其中以搜索新奇思想的左倾者占多数,少数的社会主义书刊往往借阅一空。休息室中,三五成群的青年高谈阔论,马克思主义和无政府主义常是他们的主要话题。图书馆主任室有两间房,一间是李先生的办公室,另一间是接待室。那间接待室是当时社会主义者和急进人物荟集之所,还有好几次举行过人数颇多的座谈会,辩论得很是认真。我在那里扮演着李先生的主要配角。我经常在那里阅读,有时与人接谈。李先生因事不在时,我就代他负招待之责。一九二〇年时,这间图书馆主任室的马克思主义色彩,就这样的日益浓厚起来。"

1920年7月,北京局势突然再次紧张起来,直皖战争箭在弦上、一触即发。

为了躲避战乱,张国焘决定再次南下上海。临行之前,李大钊嘱咐他到上海再找陈独秀,向他通报北京这边建党前的准备工作。

京沪往返之间,张国焘成了北李和南陈之间的主要联络人。他和一向自视甚高、不肯轻易与人接近的陈独秀,竟然也建立起了亦师亦友的关系。陈独秀热情接待张国焘,邀请他住在家里。当时受邀在陈独秀家里居住的,只有张国焘和张申府,一个是追求刘清扬的,一个是刘清扬追求的。

在这期间,陈独秀与维经斯基的交流也很频繁,张国焘的英语不错,他们之间的交流不需要翻译。

创建中共的紧锣密鼓声中,1920年9月,英国哲学家罗素应邀来华讲学了。由张申府介绍,罗素也住进了陈独秀家里。

1872年出生的罗素,此时已经是享有国际声望的哲学家。

第二章：1920-1922

罗素出生在英国威尔士的一个贵族家里，祖父曾两度出任英国首相。哲学家罗素曾在 1950 年获得诺贝尔文学奖，获奖理由是"西欧思想、言论自由勇敢的君子"。从 1920 年初到中国，至 1970 年以 98 岁高龄辞世，罗素见证并亲自参与了中国半个世纪以来的政治变革和文化变迁，亲密接触过中国名人，包括梁启超、陈独秀、张申府、张国焘，青年毛泽东在台下亲耳听过他的演讲。

当时张申府是《新青年》的编委，他为罗素开办了一期专号。在此前之前，《新青年》只为马克思和易卜生开办过专号。当时在北大，曾经有过一个民意调查：中国之外，谁是当代最伟大的人？1007 人参加调查，结果是列宁第一，时任美国总统威尔逊第二，罗素第三。

罗老三也知道他在中国很有名，他也很清楚，这都是张申府的功劳，在给朋友的信中，他写道：

"中国的张申府先生，比我本人还了解我的著作。"

1920 年夏天，怀揣着对中国的巨大好奇、以及中国支付给他的 2000 英镑巨款（当时 300 英镑可以在伦敦市内购置一套住宅），48 岁的哲学教授罗素，向供职的剑桥大学申请了一年假期，前往中国和日本旅行讲学。

8 月，他来到上海，住在陈独秀家里，与陈独秀、张国焘有过深入交流。

9 月，在长沙讲学，时年 27 岁的毛泽东现场聆听了他的演讲，多次跟新民学会的同道讨论罗素，毛对罗素的看法是："理论上说得通，事实上做不到。"

10 月，罗素前往北京，张申府、张国焘陪同返京。

10 月的一天，李大钊将张申府、张国焘召集到办公室，决定仿照上海的做法，正式成立北京共产党组织，取名为"北京共产党小组"，李大钊为书记，张国焘负责组织工作，罗章龙负责宣传工作。北京共产党小组的这一领导架构：书记+组织负责人+宣传负责人，成为日后中共基层组织的基本形态。

作为书记的李大钊，做出了一个影响深远的举动，他从自己的每月薪水中，拿出八十元，作为小组的活动经费。这成了中共党员上缴的"第一笔党费"。

一开始,李、张、罗主持的北京支部在发展新党员时没有严格的标准和限制,只要宣称自己倾向于社会主义、同情苏俄革命,都可以成为党员。一些无政府主义者,如黄凌霜、张伯根等,成了最早的一批中共党员。很快,黄凌霜等人就发现,他们和李大钊、张国焘等并非同道中人:

一, 黄凌霜信奉"自由联合"的观点,不主张有全国性的领导和地方性的分支,反对纪律约束和职务分工;而李大钊等人信奉的苏俄建党原则,则要求有严密的组织性和钢铁般的纪律性。

二, 黄凌霜等无政府主义者最为反对的就是政府,认为政府是一切罪恶的根源;而李大钊等则强调无产阶级专政的政府是马克思主义的精髓。

由于理念差异太大,两拨人无法在一起共事,黄凌霜等人先后退出了北京支部。

对于这次与无政府主义者之间发生的冲突,时隔多年之后,张国焘仍然记忆犹新:

"与无政府党有冲突……自认是巴枯宁共产主义,不赞成无产阶级专政,只同情苏联。我与他们大吵,守常(李大钊字守常)想调和,结果,他们退出三人。"

巴枯宁是生活在十九世纪中后期的俄国旧贵族,巴枯宁主义强调绝对的个人自由主义,主张废除一切继承权,反对一切形式的权威和政府形态。这些主张与后来的列宁主义完全背道而驰,说巴枯宁主义是列宁主义的死敌,并不为过。

经过"无政府主义者"这么一折腾,反而增加了李大钊和张国焘的"组织工作经验"。"入党"的标准逐渐成形,一批真正的共产主义同道先后加入。

现在看来,黄凌霜等无政府主义者的入党、退党风波,是张国焘亲身经历的最早一次"微型肃反运动",它发生在中共正式诞生前半年左右。"主义之争"从一开始就很无情,一路发展下去,越来越残酷。

第二章：1920-1922

此后，北京党小组又做了两件影响深远的事情：

第一件事情，在11月中，成立了北京大学社会主义青年团，推举高君宇为青年团书记。这是仿效苏俄共青团的做法，在青年中建立共产党的外围组织。

第二件事情，去长辛店，组织筹办劳动补习学校。

当时北京的工人聚居地不多，规模最大的一处，就是铁路及相关配套产业聚集的丰台长辛店。当时工人特别希望能有一间学校，让自己和后代都接受一点教育。

经过一番内部组织动员、社会公开募捐之后，"长辛店劳动补习学校"在1921年1月1日正式开学了。学校分日、夜两班，日班给工人子弟上课，采用普通国民高等小学堂的课本和课程；夜班给工人上课，讲授国文、法律、社会常识、科学常识等。日、夜两班的教员，大都是北京大学的师生。

普及文化知识的同时，李大钊、张国焘等人没有忘记他们的根本任务：发动工人参加运动。张国焘重操旧业，发挥五四运动时练就的演讲才能，深入浅出地向工人宣传马克思主义，特别是马克思"发现"的剩余价值学说，告诉工人资本家是如何剥削他们的。

李大钊、张国焘的努力，取得了不俗的成绩，大约半年之后的五一劳动节期间，在长辛店的三千多名工人中，就爆发了一次上千人参加的示威游行活动，当场宣布成立"长辛店工会"。

这一段时间，上海的陈独秀、李汉俊也积极作为，以上海的"中国共产党"为"宗"，自1920年秋至1921年春，武汉、济南、广州、长沙等地的"支"先后建立起来了。

此时张申府已经到达法国，经他同意，旅欧中国共产党小组也建立起来了。

12月，正在全力建党的陈独秀，突然接到时任广东省省长陈炯明的邀请，动身前往广州，担任广东省教育委员会委员长。身在广州的陈独秀，一边协助陈炯明主持广州的教育大局，一边没忘记"建党"。1921年4月间，他还给身在日本的施存统、周佛海去信，要求抓紧建立中国共产党旅日支部。

第四节：中共一大张主席

1921 年初，来中国已经近一年时间的共产国际代表维经斯基要返回苏联了，回国之前，维经斯基路过北京，督促李大钊和张国焘：

一、 将各地的共产主义者迅速组织起来，建立统一的中国共产党。

二、 中共加入共产国际，以得到共产国际的指导，并融入全世界无产阶级的斗争之中。

维氏的这两点要求，也是他在上海时给陈独秀的要求。

6 月初，接任维经斯基的共产国际代表马林和尼克尔斯基来到上海，面见"中国共产党"负责人李达和李汉俊，要求他们尽快将共产党组织在中国建立起来。

李汉俊写信给正在广州的陈独秀和在北京的李大钊，商量召开"中国共产党成立大会"的具体事宜。经过一番函来函往，南陈和北李同意，于当年 7 月，在上海召开"中国共产党第一次全国代表大会"。

主意已定，李达向各地共产党组织发出通知，要求每一个地方组织派出两名代表，前来上海开会。

北京共产党支部接到李达的来信之后，非常重视，召开专门会议，推选出席上海会议的代表。

据 1987 年 8 月在北京师范大学附近被公交车撞倒、意外辞世的中共一大代表刘仁静回忆，大家首先一致推选张国焘，他是李大钊之外最重要的领导者，北京小组的活动，平时一般不惊动李大钊，都是由张国焘主持。

之所以没有推举李大钊，是因为当时他意外受伤了。李大钊是北京国立专门学校教职员联合会的主要领导者之一，正参与并领导八个专门以上学校的教职员开展"索薪斗争"。6 月 3 日，李大钊等人领着索薪团到新华门总统府前请愿，遭到军警的殴打，李大钊的头部被军警的刺刀戳伤，虽无性命之危，但显然伤得不轻，7月份赴上海开会，几乎是不可能了。

当初李汉俊通过信函和李大钊、陈独秀商量会期的时候，李大钊本人应该是打算参会的，之所以把会期定在暑假期间，就是要方便李大钊等人参会。

一直以来的中共正统党史，都对李大钊没有参加一大会议的原因语焉不详。这也是一个有趣的现象，李大钊在筹备建党的同时，也不忘维护自己的合法权益，带领同仁向当局索要拖欠的薪饷，这一举动与"建党"这个后来被赋予"开天辟地"重大意义的事件相比，显得微不足道；但在李大钊本人看来，索薪和建党，都是重要的事情。

第一位代表顺利产生，第二位代表应该是谁呢？

邓中夏和罗章龙是北京支部的重要人物，他们二人都有足够的资格代表北京参会。

当时邓中夏要代表北京出席将于7月在南京召开的少年中国学会会议，既然要参加南京的会议，上海的会议就另选他人吧。

大家推举罗章龙的时候，他也推辞了，他正在主持《工人周刊》的创刊工作，参加上海的会议和筹备这份周刊，也都同样重要。

一番推辞和谦让之后，第二个参会资格，落在了刚度过19岁生日三个月的刘仁静头上。

1921年6月，张国焘和刘仁静一道，作为北京地区的代表，动身前往上海参会。

陈独秀在主持粤省学政的同时，没忘建党大业，1921年3月份，陈独秀建立起广州共产党小组。

广州派谁参会呢？考虑到自己公务在身——当时陈独秀正在向陈炯明任省长的广东省政府争取一笔修建大学校舍的款项，无法脱身，他决定派陈公博作为广州代表，前往上海参会；同时指派包惠僧作为他的私人代表，和陈公博同行。包惠僧是湖北黄冈人，赴广州追随陈独秀之前，曾协助陈潭秋组织过武汉共产党小组，故而张国焘在回忆录中，认定包惠僧是武汉党小组的代表，也是有根据的。

张国焘和刘仁静一路南下，到南京时，刘仁静下车，先去参加在南京召开的少年中国学会会议。张国焘继续南行，与李达、李汉俊会合。

到达上海时，张国焘惊讶地发现，二李已经基本停止了会议的筹备工作。李汉俊和陈独秀之间发生了矛盾，和共产国际代表马林之间也产生了分歧。

李汉俊和陈独秀之间的矛盾，缘于二人对于党章的分歧。

1921年2月，陈独秀在广州起草了一份党章寄回上海，李汉俊不同意陈独秀提出的"中央集权制"，认为这是陈独秀个人主义至上，是要全体党员拥护他个人的独裁。他另起草了一份党章寄回广州，主张地方分权，中央有职无权，只管协调，无权指挥。陈独秀看后，非常生气，回信给李达，说上海的党反对他这个中共创始人。陈李之间的矛盾越来越深，李汉俊索性撂挑子，连陈独秀离沪赴穗前指派给他的"上海党小组代理书记"也不愿意做了，把接手的《新青年》也停刊了，把上海的党员名册和相关文件全都交给李达，要李达来担任代理书记。

陈独秀缺席中共一大，除了广州的公务繁忙脱不开身以外，跟李汉俊闹矛盾也是重要原因。他本人的代表包惠僧动身前往上海时，陈独秀还向包惠僧抱怨李汉俊：

"我要搞中央集权制，他要搞地方分权制，这不是明着与我对着干吗？中国革命才开始，都搞地方分权，岂不成了无政府主义？"

李汉俊和陈独秀之间，对马克思主义的理解完全不同。李汉俊毕业于日本帝国大学工科，他从日本马克思主义经济学家河上肇那儿接受了"马克思主义"，并从日文版转译了《马克思资本论入门》一书。李汉俊所理解和信奉的"共产主义"，更多的是马克思改造过的黑格尔哲学思想，是马克思的怀疑与反思精神。陈独秀所理解的"马克思主义"，其实是"列宁主义"，是苏俄的革命之道，是无产阶级国家专政制度和"中央集权制"的建党原则。

李汉俊明确反对陈独秀的"中央集权制",他说:

"中国过去都是专制的,如中国共产党新中央集权制,必流于覆辙。"

至于李汉俊和马林之间的分歧,则早早地预示了中共与共产国际之间难以免除的重重矛盾。据张国焘回忆:

"马林曾向李汉俊声称,自己是共产国际的正式代表,并毫不客气地向他要工作报告。李汉俊拒绝了马林的要求,理由是组织还在萌芽时期,没有什么可以报告的。马林又问他要工作计划和预算,表示共产国际将予经济的支持。很可能李汉俊觉得马林这些话过于唐突,就直率地表示:中国共产党还没有正式成立,是否加入共产国际也还没有决定;即使中共成立后加入了共产国际,它将来与共产国际所派的代表间的关系究竟如何,也还有待研究;现在根本说不上工作报告、工作计划和预算等等。他向马林表示:共产国际如果支持我们,我们愿意接受;但须由我们按工作实际情形去自由支配。他们之间就因这种争执陷于不愉快的僵持状态中。"

李汉俊没有认识到,即将正式成立的中共,将与共产国际之间建立何种关系;但马林这位共产国际的代表却认识到了:中共是共产国际的下属党组织,后者向前者提供经费。

对于马林的指手划脚,李汉俊和李达都难以接受。

矛盾重重,二李罢工,"中共一大"的筹备工作陷入停顿。已经到达上海的张国焘成了唯一调停人,他决定亲自拜访马林。

当时马林寄住在一个德国人家里,张太雷做翻译,也住在那里。出乎张国焘的意料,他和马林之间的谈话很愉快,马林没有提他与二李之间的分歧,也没有提及中共与共产国际的关系如何安排和处置。张国焘向他介绍了中国共产党北方组织的情况,马林认真倾听,很有耐心,也很有兴致。

至于当务之急"中共一大"的筹备工作,马张二人谈得也很融洽。

李汉俊在中共党内的位置、以及他本人此后的命运,都因为在"一大"之前和陈独秀、马林之间的矛盾而受到了影响。他是戴季陶之外大家所公认的"马克思主义"理论家,作为陈独秀指定的上海党小组临时负责人,他还直接负责中共"一大"的筹备工作,虽曾短暂"罢工",但所做工作超过了其他所有人,甚至一大的大会都是在他的住宅里召开的。居功至伟的李汉俊却在"一大"上意外落选中共中央委员,这对他打击很大。1922 年初,正当中共"一出生就风华正茂"的时候,李汉俊却离开中共中央所在地上海,前往武汉,专事教学工作。1923 年,又在哥哥李书城的推荐下,在北京政府的外交部和教育部任职,为此中共中央曾发出通告,给他处分。这更让他灰心。1923 年 5 月,李汉俊给中共中央写信,宣布脱离中共,脱党的原因是他反对中共接受共产国际的津贴并听命于它:

"自共产党成立后,汉俊即因反对无条件接受第三国际(共产国际)津贴及命令暨主张援助国民党而遭排斥。"

1924 年,中共中央决定,将李汉俊开除出党。

李汉俊的脱党经历,有点像张国焘后来脱党的一次预演。

中共一大上,李汉俊被排斥在中央委员之外,同在上海的李达,则被意外地选为中央局成员,负责宣传事务,这应该是权衡和妥协的结果:在中共正式成立之前,上海党小组实际承担着中共中央机关的职能,既然李汉俊不被大家认可,大家只好把上海的另一个代表李达推进中央领导机构。

李汉俊的结局让人唏嘘,1927 年 12 月,李汉俊被坚持清共的桂系军阀胡宗铎逮捕、枪杀,生命停止在 37 岁。

1921 年 7 月 23 日,中国当时最大的城市上海,法租界,望志路 106 号(现为兴业路 76 号),中国共产党第一次全国代表大会在这里召开了。

中共官修党史中,一般认定此为李汉俊的居所。更准确地说,这是李汉俊哥哥李书城的私人宅邸。

李书城并非中共党员,但他却全程参加了此次大会。李书城是黄兴在日本弘文书院的同学,在日本结识了孙中山,后加入同盟会,参加武昌起义,支持并参加孙中山发起的护法运动,1920 年迁居上海,在法租界购置了这处房产。1949 年,受毛泽

第二章：1920-1922

东的邀请，李书城投奔中共，担任中共建政后的第一任农业部长。

关于这处"一大会址"，史学界始终有异议。据当事人张国焘回忆，中共一大会议，主要是在李宅附近的博文女校召开的。官修党史则认定，博文女校是代表们的住处，而非会址。

到底多少人参与了"开天辟地"？

综合各种材料，参加会议的代表共有13人：

上海小组：李汉俊、李达。

北京支部：张国焘、刘仁静。

长沙小组：何叔衡、毛泽东。

武汉小组：董必武、陈潭秋。

济南小组：王尽美、邓恩铭。

广州小组：陈公博。

陈独秀个人代表：包惠僧。

旅日小组：周佛海。

上述十三人，代表全国和旅日的五十余名中共党员。

官方党史认定，上述十三名代表之外，还有共产国际代表马林和尼克尔斯基。

但张国焘回忆，马林和尼克尔斯基二人并未参加会议。

会议开始后，因陈独秀和李大钊二人都未能与会，大家便公推陈李二人的联络员、时年24岁的张国焘为大会主席，马林亦表示同意。

合理推测，大会主席张国焘应该是最先发言的一位，他应该是这么说的：

"中国共产党成立大会，现在正式开始。"

接着，张国焘宣布了本次大会要完成的四项任务：

一，讨论党纲与政纲；

二，制定党章；

三，研究中心工作与工作方针；

四，选举党的中央领导机构。

随后，各地代表轮番发言，介绍各地的情况。这个环节，用去了最初几天的时间。开始起草党纲和决议草案了。党的纪律是党纲的重要内容，特别是一旦成为共产党员，还要不要做官？要不要做国会议员？对这一问题，代表们之间的分歧比较大。

张国焘反对共产党员做官、做议员，他认为这样一来，中国共产党就可能变成德国社民党那样"黄色的党"，会逐渐放弃自己的理想和原则，成为资本家阶级的一部分，最终成为共产主义革命的叛徒。

李汉俊则坚持认为，可以在党组织允许的情况下，进入国会做议员，或进入政府做官员，党应该把公开工作和秘密工作结合起来。

张李之间的观点如此针锋相对，很可能二人在会议现场就发生了激烈争论。陈独秀后来评价中共一大，还特别提到了张的"极左"和李的"极右"：

"张国焘、刘仁静是倾向极左的，主张中国要进行社会主义革命，建立无产阶级专政……是醉心'左'倾名词的疯子……李汉俊却倾向极右，他主张党只能研究和宣传马克思主义，不能搞实际革命工作。他认为一切都要合法，不能进行非法活动……可惨的是蒋介石连这个合法的人也不允许他存在，必杀之而后快……"（濮清泉《我所知道的陈独秀》）

会议进行到第八天，也是预定的最后一天，7月30日晚，代表们正聚在李书城家开会，一个陌生人突然闯了进来。预感可能会有危险发生，会议中断，代表们分头散去。

果然，当天晚上法租界的侦探即来到李宅，搜查了一通，一无所获而去。

为什么会发生上述意外事件？张国焘的解释是：

"马林和尼科罗夫斯基未列席过大会，但获知大会进行的情形。他们对大会的争论点甚感兴趣……在大会讨论党章时，他以不耐的心情向我要求准他出席大会，发表演说……为便于马林与尼科罗夫斯基出席起见，大会并改在李汉俊家里举行……当时我们保密观念很薄弱，可能当大会在博文女校进行时就已为警探所注意，那次改在李家举行也未逃掉他们的耳目，而且他们很可能有一网打尽之计，故选择马林与尼科罗夫斯基参加时下手。"

张国焘的这一段回忆，有两个至关重要的细节，可能颠覆主流党史的结论：

一，马林和尼克尔斯基并没有从头至尾参加会议，只是在所有既定议题完成之后，才获准参加最后的会议。

二，中共一大的会址并非李汉俊（李书城）的寓所，而是附近的博文女校；只是到了末期，为了方便马林和尼克尔斯基参会，才由博文女校改到了李宅；也正是因为这次改换会址，招来了法租界密探和后来的入宅搜查。

如何处理与第三国际（共产国际）之间的关系，也是重要议题之一，为此专门通过了一个决议，明确了二者的上下级关系、主从关系：

"党中央委员会应每月向第三国际报告工作。在必要时，应派一特命全权代表前往设在伊尔库茨克的第三国际远东书记处（远东局）。"

法租界的搜捕引起了代表们的不安，接下来的故事大家就都耳熟能详了。李达夫人王会悟建议，距离上海百余里的浙江嘉兴是她的老家，嘉兴南湖风景优美，可以租一条游船在湖上继续开会，既安静又安全。大家都认为这个主意不错，便分头动身，前往嘉兴。

8月5日，中共一大最后一天的会议在嘉兴南湖的船上举行。虽有湖光山色助兴，代表们却又起了争执。如何对待其他党派，出现了两种截然不同的意见：

第一种意见认为，无产阶级在理论和实践上都和其他政党截然不同，与其他党之间的关系，必须是始终作斗争。

第二种意见认为，共产党可以与其他政党联合行动，与共同的敌人作斗争。

经过一番争议，第一种意见占了上风，大会通过决议：与所有其他党开展斗争。中共甫一出生，便敢于同所有其他党开展斗争，称之为开天辟地，也确实不为过。

大会闭幕之前，选出了中央领导机构：陈独秀为中央局书记,张国焘为组织主任,李达为宣传主任。陈、张、李三人组成中央局。

进行完所有议程后,张主席致了闭幕词,闭幕词的具体内容,目前已不可考。

中共一大闭幕后,"中央局书记"陈独秀仍留在广州陈炯明政府里任职,无法返沪视事,"组织主任"张国焘实际代理陈独秀的书记职务。

第五节:陈家后门小裁缝

中共一大政治决议中,把工人运动作为革命工作的重点,这正是当时共产国际的指导思想,马林对此表示满意,并向中共中央局建议:成立"中国劳动组合书记部",把中国的工人运动领导起来。

所谓"劳动组合",其实是"trade union"的直译,也可以译成"工会";但马林认为,当时全国的工会还没有正式联合起来,还不能称为"总工会";而"劳动组合"这个似是而非的名称,包容性很强,解释空间很大。

中共一大结束后仅一周左右,8月11日,"中国劳动组合书记部"即在上海宣告成立,可谓神速。根据马林的推荐,张国焘任主任,李启汉、李震瀛、包惠僧为干事,书记部机关设在公共租界北成都路19号。

张国焘的行动力很强,说干就干,中国劳动组合书记部甫一成立,就做成了不少事情:

首先,在各地设立分部:

北方分部,由邓中夏、罗章龙负责;

武汉分部,由林育南(林彪的堂兄)、项英负责;

长沙分部,由毛泽东负责;

广州分部,由谭平山负责。

其次,开展宣传鼓动工作。张国焘在《共产党》月刊第六号

第二章：1920-1922

上，公开发表了《中国劳动组合书记部宣言》：

"在资本主义的工厂里，工人过着牛马一样的生活……中国劳动组合书记部是一个要把各个劳动组合都联合起来的总机关……并且我们相信将来的世界，一定是工人们的世界。"

马林促成的中国劳动组合书记部，可谓"生逢其时"，当时的上海，此起彼伏的工潮正闹得不可开交，正需要有一个工会组织统一领导。

当时上海浦东的英美烟厂工人正在罢工，要求改善待遇。张国焘书记和李启汉干事决定迅速介入，李启汉的办公地点被改造成了罢工指挥部。一番坚持和妥协之后，英美烟厂的罢工宣告结束，厂方接受了工人的一部分要求。小试牛刀，即旗开得胜，此时的中共，才刚刚满月。

接下来，中国劳动组合书记部开始频繁领导或参与工人运动，经费问题就摆上了议事日程。此前马林曾向张国焘承诺：中共可向共产国际申请经费支持。张国焘便向马林报了一个预算：总部和分部的活动经费，每月约需一千元。马林看后表示：这个预算额比他之前预想的要少得多，共产国际可以全部支付。

9月，陈独秀由穗返沪，正式行使中共中央局的工作。张国焘等人非常高兴，群龙终于有了首，主心有了骨。可是好景不长，第二天陈独秀的脸色就由晴转阴了，不举行中央的会议，也不愿与马林见面。

首先惹陈独秀生气的，是张国焘擅自向共产国际申请经费支持，他训斥张国焘：

"你为何向马林提出劳动组合书记部的计划和预算？而且对于工作人员还规定薪给，这等于雇佣革命。中国革命一切要我们自己负责的。所有党员都应无报酬的为党服务，这是我们所要坚持的立场。"

另一个让陈独秀生气的事情，是马林不经过他同意，就擅自派出翻译张太雷前往日本，以中共中央的名义，通知中共旅日支部的负责人施存统，派代表参加在苏俄召开的远东各国共产党和革命团体代表大会。陈独秀认为，马林此举是蔑视他的领导权威，插手中共内部事务。

陈独秀的这次变脸，像是一个预言：被共产国际插手内部事务，这既是中共的宿命，也是中共的特点。

马林要找的施存统，是中国共产主义青年团的第一任书记。1920年4月，22岁的施存统在上海首次见到陈独秀和戴季陶，便被二人所欣赏；6月，他参加陈独秀发起的中共上海支部，成为中国最早的五名党员之一。随后即受戴季陶资助，前往日本学习，并负责建立中共旅日支部，一大代表陈公博，就是族存统在日本发展的党员。

陈独秀返沪约一个月左右，10月4日，突然被捕了。

当天下午约两点左右，法租界的巡捕和警探，突然包围了位于渔阳里2号的陈独秀住宅，抓捕了陈独秀和妻子高君曼，同时把正在陈家的杨明斋、包惠僧、柯庆施也带走了，同时搜出了堆积在陈家未来得及发出去的《新青年》杂志。

随后，巡捕们在周边布下暗探，挨个儿抓捕前去陈家拜访的其他人，邵力子、诸辅成等先后被捕。

张国焘差点也被抓捕，随机应变的捷才，让他躲过了一劫：

"一个炎热的傍晚，我吃过晚饭，穿着一身短衫裤，活像一个小店员般悠闲地踱到陈先生住处。已往每到他家，我都从后门出入，不须经过什么通报，就直接走进去。那晚我敲开后门，一个陌生的大汉问我找谁，我立即感到有些异样，就立在门外说：'找陈太太'。那大汉问：'你找她有什么事？'我说：'我来收裁缝工钱。'他打量我一番之后继续后：'你为什么不会说上海话？'我借用了一个我所知道的裁缝铺名，告诉他我的铺子开在什么地方，老板的姓名和招牌名称，因为老板是湖南人，我也是湖南人，还未学好上海话。那大汉认为我真是裁缝，说陈太太不在家，就把门关上了。我判断陈先生一定出事了，走出弄堂，观查身后没有暗探跟踪，就忙去通知同志们，嘱咐他们不可到陈先生家里去。再经过一番探听，才知道陈先生夫妇和到他家里去的几个客人，都在下午六点钟的时候被法国巡捕房捉去了。"

陈独秀被捕，张国焘、李达、马林等立即展开营救。马林出力最多，他亲自出面，聘请法国律师出庭为陈独秀辩护。10月26日，法租界会审公堂开庭，法官判陈独秀交一百元罚款，当庭开释。

经此一劫，陈独秀和马林的关系由阴转晴，明显改善。张国焘说：

"他们两人似都饱受折磨，也各自增加了对事势的了解，好像梁山泊上的好汉'不打不相识'，他们交换意见，气氛显得十分和谐。"

第六节：见到列宁

10月底，中共中央决定，由张国焘代表中共，领导中国劳工代表团，前往苏联参加远东劳苦人民代表大会。

这次大会是列宁亲自倡导召开的，邀请远东各国左翼政党派出代表参加，目的是对抗美、英、日、法、意、比、荷、葡等一战战胜国召开的华盛顿国际会议。列宁认为，华盛顿会议是继巴黎和会之后的又一次分赃大会，必须予以针锋相对的回击。

张国焘马上启程，带领包括国民党代表在内的中国代表团，从上海动身，开始了他第一次远赴苏俄的旅途。经过一个月的艰难行程，抵达会议地点、苏联远东城市伊尔库茨克。

张国焘的首次苏俄之旅漫长而艰辛。此时苏俄刚刚结束内战不久，列车所过之处，都是毁坏的屋宇和荒凉的原野，偶尔停在某一个站台，见到的俄国人也都是衣衫褴褛饥寒交迫。

到达伊尔库茨克之后，张国焘所见的又大不相同，苏维埃大会、联欢会、星期六义务劳动，这些共产主义色彩浓重的活动接踵而至，气氛热烈，情绪高昂，张国焘深受感染的同时，应该也学会了很多俄式群众运动的招数。

1922年元旦，情况又有变化。为便于苏共中央领导人和共产国际领导人参会，苏联决定，将会址改为莫斯科。

通知到达伊尔库茨克，各国代表驻地一片欢腾。当时莫斯科是全世界左翼人士心目中的圣地，列宁是全世界无产者的领袖，人人心向往之。代表们迅速启程，九天之后抵达莫斯科。

1月21日，"远东各国共产党及民族革命团体第一次代表大会"在莫斯科开幕，中国、朝鲜、日本、蒙古等国家的代表148人出席。中国代表团最大，共44人，团长张国焘被选入16人主席团之中。

会议期间，中国代表团里的国民党代表张秋白，与共产国际执委会主席季诺维也夫发生了激烈争执。季诺维也夫公开批评孙中山和国民党，认为其"亲美"的倾向是完全错误的。

后来的历史证明，季氏对孙中山和国民党的认识是深刻的，也是超前的：孙中山在生前从未放弃求助美国，继任者蒋介石则完全倒向美国。

但此时的孙中山和国民党，正倾心于苏俄的建党、建军模式，张秋白利用大会发言的机会，对季氏公开反驳，对列宁大表忠心：

"国民党早在二十年前就宣布要建立一个自由的中国。待建立国家掌握政权后，国民党要做的第二步，是进行政治革命。第三步，是社会革命。依据这样的一个纲领，国民党就不会接受美国资产阶级的民主。"

激烈交锋的季、张二人，最终结局有些相似。

张秋白是安徽安庆人，虽然他在面对季诺维也夫时，表现得针锋相对、义正辞严，但更多时候，他是一个见风使舵的无原则政客。1927年，蒋介石任命他为国民政府建设委员会委员长；因与安徽督军陈调元走得太近，1928年，被"民国第一杀手"王亚樵的"斧头帮"杀害。

季诺维也夫是俄国犹太人，是列宁生前的重要助手。他的政治立场也经常摇摆不定，列宁去世之后，先是联合斯大林，将托洛茨基驱逐出党中央；再又联合已经流亡国外的托洛茨基反对斯大林，被逐出党中央；不久之后，他再次支持斯大林，重回苏共中央。1934年，受"基洛夫遇刺案"影响，被斯大林下令处决。

第二章：1920-1922

会议间隙，张国焘受到了列宁的接见，由此成为中共百年历史中，唯一见过列宁的中共中央领导人。

此时列宁已经病重，他仍然安排了一个相对完整的时间，抱病接见了中国代表张国焘、张秋白、邓培，以及朝鲜代表金奎植。

与列宁会面是张国焘人生中的重大事件，加持了他在中共党内的地位。晚年张国焘详细回忆了会面的全过程：

"须臾，列宁就从隔壁的办公室过来接待。他出现时朴实无华，毫无做作，完全是个普通人，很像中国乡村中的教书先生，绝对看不出是手握大权的革命最高领袖。

"张秋白首先要列宁对中国革命作一指教。列宁很直率地表示，他对中国的情形知道得很少，只知道孙中山先生是中国的革命领袖，但也不了解孙先生在这些年来做了些甚么，因此不能随便表示意见。他转而询问张秋白，中国国民党和中国共产党是否可以合作？张秋白并未多加说明即作肯定表示：国共两党一定可以很好地合作。列宁旋即以同样的问题问我，并希望我能告诉他一些有关中国的情形。我简单地告诉他，在中国民族和民主的革命中，国共两党应当密切合作，而且可以合作；又指出在两党合作的进程中，可能发生若干困难，不过这些困难相信是可以克服的；中国共产党成立不久，正在学习着进行各项工作，当努力促进各反帝国主义的革命势力的团结。列宁对我的回答，似乎很满意，并没有继续问下去。

"告辞的时候，列宁以亲切的态度双手紧握着邓培的手，用英语向我说：'铁路工人运动是很重要的。在俄国革命中，铁路工人起过重大的作用。请你将我的意思说给他听。'邓培这个朴实的工人领袖，听了我的翻译后张口大笑，点头不已，作为对列宁盛意的回答。列宁睹此，也露出乐不可支的笑容。

"这次谈话因为翻译的费时，花去两小时以上的时间，谈话的内容却很简单。我们一行四人，对于这次晤谈都留下深刻的印象，尤其晤谈时那种友爱亲切的气氛，使大家事后称道不已。"

列宁的地位至高无上，虽然形象朴实，态度和蔼，但他对中国问题的点滴思考,一旦表达出来,都会直接影响苏共中央和共产国际对中国问题的决策。

首先,列宁未直接向中国的"革命同志"下达具体指示,这为中共留下了有所作为的空间。

其次,列宁清楚地知道,孙中山和他的国民党,比刚刚建立起来的共产党要强大得多。

第三,列宁建议国共合作,这也是苏共中央和共产国际的共识。"国共合作"有利于扶持刚刚诞生的中共,这是显而易见的。

第七节:立三开除独秀,武装保卫苏联

1922年3月,张国焘从苏联回到上海。

陈独秀听取了张国焘的汇报。对于列宁建议的"国共合作",陈独秀很是关注。对于会议决议中提到的"关于建立反帝联合战线的指示",以及共产国际二大通过的《民族殖民地问题提纲》,陈独秀更是关注。特别是"联合战线"这一概念,给予陈独秀以巨大的启发,弱小的中共太需要强大的朋友圈了。

6月10,陈独秀指示中共中央,公开发表《中国共产党第一次对时局的主张》:

"在中国处于帝国主义和封建主义双重压迫的情况下,无产阶级只有联络民主派共同奋斗,才能完成反帝反封建的任务……在中国现存的政党中,只有国民党比较是革命的民主派,比较是真的民主派……要邀请国民党等革命的民主派及革命的社会主义各团体,开一个联席会议,共同建立一个民主主义的联合战线。"

7月16日至23日,中共二大在上海召开,发表了《中共二大宣言》:

一, 定义中国社会的性质:是受到帝国主义和封建主义的双重压迫。

二，提出中共"最低纲领"：是推翻国际帝国主义的压迫，达到中华民族完全独立；统一中国为真正的民主共和国。

三，明确中国革命的性质：是反帝反封建的民主主义革命，革命的对象是帝国主义和封建军阀，革命的动力是工人、农民、小资产阶级，民族资产阶级也是革命的力量之一。

四，再次重申中共一大提出的最高纲领：组织无产阶级，用阶级斗争的手段，建立劳农专政的政治，铲除私有财产制度，渐次达到共产主义的社会。

一大和二大之间，虽然仅只一年，但中共的进步神速。一大时，针对其他一切政党的态度是"坚决斗争"，没有联合与合作的余地；二大时，对于其他政党，特别是国民党，已经是完全接受共产国际的指示，主动寻求合作了。

中共二大再次选举陈独秀为中央局书记、张国焘为中央组织部部长，选举陈独秀、张国焘、邓中夏、蔡和森、高君宇为中央执行委员会委员。

中共二大通过了《中国共产党加入第三国际决议案》，再次明确，中共是共产国际的一个支部：

"无产阶级是世界的，无产阶级革命也是世界的，况且远东产业幼稚的国家，更是要和世界无产阶级联合起来，才足以增加革命的效力。现在代表世界的无产阶级为世界无产阶级革命大本营的，只有俄罗斯无产阶级革命后新兴的第三国际共产党。……中国共产党既然是代表中国无产阶级的政党，所以第二次全国大会议决正式加入第三国际，完全承认第三国际所决议的加入条件二十一条，中国共产党为国际共产党之中国支部。"

这个短短的决议案，明确了两个在中共官方党史上被刻意淡化的概念：

首先，决议案把"第三国际"直接称为"国际共产党"，这是非常准确的，也是当时中共领导人习惯使用的概念。"共产党"拥有强烈的国际性，国际化程度远超当代人的想像。

马克思、恩格斯从一开始，就不遗余力地强化人的阶级属性，弱化人的国家、民族、种族属性。1848年，马克思、恩格斯发表《共产党宣言》，第一次提出"全世界无产者联合起来"的口号。1888年，恩格斯修订的英文版《共产党宣言》中，将"无产者"改为"劳动者"，大大扩展了适用范围。1920年，戴季陶支持陈望道翻译的中文版《共产党宣言》中，这句话被译为："万国劳动者团结起来呵"。苏联建国之后，这句话被写到了国徽上。

信奉"马克思主义"的各国"共产党"，都自觉强化国际性，弱化民族性。中共亦不例外，一直到1937年中国的抗日战争全面爆发，中共内部仍然流行一句话："共产党人的祖国即全世界共产党人的祖国苏维埃，也就是苏联"。

在这种信念指引下，中共（"共产党在中国的组织"）于1929年7月中东路事件爆发之后，接受共产国际远东局的指令，公开提出了"武装保卫苏联"的口号，并派正在苏联伏龙芝军事学院学习的刘伯承、在莫斯科东方大学学习的叶剑英赶赴伯力，组织国际义勇军、即"远东工人游击队"，协助苏联红军，与自己母国的国民政府军、主体是张学良指挥的东北军作战，进攻母国的黑龙江省海拉尔市。

对于这一与中国国家利益作对的极端做法，当时已经被共产国际解除了中共最高领导权的陈独秀，专门写信给中共中央，要求停止这一愚蠢的行动，特别是不能再片面地宣传"拥护苏联、武装保卫苏联"，要看清国内民众的真实心态，"绝不能简单地认为广大群众认同苏联是中国解放的朋友"。

接到陈独秀的批评信，当时实际主持中共中央工作的政治局常委李立三大为震怒，以中共中央的名义，将陈独秀开除党籍。

陈独秀被开除出中共，是因为他不同意"攻击母国军队，武装保卫苏联"。

叶剑英在伯力协助苏联红军打本国东北军的时候，当时红军的最高指挥官是加伦将军，也就是两年前担任北伐军总司令蒋介石军事总顾问的那位。加伦将军的军事指挥才能卓越，给当时刚满32岁的叶剑英以极深的印象。1935年，年仅45岁的加伦被授予元帅军衔。1938年10月，加伦元帅和夫人一道被斯大林秘密处决。1957年，也已经被授予元帅军衔的叶剑英率团出访苏联，重访远东伯力，触景生情，深情怀念起了当时并肩作战对抗自己母国的加伦将军：

"不见加仑三十年，东征北伐费支援；

我来伯力多怀旧，欲到红河认爪痕。"

元帅诗人叶剑英多情而有才，一生写过许多朗朗上口的诗篇，虽多为个人抒怀之作，但因为作者所处地位特殊，所以在史家看来，许多诗篇是可以作为史料来征用的。这一首就是如此，据此诗可以推测，至少迟至 1957 年，叶剑英以及他所处的中共中央领导层，依然认为当年组织远东工人游击队、协助苏联红军攻击本国军队，是正当之举，无需隐瞒或讳言。

中共对于国际共产党（共产国际）的从属关系，一直延续到 1943 年，共产国际"为了适应世界反法西斯战争的发展"而宣布解散。长达 22 年的历史中，虽有种种矛盾和冲突，但在中共与共产国际之间、中共与苏共之间，都是下级和上级的关系，从属和主导的关系；从未平等过，更未反转过。

第八节：马林首倡"国共合作"

仔细查考，最早提出"国共合作"构想的，是共产国际代表马林。

1921 年底，中共正式成立尚不足半年，马林在张太雷的陪同下去南方游历，在广西桂林见到了正率领粤军北伐的孙中山，会谈之后，马林做出三点判断：

一、 国民党是一个多阶级的联盟，中共作为工人阶级的代表，以个人身份加入这个"多阶级联盟"是可以的，也就是所谓的"党内合作"。

二、 国民党据有广东一省，中共加入国民党之后，可以结束秘密状态，在广州等地公开活动。

三、 中共加入国民党之后，可以改造国民党，使之成为一个工农党。

现在看来，马林的这三点判断，都是差之毫厘、失之千里。

首先，第一点就错了。孙中山领导的国民党，从 1913 年 3

月宋教仁遇刺身亡、他本人发动"二次革命"之后，就已经蜕变为"革命党"，而绝非"多阶级联盟"。

第二点判断也是只看到表面而未看到本质。当时孙中山在广东的政治地位极不稳定，马林见到孙中山之后不到半年，粤军统帅陈炯明就把孙中山赶出了广东。

至于第三点判断，则更是痴人说梦、荒诞不经，完全是一个对中国国情、社情隔膜的西方人的一厢情愿。

马林之所以做出这样的判断，跟他之前曾利用这一模式，建立并扶持印尼共产党有关。

马林是荷兰人，铁路工人出身，拥有传奇的一生，是真正的国际共产党员。1913年，马林到达荷属东印度，发动印尼工人反对荷兰殖民当局，参与创建了东印度社会民主联盟，即印尼共产党的前身。随后，他在爪哇倡导不同的政治派别以"党内合作"的方式，实现联合，这一措施在爪哇很管用，逐步壮大了他参与建立的东印度社会民主同盟。

1920年，马林以印尼共产党代表的身份，前往莫斯科参加共产国际第二次大会，进入共产国际的领导层。列宁认为，马林拥有丰富的远东革命工作经验，可以和中国的共产主义者一道，创立国际共产党中国支部（中共）。

马林进入中国的过程充满了艰辛。领受列宁指派的任务之后，马林于1921年4月前往奥地利，准备在那儿领取进入中华民国的签证，中华民国驻奥地利使领馆识破了其"革命者"的身份，马上报警，马林被奥地利警方逮捕并驱逐出境。随后，奥地利警方又向荷兰警方通报了马林的真实身份，马林由此成为欧洲各国警方黑名单上的人。

1921年5月初至6月初，马林从西亚的亚丁港（现也门临时首都）出发，经亚丁湾、过印度洋、经新加坡、转香港，辗转抵达上海，到荷兰驻上海总领事馆登记。据马林的传记称，一路上他都受到沿途各国警方的严密监视和检查，他刚到上海，法租界的警方即对他实施了监视。当时法租界警方也已经提前获知，苏俄资助的共产党组织将要在上海开会（即中共一大）的情报，为此，紧急出台了一个《取缔集会条例》，规定自 1921 年 8 月 1 日以后，所有集会，必须在 48 小时以前报法租界警察局，并经局长许可。这也是为什么中共一大开到最后，会被一名陌生人打断的原因。有资料显示，当时进入李书城住宅内打探消息的那位"陌生人"，就是法租界的华人探长程子卿。

至此，一个并非无关紧要的历史细节浮出水面：正是因为被各国警察认定为"危险人物"马林的出现，中共一大才会被上海法租界的警察盯上。张国焘关于一大会议主要会址在博文女校，而非李汉俊（李书城）私宅的回忆，可信度很高。

马林一路被监视，这也证明，当时欧洲各国以及中国政府，已经开始防范俄式革命的兴起和泛滥了。

与孙中山在桂林会面之后，马林辗转返回莫斯科复命。1922 年 7 月初，他在莫斯科向共产国际执委会建议：应命令中共，尽快与孙中山的国民党建立联盟，组成反帝统一战线。

共产国际采纳了马林的建议，决定再派他前往中国，指导中共的日常工作。为安全起见，也为了突显马林作为共产国际正式代表的权威性，共产国际将命令原文打印在一块丝绸方巾上，缝在衬衫里。

7 月底，马林再次到达上海，将共产国际的"衣带诏"展示给了包括陈独秀在内的中共中央领导人，内容如下：

"中国共产党中央委员会：接此命令之后，应据共产国际主席团 7 月 18 日之决定，立即将驻地迁往广州；并与菲力浦（马林）同志密切配合，进行党的一切工作。"（《共产国际、联共（布）与中国革命档案资料丛书》第一卷，北京图书馆出版社 1997 年）

这块丝绸方巾，还是马林就任中共太上皇的"即位诏书"，从此时到 1924 年，马林就是中共的直接领导。

马林第一次来华的任务是帮助中共正式成立，第二次来华的任务则是督促中共尽快与国民党联合——中共党员以个人的名义加入国民党。

此后数年间，国共之间由龃龉而磨擦，由磨擦而冲突，由冲突而分裂，由分裂而互相残杀。党同伐异，人头滚滚，血流成河。

马林要求中共中央立即召开会议，讨论并落实共产国际的指示精神。

1922年8月28日至30日，时隔一年之后，中共又在西湖上的一条游船里召开了一次重要会议——"西湖会议"，这次陈独秀和李大钊都参加了，这次会议的核心议题，就是国共联合。

在西湖会议上，马林从五个方面论述了中共加入国民党的必要性：

一、 中国在一个很长的时期内，只能是民主革命和民族革命，而不可能有社会主义革命。

二、 孙中山先生的国民党是各阶层革命分子的联盟，而不能简单定义为资产阶级的政党。

三、 孙中山先生只能容许共产党员个人加入国民党，而不会与中共建立平等的联合战线。

四、 中共应向欧洲的共产党学习，加入社会民主党或工党，组成联合战线。这也是共产国际的意向，中共必须尊重。

五、 共产党员加入国民党之后，可以改造国民党，把大量工人群众从国民党手中夺回来。

对于马林的五点建议，与会者之间分歧很严重。

张国焘反对马林的观点最为激烈：

"中共党员加入国民党不能与西欧共产党工人加入社会民主党工会一事相提并论，国民党是一个资产阶级的政党，中共加入进去，无异于与资产阶级相混合，会丧失它的独立性，这与共产国际第二次大会所通过的原则不合。与国民党建立党外的联合战线是可以做到的，这有过去国民党和其他派系建立联盟的实例为证。如果组织一个联合战线委员会，可以推孙为主席，委员会中的国民党人数也可比中共人数多一倍左右。我们所要说明的是，中共并不是要求与国民党来个平等的联合战线，只是不要丧失独立性……中共除与国民党合作建立联合战线外，更应注意争取国民党以外的广大工农群众来壮大自己。根据这些观点，我们要求不接纳马林的主张，并请共产国际重新予以考虑。"

张国焘反对"党内合作",坚持"党外合作"的态度,影响了马林对他的支持和信任。一年之后,1923年6月召开的中共三大上,张国焘落选"中央执行委员"。

共识无法达成,"西湖会议"陷入僵局。马林祭起手中的尚方宝剑,强调:中共是共产国际的下级支部,必须服从共产国际的指令:中共党员以个人名义加入中国国民党。

后来的历史发展证明,马林主导的"西湖会议"对于中共的影响,超过了不久之前的中共二大。从"西湖会议"这个时间节点开始,中共走向爆炸式发展的道路;也正是从这个时间节点开始,中共与国民党之间埋下了你死我活的矛盾祸根。

8月中,马林携陈独秀、李大钊,拜访了刚刚于"六一六事变"中被陈炯明赶出广东、仓皇逃往上海避难的孙中山,正式向孙中山提出两党合作的主张。

当时孙中山正处于逃亡状态之中,环顾四周,孤立无援,共产国际代表和中共领导人的来访让他很高兴,当即表态:同意中共党员以个人身份加入国民党。

领袖发话了,事情就好办了。很快,陈独秀、李大钊、蔡和森、张太雷等人,由国民党元老张继介绍、由孙中山主盟,以个人名义加入中国国民党。稍后,张国焘也在张继家举行仪式,加入国民党。

第九节:商团事变,屠戮乡梓

孙中山这次败逃,跟以往历次失败都不太一样,他彻底得罪了此前曾长期无保留、无条件支持他的广东家乡父老。

孙中山是8月9日乘船到达上海的,此前他在永丰舰上,在蒋介石的拼死护佑之下,在陈炯明的枪林弹雨中,已经坚持了50余天。"六一六事变"对孙中山而言是蒙难日,对蒋介石来说却是不折不扣的转运时。从此之后,蒋介石在孙中山的众多追随者中脱颖而出,成为孙氏最为器重的股肱之臣。

两个月之后,当年10月,避难上海的孙中山得到了一个意外的好消息:忠于自己的粤军第二军军长许崇智率部,联合驻守福建的段系将领王永泉，向驻守的段系叛将、时任福建督军的李厚基发起突然袭击，李厚基逃离福州，许崇智部已经进入福州城，并控制住了周边地区。对于孙中山来说，这可真是失之东隅、收之桑榆——广东想保却保不住，福建没想却到手来。

接到许崇智的捷报，孙中山马上任命许崇智为东路讨贼军总司令兼第二军军长，蒋介石为东路军总司令部参谋长。全军共约二万余人。

这个任命对许崇智而言，是调整序列，并无新意；但对于蒋介石来说，却意义极为重大，从此之后，他便跻身国民党内军事强人之列了。

既然有"东路讨贼军"，就会有"西路讨贼军"。任命许、蒋的同时，孙中山任命滇军将领杨希闵为总司令，与桂军总司令刘震寰组成西路讨贼军，命令他们：

"为国家除叛逆，为广东去凶残。"

西路讨贼军的战斗力更强，正好孙中山的命令也符合杨、刘的利益。1923年1月，杨、刘率领的"西路讨贼军"攻占广州城，陈炯明大败而逃。2月，孙中山重返广州，再组大元帅府。

杨希闵此人颇具传奇性，大致说来，他是一个冯玉祥式的人物，不断发动兵变，反复推翻上级，最后爬上高位。杨希闵是云南本地人，是云南陆军讲武堂第一期的学生，先是追随江西都督李烈钧，后加入驻四川滇军顾品珍的部队——这一部滇军之所以驻扎在四川，是因为蔡锷曾于1916年下半年任四川督军兼四川省长。1921年2月，杨希闵跟随顾品珍的驻川滇军打回云南老家，通过一连串的兵变，赶跑了滇军元老唐继尧，被顾任命为第三旅旅长。顾本人接任滇军总司令兼云南省长。

1921年10月，孙中山在广州宣布北伐，12月，顾品珍表态支持北伐，孙中山任命其为云南讨贼军总司令。顾品珍主动加入孙中山的战队，为杨希闵日后率领滇军进占广州埋下了伏笔。

顾品珍运气不太好，孙中山任命其为"讨贼军总司令"不过一个月，就被唐继尧给打回了原形，丢掉了性命。

1922年2月，避居香港的滇军元老唐继尧联络旧部、收拾残部，从广东打回云南。顾品珍急电身在广州的大元帅孙中山，请他想办法阻止唐继尧部由粤返滇。无奈此时的孙中山并无亲兵，无力阻止唐继尧的复仇部队。顾品珍整军迎战，虽然数量上多过唐军，但毕竟对手是此前的滇军老帅，顾军内部意见纷纭，不听指挥，顾品珍一筹莫展。3月20日，支持唐继尧的地方土匪吴学显，突然袭击了位于云南宜良的顾品珍指挥部，混乱之中，顾的警卫部队被打乱，顾本人也在乱军中被击毙——一说是顾本人拔枪自戕。

顾品珍运气坏到了家。杨希闵的运气则好到了天上。顾总司令战死，张开儒副总司令接棒，率领残部向东撤退，目标是撤回广州，重归孙中山的麾下。部队到达广西柳州的时候，传来六一六事变的消息，事态再次反转，广州城内变了天，陈炯明赶跑了孙中山。

此时已经是6月中旬，张开儒命令部队，加紧前进，开赴广州讨伐陈炯明。部队行到广西桂平，杨希闵再次发动兵变，以下犯上，解除了张开儒的兵权，自任滇军总司令，并向孙中山报告。杨希闵先是协助顾品珍打跑了唐继尧，职位窜升为旅长；然后等着唐继尧"解决"了顾品珍，再升为滇军副帅；最后发动兵变，取张开儒而代之，立即窜升为滇军主帅。

孙中山认可了此次兵变的成果，任命杨为"讨逆军滇军总司令"，令其联合桂军刘震寰部，继续向广东进军，讨伐"逆贼"陈炯明。1923年1月，杨、刘联军进占广州，陈炯明宣布下野，率部撤往惠州东江。2月21日，孙中山自上海重返广州。

滇桂军队进占广州，陈炯明部全师而退，惠州距离广州仅二百余华里，急行军一昼夜可达。陈炯明部驻扎在惠州，是孙中山的心头大患，他回到广州不久，即布署讨伐陈炯明的事宜。

自1923年5月至10月，孙中山命令杨希闵的滇军、刘震寰的桂军和支持自己的许崇智的粤军，轮番进攻陈炯明部所在的惠州。10月，陈炯明部转守为攻，向广州近郊进攻。至此，双方形成僵持状态，一直到1924年8月，广州商团与孙中山的关系越来越紧张，民意的天平开始向陈炯明一方偏离，但陈炯明却没有抓住机会，导致陈系粤军溃败，他本人的政治生命也终结了。

相当多的学者认为，"广州商团事变"（又称"西关惨案"或"西关屠城血案"）是孙中山一生中最大的污点，自事变发生至今，孙中山一直被粤人所诟病，称其屠戮乡梓，为德不卒。

所谓"商团"，指的是广东省城市里的商人自卫组织；与农村里的"民团"是同一个性质。广东偏居华南一隅，历来民间自治的传统和自保的力量都很强大。作为省会和国际通商口岸的广州，商业力量远远大于其他各周边城市。清末民初以来，无论是清朝的两广总督，还是后来的桂系客官，但凡执政广州者，都要对广州商人的势力高看一眼，下车伊始，要先接见本地商业领袖；出台相关税赋政策，要先听取商业领袖的意见。商业集团如果认为某届政府、或某项政策严重损害了商人的利益，往往会以不同形式、不同规模的罢市作为对抗政府的手段。

具体到广州商团，其势力更加强盛，它甚至拥有强大的武装力量。

广州商团正式成立于 1912 年。当时满清覆亡，新旧政权轮替，官方力量薄弱，广州商业势力以自卫为名，成立广州商团，陈廉伯担任团长。陈团长主持之下，商团集资购置枪械，编练武装，以武装力量维持商业正常运转，与市民生活息息相关的工商业，基本上都被纳入商团武装的保护之下。

1917 年，陈廉伯团长决定，添置枪械，增加商团的武装力量。

1919 年 3 月，商团实行改组，设立最高决策机构"评议会"，评议会下设十个分团，陈廉伯当选评议长，兼任广州商团总团长。

从 1919 年至 1924 年，广州商团内部，一直以评议、投票的方式正常运转，与地方政府之间，保持着妥协+对峙的微妙平衡。

1916 年 9 月，桂系军阀陆荣廷就任广东督军，桂军入穗，反客为主。

1920 年 10 月，广东本地军阀陈炯明发动第一次粤桂战争，率领粤军驱逐了桂系客军，陆荣廷这位出身绿林的旧桂系主帅，率领桂军撤回广西，等待时机复仇。

陈炯明是广东海丰人，与其他出身行伍的军头们不同，他是前清秀才出身，还是广东法政学堂的最优等生。他拥有坚定的民主思想，1914 年孙中山组建中华革命党，要求党员打指模效忠孙中山个人时，陈炯明认为不符合自己的政治理念，坚决予以拒绝。

自 1920 年 11 月起，陈炯明接替陆荣廷任广东省省长，开启了"粤人治粤"的黄金时代，一直到 1922 年 6 月 16 日他开炮赶跑孙中山，这短暂的一年半时间，成为广东省极为难得的和平发展的好时光。在这期间，基于广东省古已有之的自治传统，陈炯明提出了"联省自治"的政治主张，与孙中山坚持的"武力统一中国"，形成了尖锐的矛盾。陈炯明主政广东的这一段时间，也是广州商团与政府关系最为融洽的时候。后来广州商团与孙氏政府发生激战，广州城内的工商业势力曾热盼、力邀陈炯明重回广州主政。可惜陈炯明没有抓住这次翻盘机会。

所谓"坑都是自己挖的，雷都是自己埋的"，就任广东省省长之后，陈炯明做出了他本人一生中最为懊悔的一个决定：邀请三位广东籍的"政治大佬"孙中山、唐绍仪、伍廷芳回广东家乡参政。

唐、伍二人都做过北京政府的国务总理，孙则是"前临时大总统"。三人的到来，让陈炯明无以自处。好在此时伍廷芳已是 78 岁的长者，去日无多；唐亦年届六旬，政治高光时刻已经过去。唯有孙中山，此时正立志"以武力统一中国"。陈炯明邀请他来粤，正好给了孙中山一个遍寻不得的落脚点和根据地。

三位政治大佬到来之后，孙中山将陈炯明的部队加以改编，统归自己管辖，孙陈之间的矛盾由此产生，并发生了六一六事变，孙中山被陈炯明驱逐出广州城。

仅仅半年之后，1923 年 1 月，支持孙中山的滇桂军便攻占广州城，赶跑了陈炯明。孙氏重掌广东政府，广州商团的好日子也就到头了。

经历过数次先被邀请、再被驱逐的惨痛经历之后，此时的孙中山，最痛彻心扉的领悟，应该就是深切地感觉到，拥有一支属于自己的强大军队，才是乱世中的王道。再次主政广州，他把主要精力都放在了组建军队上。

1923年1月，《孙文越飞联合宣言》签署，确定与苏俄联合，容许共产国际在中国的活动——这就是"联俄容共"的由来，但这个口号正式为世人所熟悉，还要等到1927年，由吴稚晖"总结"之后公开发表。苏俄承诺支援孙中山一批俄式军械，后来孙系军队能够战胜广州商团武装，就是得益于这批俄式武器。

孙中山发展武装的措施，主要有如下几个：

一， 征召平民入伍。
二， 增设税捐。
三， 废除陈炯明时期的赌博禁令，开征赌博税。
四， 大量发行纸币。
五， 拍卖寺庙土地。

1924年1月，国民党一大召开，孙中山的国民党，急速向苏俄革命党的模式转向。当时广州商会内部恐慌情绪很严重，很怕孙中山治下的广州，率先在中国实行"共产主义"。商会的这种担心并非多余，孙氏政府在征用民财方面的做法，几乎就是"苏俄征用富农财产用于革命事业"的翻版。孙政府的目标是统一全国，所以对于地方治理，特别是民生保障，几乎是放任不管，无暇顾及。

1924年2月，春节将近，驻扎在广州城内外、打着革命旗号的各支客军，都向孙文政府索饷"过年"。情急之下，孙中山决定新开饷源，向非营利的广州善堂系统开刀，要求九大善堂以善产为抵压担保，发行五十万元"军用手册"。孙文此举，击穿了官民信任的底线。

广州善堂系统是民间自发的、自救性质的慈善行业，主要从事赈灾、医创、兴办义学、扶助孤寡贫弱等事务，自鸦片战争以来，已经延续了大半个世纪。善堂的日常运营任务，也由不同的行会轮流负责。

孙文的这道命令，让广州善堂大为愤慨，认为这是要把用于救灾、救命的善产，变相出卖、充公。善堂与政府交涉无果，无奈之下，与商会一道，发动罢市、罢工，要求孙文收回成命。

到了5月下旬，孙政府为了开拓税源，又有新动作：由广州市政厅发布《统一马路业权法案》，以整顿路政秩序为名，向各条马路周边的铺户，加征铺底捐。这一法案涉及面极广，保守估计，有多达七百余户商铺受到影响。广州市铺底维持会发布宣言，宣称：如孙政府不收回成命，则启动全市罢市。

这一次，孙文妥协了，允许广州市政厅"永远取消《统一马路业权法案》"。

5月底，广州的近百个商团、民团聚集开会，决定成立"广东省商团军联防总部"，选举陈廉伯为联防总长，邓介石、陈恭受为副总长，商团军联防总部设在广州西关。这个决议，将为明末即开埠的烟柳繁华之地、广州十三行所在地的广州西关，带来灭顶之灾。

眼看着商团武装力量的壮大，孙中山很想一揽子解决所有问题，他通过各种渠道和方式，施压商团，试图将商团武装纳入国民政府序列之内，无奈商团不予理睬。

孙系军队与商团武装的直接冲突，缘于"扣械事件"。

5月底"商团联防总部"集资一百万，向南利（丹麦）商行订购了4800枝步枪，4800枝短枪，200万发子弹，共1300余箱。当时孙政府大本营军政部给商团颁发了"入口护照"，也就是"枪械进口许可证"。

8月中旬，这一批枪械乘丹麦商船哈佛号运抵广州口岸天字码头。孙中山得报，手令蒋介石，率军前往码头，以数量及到达日期与许可证不符为由，将枪械扣留。

商团无法接受这一事实，先是组织二千余商人赴孙中山的大元帅府请愿，然后又威胁要通电全省大罢市。孙中山针锋相对，指斥陈廉伯通敌（陈炯明），阴谋推翻政府，对其予以通缉。

矛盾愈演愈烈，商团决定在全省罢市。8月26日，广州商会及善堂代表共七人，赴孙中山的大本营谒见孙中山，希望政府遵守约定，发还枪械。

面对商会代表，孙中山发表了极为严厉的讲话：

"目下枪械一枝都不能发还，须即日开市，始有商量之余地。若果明日（八月27日）仍不复业，我当派遣大队军队，拆毁西关街闸，强制商店开市。如有一泥一石伤及军队，我即开炮轰西关，使之变为泥粉。所可怜者，无知商民同受波累耳。"

孙中山说到做到，命令永丰舰升火准备，炮口对准西关。

8月29日，发生了一件外交乌龙事件：英国驻广州代理总领事乔尔斯，在未经英国驻北京公使授权的情况下，擅自向孙政府书面传达了三点警告：

一、 如果有外国人的生命财产受到损害，孙政府应负全责。

二、 抗议向无防卫的都市开火的野蛮举动。

三、 如果有外国人的生命财产受到损害，领事团将可取自由行动。

最后，这位情绪失控的代理总领事又在信函上加了一段话：

"我现接到高级英国海军军官的通告，说他已奉香港海军少将的命令，假如中国当局对城市开炮，所有在广州可用的英国舰队，将立即采取行动。"

这封由乔尔斯发出的外交公函，当时就引发了孙政府的强烈抗议，以此认定广州商团对抗政府的行为，是受到了英国政府的支持。

9月1日，孙政府即向英国麦克唐纳尔政府发出《抗议电》。

9月4日，孙中山发表公开讲话，指称陈廉伯公开反叛政府的行径，"必有英国帝国主义做后盾。"

9月10日，孙政府再致电英国首相麦克唐纳尔，针对乔尔斯的外交公函，提出抗议。

远在伦敦的英国政府，被孙政府接二连三的抗议弄得一头雾水，终于搞清楚此为下级外交官未经授权的胡闹之举后，9月12日，英国外交大臣致电驻北京的英国公使，要求他谴责那位越权胡闹的广州领事。

乔尔斯领事的这封未经上级授权即擅自发出的外交公函，

第二章：1920-1922

不但在当时即被孙政府抓住把柄，强烈抗议，广州商团的处境也因此反而变得更加艰难；而且在此后的漫长岁月里———一直到今天，在很大程度上掩盖了孙中山命令军队向城市平民开炮和纵火的历史罪责。

在这期间，江浙方面和北京方面的局势突变。

先是9月初江浙战争爆发。为了争夺上海的控制权，直系大将、江苏督军齐燮元（此后不久，齐督军将在无意间，救了本书传主张国焘一命。相关情节，容后详述），联合另一位直系大将、福建督军孙传芳，向皖系大将、浙江督军卢永祥发动进攻。经过四十天激战，至10月13日，卢永祥被击败，逃亡日本。这场省际战争，也被认为是第二次直奉战争的前哨战。

江浙战争还在进行，张作霖便于9月15日率十五万奉军入关，以响应江浙战争为由，攻击直军。吴佩孚指挥二十万直军应战。

此时身在广州的孙中山，以奉系和皖系为友军，以直系为敌军。为策应奉军攻直军，孙中山于9月4日赶赴韶关的"北伐大本营"，准备北上，攻击直军的后方，与奉军形成南北夹击之势。

孙中山赴韶关的时候，任命胡汉民为"代理大元帅"并广东省省长，留守广州。胡汉民对商团的态度较为温和，在陈廉伯等人表态认错、支持孙中山政府、效忠五十万元之后，决定发还枪械。

孙中山反对胡汉民处理扣事件的方案，坚持商团武装必须改组，成为官方武装，同时声称，效忠钱必须增至300万元，才能发还枪械。商团无法接受这一条件，双方的矛盾再次升级。孙中山下令：购置三百箱煤油，准备焚毁西关。

10月10日，国庆日当天，商团发动第二次全市大罢市，提出了明确的罢市目标：

一，发还枪械；

二，取消孙文入粤以来的苛捐杂税，发还强征之民产。

三，统一行动，先罢市，再谈条件，以免象以往那样，中了孙文的缓兵之计。

四、如孙政府不答应条件，则长期罢市，直至孙氏下台。

面对商团的态度转强，国民党内部的分歧也加大了，汪精卫、胡汉民主张谈判和解；廖仲恺、蒋介石则力主武力解决。

值得一提的是，中共广东区委，也是"武力解决派"。

正在相持不下之际，"武力解决派"突然得到强力增援——苏俄援助的第一批武装弹药运抵广州，共八千支俄式步枪。廖仲恺极为高兴，认为有此枪械，仅需两成兵士在广州，就足以解决商团武装了。

10月10日，孙政府同意发还部分枪械给商团。商团军领取枪械时发现，发还的4000余支枪械，全部是准备回炉的旧械，并非哈佛号商船运来的新枪。到此，商团的愤怒达到了顶峰。

发还枪械的过程也并不顺利，商团武装正在领取枪械的时候，廖仲恺组建的"工团军"和蒋介石指挥的黄埔学生军，也来抢夺枪械，双方发生冲突，互有死伤，工团军被打死20余人。

冲突到了流血的程度，陈廉伯等决定，与其被动挨打，不如主动出击。他于10月10日晚下令，各分团于14日下午集结到西关，15日拂晓攻打广州城。同时，公开向社会散发"孙文下野"、"打倒孙政府"之类的反政府传单。

10月11日，孙中山宣布：商团是叛军。孙中山下令将大批军队调回广州城，蒋介石亦将黄埔学生军调入城内，准备平叛。

10月14日，在商团决定进攻广州的前一天，孙中山下达平叛手令，要求24小时解决商团武装。

得令之后，胡汉民省长下令广州全城戒严，蒋介石统一指挥包括工团军、甲车队在内的所有军队，开赴广州西关。

此时商团仍抱有幻想，认为外有外国使团的同情，内有数以万计的商团武装严阵以待，孙中山不会痛下杀手。

14日下午5时，平叛开始。蒋介石指挥包括桂军、滇军、湘军、福军、铁军在内的各支客军，以及廖仲恺的工团军、彭湃的农民自卫军、蒋本人的黄埔学生军，联合向商团军把守的西关发起进攻。

15日凌晨4时，蒋介石发出总攻击令，政府军猛烈进攻，商团军队拼死抵抗，双方反复拉锯，战况激烈。战至天明，商团退守西关内围，与政府军继续对峙。

因久攻不下，15日中午11时许，工团军将事先准备的300箱煤油运至前线，开始在西关放火。西关开埠三百余年，商铺密集、屋宇纵横，且多为木石结构的传统民房。此时正值广州的仲秋时节，气温不高，空气干燥，火势蔓延极快，商团军和西关民众根本无法控制。烧到下午2时许，商团军副总团长陈恭绥下令停止抵抗，率领约一万名武装人员缴械投降。

混乱之中，商团总指挥陈廉伯突出重围，乘船逃往香港。

火势仍然在蔓延，到黄昏时分，西关的大部分建筑都在火海之中了。一直烧到了17日凌晨，烧无可烧，大火才自己灭掉。

至18日，全部镇压行动结束，政府军取得完胜。

这次"官商之战"的损失相当严重，但官方和民间的统计数据大相径庭。

孙政府的统计是：政府军死伤100余人，商团死伤较少，焚毁房屋580间，被抢房屋1881间，损失190万港币，未透露平民死亡人数。

香港《士蔑西报》的统计是：政府军死100人，商团军死200-300人，焚毁房屋3000间，大小街道30余条，损失5000万港币，平民死亡1700-1800人。

这次西关大火，还烧掉了一个著名的"景点"——黄飞鸿的宝芝林，就在此次大火中化为灰烬。

此次平叛，孙中山的个人威望和信誉跌入了谷底。美国领事称：

"广州市民给孙中山的残酷态度骇哑了，人人对孙个人痛恨切齿。"

一位英国记者在现场报道：

"我亲眼在广州看到今天（16日）和昨天的凄惨情况之后，我深信孙中山已不可能再在南中国逗留了。这两天的悲景在全体广州人民的脑子里，实在留下一个不可磨灭的印象。

10月28日，广州市民在香港组织"各界救粤联合会"，派出代表赴海丰，请陈炯明率师反攻广州，驱逐孙政府，所有军费均由他们承担。但陈炯明此时已经无力反攻广州了。

旅沪的广潮商会，亦联合发出谴责孙政府的电文：

"孙文令粤东军队攻击商团，焚掠商场，惨杀人民，西关一带尽成焦土，伤亡遍地，尸血充途，为古今中外有史以来未有惨剧。故乡东望，无泪可挥，今以决定以10月15日为孙文焚洗商场残杀粤民哀痛纪念日，愿我三千万同胞永志莫忘。"

"自民国以来，以粤东为护法之区，军府经费，吾粤民之脂膏也；军人衣食，吾粤民之血汗也……我粤民何负于军人……"

10月23日，冯玉祥发动北京政变，吴佩孚下台，段祺瑞再度出组阁。冯玉祥电请孙中山北上"共商国是"。11月，孙中山离粤赴京。各届救粤联合会在香港发出通电，指控孙中山祸国祸粤之"十一大罪状"：

摇动国体；

妄行共产主义；

纵兵殃民；

摧残民治；

破坏金融；

抽剥民产；

大开烟赌；

摧残教育；

蹂躏实业；

破坏司法；

铲灭商民团。

此次平定"广州商团叛乱"，最大的受益人，是军事总指挥蒋介石。"屠城"的恶名由孙中山背负了，但缴获的商团枪械则全数归了黄埔军校学生军——这也是黄埔军校学生军第一次参加战斗；加上苏俄运抵的相当数量的俄制枪械，蒋介石以这两大宗枪械为基础，组建了黄埔军校教导团，这便是日后蒋氏嫡系"国民革命军"的根基所在。

第二章：1920-1922

　　本来陈炯明有可能因为孙中山的倒行逆施而重新获得广东民众的支持，打回广州城，重拾他一直主张的"联省自治"；但此时国内和国际时局已经发生了剧变，孙中山所获得的苏俄的军事支持，远大于广东商民对陈炯明的支持，孙中山和他的接班人蒋介石，通过两次东征，最终击败了陈炯明，解除了卧榻之侧的近忧，再次整军北伐。

第三章：1923-1926

第一节：仇深似海且复工

1922年4月，陈独秀和张国焘决定，于当年5月1日，在广州召开第一次全国劳动组合大会。中国劳动组合书记部向全国各地的劳工团体发出正式通知，邀请他们派出代表参会。

4月下旬，陈独秀和张国焘亲自前往广州，以方便就近指挥大会的筹备和召开。

来自全国12个城市、代表一百多个工会共27万会员的162名正式代表，与陈张二人前后脚到达广州。

此时的广州，还是国民党的天下，陈炯明还没有发动"六一六事变"，孙中山距离遭受炮击还有一个半月。

5月1日到了。先是大会之前的游行，全体与会代表和广州市的工人群众共5万余人上街；再是群众大会，游行队伍集结在广州第一公园，陈独秀、张国焘、张太雷先后登台，发表演讲。

5月1日晚，第一次全国劳动大会在广州河南机器维持会正式开幕。大会一直开到5月6日，会议进行过程中，因为参会人员的身份多种多样、主张各不相同，时常有冲突和争吵发生。张国焘等中共领导人展示出强大的组织协调能力，于吵吵闹闹之中，引导会议完成了各项议程。闭幕会上，主持人公开宣布：

"全国总工会成立之前，请中国劳动组合书记部为全国通讯机关。"

对于张国焘领导的中国劳动组合书记部而言，这是一个了不起的成就，通过此次大会，它在事实上得到了全国工会组织的认可。

对于中共而言，第一次全国劳动者大会也是一个标杆性事件，中共作为新兴政治势力，开始在全国性的公众事件中正式亮相了。

广州的劳动大会开得热火朝天之际，上海的中国劳动组合书记部机关却遭遇了灭顶之灾。6月初，法租界巡捕房突然行动，诱捕了李启汉，查封了中国劳动组合书记部。

此时中国劳动组合书记部刚刚经由第一次全国劳动者大会取得全国性的影响力和号召力，中共中央决定，将中国劳动组合书记部机关迁往北京。邓中夏负责日常工作。

1922年10月至1923年1月，陈独秀前往莫斯科，代表中共出席共产国际第四次大会。在此期间，由张国焘主持中共中央的全面工作，他成了实际上的中共最高领导者。

1923年1月12日，共产国际出台了《关于中国共产党与国民党的关系问题的决议》，要点如下：

一，中国唯一重大的民族革命集团是国民党。

二，由于国内独立的工人运动尚不强大……所以共产国际执行委员会认为，国民党与年轻的中国共产党合作是必要的。

三，在目前条件下，中国共产党党员留在国民党内是适宜的。

四，但是，这不能以取消中国共产党独特的政治面貌为代价。

五，在对外政策方面，中国共产党应当反对国民党同资本主义利益及其代表人—敌视无产阶级俄国的中国督军们的任何勾搭行为。

六，中国共产党应当对国民党施加影响，以期将它和苏维埃俄国的力量联合起来，共同进行反对欧洲、美国和日本帝国主义的斗争。

这个《决议》并不回避苏俄的意图，它希望通过"国共合作"，中共可以把国民党改造成亲苏俄的政治力量。

1923年2月7日爆发的"京汉路矿工人大罢工"，初次展示了张国焘临危不乱的将帅之才。

这次罢工的肇始，要追溯到1922年4月的第一次直奉战争。

第一次直奉战争只打了一周，4月底至5月初，驻扎在北京周边、以逸待劳的十万直军，在玉帅吴佩孚的指挥下，干脆利落地击败了高调出关的十二万奉军。张作霖率领败军退出山海关。曹锟、吴佩孚控制了北京政府，徐世昌下野，黎元洪复任大总统，以梁士诒为首的交通系内阁倒台。

吴佩孚是一个有些特别的军阀，他是山东蓬莱人，前清秀才出身，才思敏捷，眼界开阔。早在五四运动期间，他就看准了当时的政治风向——"仇日"和"救国"，将成为最不错误的政治选择。

1919年11月，吴佩孚以国民政府陆军第三师师长的名义，发表《救国同盟草约》，主张铲除内奸，以雪国耻。稍后，他通电全国，主张召开国民会议，力言保护劳工。这些表态，和当时激进爱国者的诉求高度吻合。

1922年5月，成为国民政府的实际主人之后，吴佩孚开始北方六条铁路线上，设立"稽查员"，公开的理由是"保护劳工"，真实的意图是清理梁士诒交通系的"余孽"。

"保护劳工"绝非吴佩孚的本意，但他的这番矫揉造作，被李大钊抓了个正着。李大钊通过私人关系，买通吴佩孚的亲信、蓬莱同乡、交通总长高恩洪，把多名中共党员安插到了京汉、京绥、正太、京奉、津浦、陇海等铁路线上担任稽查员。"稽查员"这个身份，相当于铁路线上的微型钦差，借机开展工人运动，是再合适不过了。

后来的吴佩孚，应该佩服自己当初"引狼入室"的能力。"稽查员"所到之处，工会组织先后建立，罢工活动相继爆发。到1922年底，仅京汉铁路沿线，就建立起了十六个工人分会。吴佩孚的"保护劳工"，被李大钊演变成了"开展罢工"。

京汉铁路是直系的命脉。

首先，它是直系的"钱袋子"，直系军队的主要军饷，就来源于这条铁路的收入。

其次，它还是直系的"命根子"，铁路连接直隶、河南、湖北三省，南下，可以直入中原腹地；北上，可以退守直隶老巢。京汉铁路在手，可以进退自如；京汉铁路有失，就只能坐以待毙了。

但是，越来越多的工会，越来越频繁的罢工，有可能让直系失去对京汉铁路的控制。

十六个工人分会成立不久,中国劳动组合书记部北方分部就决定:正式成立京汉铁路总工会,并定于1923年2月1日,在郑州举行成立大会。

因为吴佩孚是"保护劳工"的,所以成立"京汉铁路总工会"这事,是公开进行的,筹委会在京、津、沪、汉的报纸上刊登了开会启事,广泛宣传。吴玉帅一定是看到了这些启事,他的内心一定是纠结和痛苦的。

张国焘代理的中共中央高度重视此事,一番研究之后,他决定亲自前往郑州,指导京汉铁路总工会的成立。

1923年1月底,张国焘到达郑州。

2月20日,陈独秀从苏俄回到上海,重新领导中共中央,他对张国焘亲赴郑州的决策,予以充分肯定。

此时坐镇洛阳、遥控北京的吴佩孚有点骑虎难下,一番思想斗争之后,他决定食言自肥,不再"保护劳工",他要重拾"军人"的本色,直接下令:

禁止召开京汉铁路总工会成立大会。

吴佩孚的禁令来得很突然,而且没有转圈的余地。张国焘和郑州、洛阳的工人领袖们决定,不顾吴佩孚的禁令,按照原计划召开成立大会。

2月1日上午,来自京汉铁路沿线的200余名工会代表,整队向郑州市内的普乐园前进,成立大会将在这儿举行。一路上都有军警阻拦,双方偶有肢体冲突,但军警保持和平,并未开枪。代表们一路冲进入会场,军警马上对会场予以包围,现场气氛紧张。据当时被选为京汉铁路总工会委员长的杨德甫的回忆:

"京汉铁路总工会秘书张国焘(特立)宣告奏乐开会,这时黄殿辰(郑州警察局局长)在台上面色如土,举起两手摇摆,口中说了一句'不准开会'外,就呆若木偶……继由律师公会代表兼湖北全省工团联合会顾问施洋讲话,他说明了工人阶级根据现政府的约法……京汉工友成立工会早经路局批准,手续完备,现在任加干涉,显然是破坏政府约法的行为……(工人代表与军警）双方坚持到下午四点钟，由张特立致谢词后，宣告散会。"

成立大会的开幕辞和闭幕辞，都是由张国焘完成的，他是现场的最高中共领导人，这一点应该没有错。

当天晚上，张国焘召集新当选的总工会委员们召开秘密会议，作出两项决定：

一， 2月4日，在京汉铁路全线举行总罢工。

二， 京汉铁路总工会迁到汉口江岸车站，与湖北全省工团联合会一起，组成罢工的总机构，指挥这次总罢工。

2月4日，迁到汉口的京汉铁路总工会发布《全体工人罢工宣言》，向直系把控的国民政府提出四项要求：

一， 撤革交通部官员；

二， 赔偿成立大会损失；

三， 增加休息日；

四， 照发工资。

当天，京汉铁路全线两万多工人全部罢工，一千二百多公里的京汉铁路，瞬间陷入瘫痪状态。吴佩孚的色仁行违，终于为自己惹来了天大的麻烦。

京汉铁路全线总罢工，驻北京外国使团对此大感震惊，公使团召开紧急会议，建议予以武力镇压。英国驻汉口总领事也向湖北省督军府施压，要求武力镇压。

吴佩孚恼羞成怒，亲自给直系主将、湖北省督军萧耀南下达命令：出动军队，武力镇压。

萧耀南马上行动，以谈判为借口，诱捕了包括林祥谦在内的十几名工人领袖，将他们绑在江岸车站的电线杆子上，施加酷刑折磨，逼着他们下达复工命令。林祥谦等宁死不屈，坚决拒绝。

项英是武汉本地的工人领袖，对地形、道路非常熟悉，得到林祥谦等人被捕的消息，他带着大批工人赶往江岸车站，准备强行突破军队的包围圈，闯进车站，抢出林祥谦。

手无寸铁的工人队伍开始往车站冲，现场指挥的军官下令开枪，刹时间，江岸车站血肉横飞，林祥谦等人亦当场毙命。

得知军警已经开枪、江岸车站已成刑场，张国焘在汉口的一个茶楼上召开紧急会议，不顾大家的群情激愤，以罢工指挥部最高领导人、"中共中央和劳动组合书记部总部全权代表"的身份，下令全路立即复工。

据张国焘事后回忆，做出这个决定的过程非常艰难：

"项英热情奔放，反对我的主张。他坚持继续罢工，直到胜利为止。他心目中的革命与罢工是无所谓退却的，宁可遭受更大的压迫和屠杀，不可一遇挫折即行屈服。他指斥我领导不当，说罢工既然不能抵抗武力压迫，那又为何发动罢工？如今，在武力压迫之下，又何能屈服？项英心中的愤慨是无法抑制的，但也提不出具体的办法。

"这次力争工会组织自由的罢工是正确与必要的，但也犯了对情况估计不清的错误。我们没有完全估计到吴佩孚的残暴本质和他所受中外反动势力的影响之大，因而事先没有详细研究对付武力压迫的办法。现在各工会都应采取迅速而有效的步骤，通告所有罢工工人，一律复工。一切后果由我负责。至于反对意见，可以保留，将来再向上级控告我。"

第二天，工人按照复工命令进入工厂上班，已经集结待命的军队，没有再出动去抓捕和屠杀工人。

以上就是"二七惨案"的大致经过。

惨案过后，张国焘等主要罢工领导人被通缉。一年之后，他因此遭遇了一次生死考验和近半年牢狱之灾。

张国焘在江岸车站发生屠杀事件之后，能够迅速做出复工决定，这是一种战略意义上的"退却"，避免了更大规模的失败。此时的张国焘只有26岁，其统筹和决断能力之强，远在项英等人之上。

第二节：孙文越飞宣言

2月20日，惨案发生之后两周左右，马林指派张国焘前往莫斯科，向共产国际汇报此次大罢工的情况，以及中国工人运动的整体情况。

马林的这个指令，让当时在海参崴的共产国际远东局局长维经斯基很不以为然：

"张国焘不知为什么被派往莫斯科去报告罢工情况。在他往返莫斯科的这两个月里，他本来最好应该等在汉口和北京，组织工会的剩余力量。向莫斯科报告罢工的情况，本来可以用书面形式，或者甚至可以从海参崴发电报，这要比张国焘去莫斯科花费少得多，而且不会使党和工会的一位领导人在这样重要的时刻离开工作岗位。"（《共产国际、联共（布）与中国革命档案资料丛书》，北京图书馆出版社 1997 年）

遵从马林指令，辗转到达莫斯科之后，张国焘向共产国际东方部主任萨法罗夫汇报了"二七大罢工"的情况，以及中国工人运动的情况。出乎张国焘的意料，萨法罗夫等人对他的汇报并不太在意，也没有进一步的指示，这让他颇为失望，也更证实了维经斯基比马林更正确。

维经斯基与马林针对"张国焘莫斯科之行"的不同意见，只是表象；维、马之间真正的分歧，是对于"国共合作"的不同态度，马林属于"大力支持派"，维经斯基则是"保留意见派"。在共产国际内部，这两派也是闹得不可开交。张国焘的这次莫斯科之行期间，见识了这些矛盾和分歧。

1923 年 1 月，苏俄政府决定，与中国的孙中山和他的国民党建立合作关系，《孙文越飞联合宣言》签署并公开发表。整个谈判和签署过程中，中共都无缘置喙，只能作壁上观。

苏俄与孙中山之间合作的源头，要上溯到 1922 年年中。

1922 年 7 月，时任苏联外交部副部长的职业革命家、兼外交家、兼军事家越飞，被列宁任命为苏联驻华全权代表，他的任务是与中国最具实力的政治势力达成合作关系。

8 月，越飞到达北京。当时中国的合法中央政府，是直系控制的北洋政府，外交总长是顾维钧。越飞与顾维钧会谈，很快便因外蒙古问题而陷入僵局。当时苏俄红军仍驻扎在外蒙古，越飞希望苏联与北洋政府先建交，然后再讨论从外蒙古撤军的问题；

第三章：1923-1926

而顾维钧则坚持：苏联红军必须先从外蒙古撤军，然后中苏之间才能建立外交关系。

谈判陷入僵局，善于从绝望中寻找希望的越飞，决定从对手的内部找到突破口。很快他便了解到，当时位居北京中央政府总统大位的黎元洪，两个月前（1922年6月）才被直系军阀主帅曹锟请来复职，黎总统只是一个傀儡，真正拥有话语权的，是直系大帅曹锟。

再深入了解，越飞又发现，在直系内部，曹锟也是傀儡，北京政府真正的主人，是目前正坐镇洛阳的直系次帅吴佩孚。

越飞马上越过曹锟，直接致函洛阳的吴佩孚将军，告诉他苏联政府愿意与他建立合作关系。吴佩孚回信，明确回绝了越飞的各项要求和建议。

至此，职业外交家越飞终于看清了中国政局的本质：北京的中央政府有名无实，洛阳的吴佩孚将军目光短浅，无意与苏联建立联盟。越飞决定，不再把旧的军阀势力作为谈判对象，他要寻找新的合作伙伴。

此时刚刚被陈炯明发动"六一六兵变"赶出广州、逃到上海的孙中山，再次进入苏联和越飞的视线之内。

其实苏俄很早就关注到了孙中山。早在1912年，还在流亡中的列宁就在一篇文章中赞扬过孙中山，但又认为他的性格有弱点，是个梦想家，优柔寡断。

十月革命胜利之后，列宁更加关注中国问题，认为孙中山是中国的资产阶级革命领袖。在列宁的影响之下，在中共建立之前，共产国际就确立了"以孙中山为主，在中国建立统一战线"的思路。

但是深受美欧民主思想和宪政政治影响的孙中山，最初的选择却并非苏俄，而是西洋美欧和东洋日本。无奈明月和渠沟之间总是相互睽违，孙中山发动的历次护国运动和护法战争，始终无法获得东洋日本和西洋各国的资金支持。东洋和西洋，都不看好孙中山的政治资本，不相信孙中山能够拥有未来。

1921至1922年第二次护法战争的彻底失败，让孙中山彻底断绝了争取东西洋外援的执念。第二次护法战争刚刚开打，1921年12月，孙中山就在桂林见到了共产国际代表马林——关于此次孙马会谈的内容，前文有详细叙述。孙中山开始考虑改换门庭、改弦更张，由向东西洋寻求支持，改为向苏俄寻求外援。联俄、容共的思想，应该是从这时开始，出现在孙中山的大脑之中。

需要指出的是，所谓"容共"，指的是"容共产国际"，而非"容中共"。更需要指出的是，"联俄、容共"这四个字，孙中山致死都没有明确表达过；这是国民党元老、蒋经国的老师吴稚辉在1927年首次提出的新名词，此时孙中山已经辞世两年有余了。

1922年8月之后，被吴佩孚明确拒绝之后，越飞返回苏联，向列宁等苏俄领导人汇报了与北京的中央政府和洛阳的吴将军会谈的经过。

1923年1月，越飞再以"苏联政府全权代表"的身份，二赴中国，与孙中山展开会谈。1月26日，双方发表《孙文越飞联合宣言》，宣言的主旨是"联俄"：

一、　苏联愿援助中国完成统一大业；

二、　苏联愿抛弃沙俄对华之不平等条约，另行开始中苏交涉；

三、　中东铁路问题由中苏协商，暂仍维持现状；

四、　苏联无意使外蒙脱离中国，苏军也不必立时撤退。

五、　中国不会转向共产主义，俄国将支持中国之国家统一及独立奋斗。

《孙越宣言》的签署，标明孙中山公开放弃美欧和日本，转投苏俄的怀抱。

受孙中山"弃美投俄"的刺激，掌控北京中央政府的直系统帅曹锟加紧运作，通过美国驻华公使舒尔曼，于1923年6月，说服美国总统哈定发表公开声明：支持北京曹氏政权统一中国。两个月之后，哈定总统便因心脏病突发，死于总统任内。如果哈定总统不死，美国或许会以曹锟和直系为突破口，深度介入中国事务，与苏俄赛跑，争夺中国。

第三章：1923-1926

1923年6月，在马林的一再催促之下，中共中央迁往孙中山所在的广州，以方便与国民党之间的合作。

6月12日至20日，中共三大在广州召开。到会代表共40余人，李大钊和陈独秀同时出席，这是"南陈北李"唯一一次同时出席的中共全国代表大会。

马林全程参加了中共三大，并做了详细工作笔记，记录了张国焘的大会发言：

"英美资本的影响，使中国资本家不具有民族革命的性质，国民党不可能同英美斗争……改变国民党的政策是不可能的，没有力量能迫使它就范……我们有一百四十万产业工人，在中国没有哪一支力量的发展速度能与工人力量的发展相比……我们的党在北方工人中占有主导地位……在许多地方我们可以控制工会工作，那里没有国民党的影响……发展共产党的唯一途径，是独立运动，而不是在国民党内活动。如果我们建立一个独立的政党，我们就能避免和国民党发生冲突。"

很显然，张国焘强烈反对"党内合作"。中共"三大"期间，他和马林之间的矛盾，激化到了"几乎要角斗"的程度：

"马林无法获得我的谅解，便使用压力。他坚称他的解释即是共产国际训令的原意，追问我是否准备违反这个训令。我向他声明，中共第三次全国代表大会和中共中央如果不完全同意共产国际的训令，是可以提出它自己的反对意见的。即我一个中央委员，也可以提出反对意见。我希望他能将我的意见报告共产国际。但现在主要之点是：我们愿意接受共产国际的训令，却反对他这种歪曲的解释。我将'共产国际'和'马林'分开来的说法，使他大为激动，怒形于色，几乎要和我决斗。"

陈独秀支持马林，张国焘反对无效，中共三大通过了《关于国民运动及国民党问题议决案》：

"工人阶级尚未强大起来，自然不能发生一个强大的共产党……因此，共产国际执行委员会议决中国共产党须与中国国民党合作，共产党党员应加入国民党，中国共产党中央执行委员会有感此必要，遵行此议决。"（《中共中央文件选集》第一册，

中共中央党校出版社，1989年）

张国焘对共产国际决议的质疑、对马林的否定，让他付出了沉重的代价，三大结束前的选举中，张国焘落选中央委员、中央候补委员。

张国焘暂时出局，陈独秀对此"亦有贡献"。

中共三大之前，陈独秀就不待见张国焘了。三大会议上，他公开批评张国焘：

"张国焘同志毫无疑问对党是忠实的，但是思想非常狭隘，所以犯了很多错误。他在党内组织小集团，是个重大的错误。"

陈独秀何出此言？张国焘的"党内小集团"是怎么回事？这要从中共二大结束之后的上海说起。

二大之后，中共在上海只能秘密活动。为了保密和安全，中共中央决定，将在上海的党员分成几个小组，由陈独秀、张国焘、陈望道分任小组负责人。张国焘负责的小组，包括蔡和森、高君宇等人，热血青年居多，小组活动很多。

陈望道负责的小组，则一直处于休眠状态。陈望道也是留日学生出身，和李汉俊一样，更像是学者，而非职业革命家。陈望道和陈独秀的关系很好，陈独秀的学者气息也很浓重。

张国焘小组经常开会，某次会议期间，有人对陈望道的"休眠小组"老不开会的情况表达了不满，扯来扯去，难免扯到党的总书记陈独秀身上，认为他太不负责，把党搞得太过松驰。这期间，张国焘很可能也帮了几句腔。不巧的是，当时张太雷在场。

张太雷把张国焘小组的这些闲话转达给了陈独秀，这让一向心高气傲的陈独秀非常生气，便在一些公开场合，包括西湖会议上，公开批评张国焘，不应该在党组织之外，搞"小组织"活动。于是，"小组织"这个帽子，就结结实实地扣在了张国焘的头上。

这或许就是"伴君如伴虎"，陈独秀这位文人气质爆棚的总书记，很难容忍党内二号人物张国焘介于真实和传言中的"不忠"行为。三大选举中央委员，四十人投票，张国焘只得了六票。

这一年，张国焘26岁。不着急，还有大把的机会，等着这位老资格的江西青年。

第三节：政治导师维经斯基

中共三大出台了决议，积极主动地准备参加国民党；但此时的孙中山，却又不热心于国共合作了。

1923 年 2 月，孙中山打败陈炯明、重回广州城，此时他最关心的，是要守住广东这个失而复得的"革命根据地"，他把全部工作重心，都放在了建立一支忠诚可靠的"党军"上面。

三大之后的陈独秀和马林，也察觉到了孙中山对待"国共合作"的消极态度。性格冲动的陈独秀也沉不住气了，他决定将中共中央机关搬离广州，重回上海。

跟随中共中央机关，张国焘也返回上海。7 月 8 日，他被补选为中共上海区委候补委员，当时和他共事的，有中共上海区委委员沈雁冰，笔名茅盾。

茅盾在中共党内的地位极为特殊。他是浙江桐乡人，是张国焘的北大学长，1919 年北大毕业之后，进入上海的商务印书馆编译部工作，参与创办了《小说月报》。1920 年 10 月，在上海参加陈独秀组建的"中国共产党"，此后一直担任中共中央的联络员。1927 年脱离中共。直到 1940 年 5 月，到达延安，才算是恢复了与中共的联系。此时的茅盾，已经是名满天下的左翼作家领袖，毛泽东认为，茅盾留在党外，对党的贡献更大。1949 年中共建政，"党外人士"茅盾成为第一任文化部长。1981 年去世时，中共中央决定：恢复茅盾的中共党籍，党龄从 1921 年算起。

茅盾的文笔很好，文学理论造谐很深，但他在文学之上，赋予了太多政治、政党的色彩，伤害了其作品的文学性。1981 年 3 月，茅盾去世前，设立遗嘱，将平生所得稿费共 25 万元捐出，作为奖励基金，授予当年最优秀的长篇小说。这便是中国最高文学奖茅盾文学奖的由来。从 1982 年至 2018 年，共有 48 部长篇小说获茅盾文学奖，评奖过程虽难免各种非文学因素的干扰，但亦提携褒奖了众多足以传世的精品，这在一定程度上，弥补了茅盾的创作遗憾、重光了他的文学才华。

茅盾在商务印书馆主编《小说月报》时，后来成为中共核心领导人之一的陈云，还是最底层的小学徒。此时的商务印书馆，业务量巨大，印刷工人高达四千人，这里也成了上海工人运动的前哨阵地之一。1925 年，年仅 20 岁的陈云被推举为"商务印书馆临时罢工委员会委员长"，从此起步，很快便成为中共核心领导层成员。

再回到张国焘。

1923 年 9 月，被排斥在中共中央领导层之外的张国焘回到北京，负责筹备全国铁路总工会。突然从党内二号人物跌落为上海区委的候补委员，张国焘此时心情之沮丧不问可知。

9 月底，张国焘写信给维经斯基，介绍北京大学教授陈启修访问苏联，请他提供方便。很可能在信中流露出了消极情绪，大约一个月之后，他接到了维经斯基专门给他写的一封长信：

"亲爱的张国焘同志：

今天我收到了您 9 月 28 日为陈启修教授作介绍的便函……可惜，您很少谈论中国的政治问题和工人运动问题……最后，我想特别秘密地以朋友的身份告诉您，您应该始终不渝地主张年轻的但还弱小的中国共产党的统一，尽管党内有一些应该加以纠正的意见分歧，您应该仍像从前，甚至比从前更加积极地从事党的工作。

希望您能注意我所谈的几个方面，并立即给予答复。

您的兄弟般的维"

(《联共（布）、共产国际与中国国民革命运动》(1920-1925) 北京图书馆出版社 1997 年)

维经斯基这封信里，处处表现出对张国焘的特殊关心，已经远超普通同志和朋友的关系。这位政治导师很合格，他告诫张国焘两点：一要维持党的统一；二要保持更加旺盛的工作积极性。

与真正的国际共产党员马林相比，维经斯基本质上更像一位学者。维氏后来的人生道路也与职业革命家不太一样，1927 年国共分裂之后，维经斯基回到苏联、脱离共产国际，转向经济工作。1934 年之后，将主要精力投入经济学研究，获得了经济学博士学位。研究和教学间隙，撰写了大量有关中国问题的文章，成为研究中共党史、中国现代史的重要参考资料。维经斯基于 1953 年病逝于莫斯科，终年 60 岁，与马林、鲍罗廷、罗明纳兹及米夫等历任共产国际代表均死于非命的结局相比，算是得了善终。

维经斯基的这封信给予了张国焘极大的激励作用，遭遇挫折的年轻革命家，太需要这样温暖的鼓励和准确的指引了。很快，张国焘用英文给维经斯基写了一封长信，笔触和情绪都积极了很多。

1923 年 11 月底，共产国际指派维经斯基前往中国，接替马林，担任共产国际驻中国代表。政治导师的到来，让张国焘的命运再次发生转折。他专程路过北京，会见张国焘。

在维经斯基到达之前，一个更加重要的苏共人物来到中国。1923 年 10 月，鲍罗廷作为苏联政府和俄共（布）派驻孙中山国民党的常任代表，到达广州。鲍罗廷来华的任务，是帮助孙中山，按照苏联党的模式，改组国民党。这也是 1923 年 1 月《孙文越飞宣言》约定的内容。

苏共中央之所以选择鲍罗廷前往中国做孙中山的助手，是因为他本身就是一位"输出俄式革命"的超级专家。鲍罗廷是俄裔犹太人，早年追随列宁到瑞士从事革命活动，后又到英国伦敦、美国波士顿参加左翼政党活动，并在美国结了婚。十月革命胜利后回到莫斯科，1919 年 3 月出席共产国际第一次代表大会，之后便以苏俄红十字会的名义，前往美国、墨西哥、英国、西班牙等地"输出俄式革命"。在墨西哥时工作成效突出，帮助墨西哥建立了共产党组织。

到达广州之前，鲍罗廷曾在奉天与张作霖会面，后又到北京与时任苏联驻中国大使加拉罕商谈。当时加拉罕联系的是直系控制的北京中央政府，鲍罗廷到达北京时，曹锟刚刚通过贿选当上总统。

10 月 25 日，孙中山在广州召开特别会议，讨论国民党改组计划，决定聘请鲍罗廷为顾问，指派廖仲恺、胡汉民、谭平山、李大钊等组成中国国民党临时中央执行委员会。鲍罗廷正式就位，开始实质性地推进国民党改组工作。

鲍罗廷指导之下，国民党先是对全体党员进行重新登记，再是在各地建立国民党分部或支部。孙中山听从鲍罗廷的建议，决定于1924年1月，在广州召开国民党一大。通知发到各地，要求各地推举出席会议的代表。

国民党召开一大，中共中央积极配合，也发出通知，要求各省推荐合适的中共代表，参加国民党一大：

"吾党在此次国民党全国大会代表中，希望每省至少当选一人，望各区会与地方会预商当选之同志，此同志必须政治头脑明晰且有口才者，方能在大会中纠正国民党旧的错误观念。"（《中共中央文件选集》第一册，中共中央党校出版社，1989年）

张国焘被国民党北京党部推举为一大代表。

孙中山邀请陈独秀参会，陈婉言拒绝，他的公开理由是：保持中共的独立性。

第四节：蒋介石考察苏联

鲍罗廷来华的前后脚，蒋介石率团赴苏联考察。

1923年8月5日，孙中山命令时任大元帅行营参谋长的蒋介石，组建代表团，前往苏联，考察其政治、军事及党务。

8月16日，蒋介石为团长的"孙逸仙博士代表团"启程赴苏，团员包括沈定一、张太雷、王登云等人。一行人先乘船抵大连，再换乘火车抵满洲里，然后再换乘苏联火车穿越西伯利亚，于9月5日抵达莫斯科。

蒋介石在苏联呆了近三个月，直到11月29日启程回国。

在苏期间，蒋介石会见了包括托洛茨基、加里宁、季诺维也夫等在内的苏联政要。当时列宁病情加重、已进入生命的末端，无法与他会面；斯大林正在展开紧张激烈的权力斗争，也没功夫见他。斯大林、托洛茨基二人的权斗在苏联高层尽人皆知，这让蒋介石大感意外，他也因此看破了"共产主义革命"的神话，对苏联的政治模式也由好奇转为厌恶。

第三章：1923-1926

稍有例外的是，他对托洛茨基的印象很好，在日记中，这样描述托氏：

"其人慷爽活泼，为言革命党之要素，忍耐与活动二者不可缺一。"

当时越南人阮爱国也正在莫斯科，代表越南参加国际农民大会，他就是后来的越南国父胡志明。当时阮爱国还没有创立越南共产党，还是法国共产党员，法国是越南的宗主国。机缘巧合，蒋介石和胡志明在莫斯科见了一面；一年以后，鲍罗廷来华，胡志明以秘书和翻译的身份随行，在广州又见到了蒋介石。

既然是考察，就要多走动。蒋介石一行参观了莫斯科、彼得格勒的党政军机构、学校、工厂、农场、博物馆。

考察访问接近尾声时，蒋介石以孙逸仙大元帅行营参谋长的身份，专程会晤了几位苏联军事方面的领导人，希望苏联军方派出高级军事顾问，协助孙逸仙博士筹建一支强大的军队。这也是后来蒋介石任北伐军总司令时，苏联派出加伦将军任北伐军总军事顾问的先声。

共产国际对蒋介石的到来非常重视，邀请他出席内部会议。两年之后，1926年1月，共产国际更是把蒋介石推举为"名誉执委"，此为共产国际自成立至解散的24年间，中国人在该机构中担任过的最高职位。没有最吊诡，只有更荒诞，屠杀中共党员最多的蒋介石，是中共的上级机构领导。

蒋介石一行在苏联考察了三个月，11月29日，结束考察，启程回国。

回程的火车和轮船上，蒋介石写了《游俄报告书》，但此报告今已不存。我们只能从蒋氏当时的日记中，以及他后来撰写的《苏俄在中国》（1956年成书，部分由陶希圣代笔）中，还有他在访苏归来三个月之后写给廖仲恺的信中，略窥蒋氏此次访苏的观感和收获。

蒋介石对苏联的建军模式很感兴趣，十个月之后鲍罗廷来华，给予蒋介石很多军事上的建议，此时蒋正受命创办黄埔军校。

蒋介石对苏联的政治制度很是厌恶，尤其无法接受他亲眼见到的、苏联正大力推行的阶级斗争模式。"阶级斗争"是马克思主义的精髓，是各国共产党人共同的"党性"基础。

对于苏俄提倡的"世界革命"，蒋介石认为，这其实是另一种形式的帝国主义，甚至比欧美传统的殖民主义为祸尤烈：

"在我未往苏联之前，乃是十分相信俄共对我们国民革命的援助，是出于平等待我的至诚，而绝无私心恶意的。但是我一到苏俄考察的结果，使我的理想和信心完全消失。我断定了本党联俄容共的政策，虽可对抗西方殖民于一时，决不能达到国家独立自由的目的；更感觉苏俄所谓'世界革命'的策略与目的，比西方殖民地主义，对于东方民族独立运动，更危险。'"（蒋介石《苏俄在中国》）

蒋介石还认为，苏俄人在漂亮的"主义"外壳下，掩藏着惯于说谎的本性，苏俄所注重的，和美、英、日等国一样，也都是国家利益而已。蒋介石特别强调：苏俄如果在中国少数民族区域实行苏维埃制度的话，则很可能将这些地区纳入苏俄的领土之中。从后来外蒙独立的过程中看，蒋氏的这番预言，还是颇有些前瞻性的。

三个月的苏俄之行，让蒋介石几乎完全否定了苏俄模式，从理论到实际、从组织到个人，都被他归入了恶、劣之流，这应该是邀请他来访的苏俄所未曾预料到的。

蒋氏的苏俄之旅结束了，中共的恶梦就要开始了。

时间来到了1924年。

1月11日，孙中山在大元帅府会见了李大钊为首的十几位中共参加国民党一大的代表，张国焘也在其中。会见一开始，就发生了不愉快：

"孙先生将他亲笔拟订的《建国大纲》给我们传观，征询我们的意见。我当即起而发问：'先生这个大纲第一条规定：国民政府本革命之三民主义、五权宪法以建设中华民国。不知道在这种硬性的规定之下，是否允许其他党派存在？'孙先生听了我的话之后，不置答复，转而征询其他在座者的意见。叶楚伦表示，这一个大纲是经孙先生长期研究而写成的，其中一切问题必有妥善解决办法，我们如能详加研究，便可获得深一层的了解。李大钊先生表示，待他详细研读之后，再行提供意见。于是，我们的谈话便转到交换消息以及其他较次要的问题上去了。"

张国焘之所以劈头盖脸地提出这个问题，是因为他看到了孙中山在《建国大纲》中开宗明义的一句话：

"以党治国，以党建国，以党训政。"

很显然，孙中山所说的这个全能的"党"，不可能包括中国共产党。"国民党是否允许其他党派存在？"孙中山回避这个问题，张国焘就去找孙中山的顾问鲍罗廷请教。当时鲍正忙着筹备国民党一大，他这样回答：

"原则上，国民党应该允许中共的独立存在，但这不是辩论的问题，而是实际做的问题。如果中共有力量存在，是没有人能够抹杀的。"

鲍罗廷的这番话等于没说。

鲍罗廷在广州的存在，代表着一种奇怪的平衡关系：在当时的广州，苏俄、孙中山和国民党、陈独秀和共产党，这三者之间，都由鲍罗廷一人平衡着。这种脆弱的平衡，只维持了一年有奇，便因孙中山的过早辞世而失衡。

1月20日至1月30日，中国国民党第一次全国代表大会在广州召开。张国焘参会了三天，便以"筹备全国铁路总工会成立大会"为由，向大会请假，离开广州，前往北京。国民党一大结束前，张国焘"缺席"当选为中国国民党候补中央委员。

第五节：结婚、入狱、瘐不死

2月7日，张国焘在北京，主持了一个秘密而大胆的会议：全国铁路工人代表大会。当时北京仍然是直系的天下，敢于在直系的枪口之下，召开这样一个会议，需要极大的胆识和智慧。当天还正值"二七惨案"一周年，会议的纪念、示威和反抗意味非常明显。

大会开得很成功，宣布成立全国铁路总工会，由张国焘任总干事。因列宁刚于1月21日去世，大会还向莫斯科致电，表达悼念。

张国焘在北京秘密而热烈地开展铁路工人运动的时候，陈独秀在上海正为国共难以真正合作而痛苦不堪。

共产国际也觉察到了这一点，于2月初发出指令：中共应于5月份召开中共中央扩大会议，以讨论国共合作问题和工人运动问题。

为了指导这次会议，维经斯基再次经北京、到上海。

5月10日至15日，维经斯基坐镇指挥，中共中央执行委员会召开扩大会议。并非中央委员的张国焘被点名，必须参加会议。

会前和会中，陈独秀对待张国焘的态度大为好转，一番碰壁之后，他认为张国焘反对"党内合作"是有远见的。

会议通过了《共产党在国民党内的工作问题议决案》，其中的几句话，很有些"早知今日，何必当初"的感觉：

"中国共产党人在进行国民党工作时，要巩固国民党左翼和减杀右翼势力，而不是在左右派之间起调和作用……凡在可能的范围内，我们不必帮助国民党组织上的渗入产业无产阶级，不然，就是一个很大的错误。"

决议中虽然没有明确提出"脱开国民党单干"，但时时处处强调中共的独立性。此时陈独秀主持的中共中央，已经做好了与国民党散伙的准备；但他绝对没有想到，散伙的过程会是那样血腥，自己的两个儿子也命丧其间。

1924年，张国焘的个人生活也发生了重大转变。2月，他和来自湖北枣阳县的一名女学生、时年22岁的杨子烈结婚了。

杨子烈也出生于书香世家，之前就读于武昌女子师范学校，热心于新文化运动，很可能做了一些违反校规的出格行动，被学校开除了。1921年冬天，杨子烈在武昌加入中国共产党。之后，

第三章：1923-1926

她来到北京，就读于北京师范大学。

5月13日，湖北汉口发生的一桩意外事件，将身在北京、新婚不久的张国焘夫妇送进了监牢。

当天，湖北督军萧耀南属下的军警，破获了位于汉口的湖北共产党组织，许白昊、刘芬和京汉铁路总工会委员长杨德甫被捕。杨德甫很快就供出了全国铁路总工会在北京的秘密机关所在地，以及张国焘的名字。湖北方面马上向北京的中央政府发出密函，要求查封和缉捕。密函顺着京汉铁路一路北上，大约一周左右到达北京。5月21日凌晨，京师警察厅得令，派出三个侦缉队，对全国铁路总工会展开搜捕。

接下来的情节紧张刺激，不需要润色加工，就可以直接拍成悬疑剧。

京师警察厅行动的半天前，也就是5月20日，张国焘才从上海返回北京。当天下午，他去北大拜访李大钊，准备详细通报刚刚结束的中央执委扩大会议的情况。没想到李大钊神情紧张，告诉他一个惊人的消息：从中央政府内部得知消息，京师警察厅正在拿着一个上百人的"黑名单"，挨个儿搜捕中共党员和工运分子，他们两人的名字都在名单之上，而且还相当靠前。李大钊让他赶紧离开北大，尽快躲藏起来。

此时的张国焘，已经不是四年前"五四运动"时期的毛头小伙子，或许自恃有领导"二七大罢工"的经验，虽然此时北京的情况也很紧张，但至少没有紧张到当时汉口军警开枪杀人的地步。

从李大钊处离开，他还去了趟铁路总工会的办公室，通知同事撤离，把一些重要文件分散和销毁，最后还留下彭子均和李凤林"看场子"。

20号晚上11点左右，张国焘和新婚夫人杨子烈一道，返回位于景山东北侧腊库胡同16号的杏坛学社，那是他们的爱巢。白天的舟车劳顿加上晚间的东奔西走，夫妇两人疲累交加，很快就睡着了。

这就到了21日凌晨时分。军警首先赶到全国铁路总工会驻地，抓捕了留守的彭子均和李凤林；随后又乘胜追击，赶往腊库胡同16号的杏坛学社，抓住了熟睡中的张国焘和杨子烈。当时张国焘随身携带的"中共三大"文件和一些往来信函，还摆在书桌之上。自五四运动期间短暂被捕之后，张国焘第二次身陷囹圄。

张国焘、杨子烈、彭子均、李凤林被捕后，先被关押在南城鹞儿胡同的侦缉队监房里，军警每天对他们严厉讯问，但没有得到有用的口供。

从5月26日开始，北京警察厅开始对张国焘进行刑讯拷打，每天殴打三四次之多。

最初张国焘不承认他就是张国焘、张特立，警察拿出在他住处搜出的文件和信函，其中有一份从上海来的信函，寄信人为李钟英——当时中共中央的代号，上列有总干事张特立的名字。有了实证，再加上严刑，张国焘挺不住了，承认自己是共产党员，是国民党中的共产派，但自己并无任何职务，只能算是"挂名党员"。

确认捉住了张国焘之后，北京警察厅认为事关重大，把张国焘又转押到了京畿卫戍司令部。据1949年以后起获的档案，在京畿卫戍司令部，张国焘和杨子烈都写了供词，表达了屈服和坦白的意愿。张国焘的供词：

"张国焘，号克仁，二十五岁，江西萍乡人，北京大学肄业。曾于去年十月间与张昆弟（即张守诚）赁住铁匠营二十一号北房三间。去年十一月间即搬寓腊库十六号杏坛公寓与杨子烈女士自由结婚同居。

国焘历年受学校教育，研究经济学，颇以马克思主义与孔子"不患寡而患不均"之旨相符合，因信仰之。又陈独秀（即实庵）系北京大学学长，与国焘有师生之谊，彼此信仰又可谓略同。国焘素抱爱国热忱与抵制日本诸运动，亦参加后又非提倡平民教育不足以救国。陈独秀亦颇重视国焘之为人。当独秀去京赴沪以共产主义旗帜相号召时，于民国十年间曾来函邀国焘一致进行。国焘亦随以提倡平民教育，进行社会事业自任。

去年，陈独秀加入国民党后，国焘亦随之加入，故国焘可

第三章：1923-1926

谓国民党内之共产派。按国民党内容，共产派系新加入，主张偏重反对外国侵略。国焘自去年加入该党后，并未任何项职务，可谓之挂名党员。按共产派现尚幼稚，既无若何组织，人数亦尚少，故从来并无何项革命行动事业，多偏重研究学理及宣传。国焘在此派内，担任劳动教育事业，各处工人亦有很少数与国焘相识者，故亦颇知铁路总工会。查铁路工人现多年已无工会存在，铁路工会亦无正式机关，只以尚有十余工人在狱中。该项在狱工人均极贫苦，无人照顾，各处工人多有愿意帮助此项在狱工人，故暂以铁匠营二十一号为通信机关，说不上铁路总工会。只须以一种名义收到各处工人之捐款，故有铁路总工会之称。国焘与保定在狱诸人中二三人颇有友谊关系，又国焘自问良心，实用所信之主义亦应处在帮助之地位。故国焘始终帮助铁路总工会之此项救济事业。案所谓《工人周刊》出版已久，由《工人周刊》社编辑，在去年春间以前，国焘亦挂名《工人周刊》社编辑之一员，但从未经营此周刊。此周刊被查禁出版以后，即久已停顿。所供是实。"
（《历史档案张国焘的供词》 1981年第二期）

杨子烈的供词：

"杨子烈，即杨毅，年二十岁，湖北枣阳县人，现肄业北京法政大学，去年十二月搬于腊库胡同十六号杏坛公寓与张国焘先生结婚。每日到法大上课，上午的饭在法大吃，下午回来就在铁匠营二十一号吃一顿，每月交伙食钱五元。张国焘先生是研究共产派学说的，他既是我的丈夫，他所研究学说我因好奇心所以也想研究一下。可是因为我们结婚的日期不久，同时我学校的功课很忙，虽然把关于此类的书籍看看，凭心说话，一本也未看完过。不但如此，老实说连共产二字的意义何解也是盲然的。但是我的丈夫张国焘因受人之愚迷而研究这种邪学说，而得像现在这种结果。我既是他的妻子，是脱不了干系的，我也不愿意脱离干系。政府诸大人是人民的父母，人民做了错事，是应该求诸大人宽恕，使其有改过自新之余地。铁匠营二十一号是铁路总工会暂通信机关，张国焘因受人之愚而为干事，到现在我才知道又有由陈比难箱里检查出的一封寄我而未发的信，我并不知道，这是诸位大人同我亲眼所见，当由她箱中取出时并未拆封，而邮票还是未盖邮章的。至于我的丈夫张国焘，此次做错了事，是应该受惩罚的。但是，青年阅历尚浅，诸大人素来德量宽洪，许人改过迁善，故敢请诸大人念张国焘初犯，特别加以宽恕。那不但张国焘和我铭感不忘，就是稍有知觉的人，也当感德无涯矣。"（《历史档案杨子烈的供词》 1981年第二期）

仅从供词上看，张杨二人的陈述和自辩并无大碍，没有将罪责推脱给他人，只是在故意东拉西扯，尽量大事化小，努力脱开干系。

从张国焘的供词中，还能看出，虽然中共已经成立三年了，但北京政府对中共还并不了解。特别是一年前的"二七大罢工"，背后推手就是中共，最高领导就是眼前这位"阅历尚浅"的青年。在"二七大罢工"之后一年多以后，张国焘还可以辩称"中共只是研究理论"，"从来并无任何革命事业"，由此可以想见，当初直系军阀在汉口开枪时的颠顸，以及现在北京军警的愚鲁。

5月30日，京畿卫戍司令王怀庆，给中央政府内务部总长呈送了一封密函：

"案据京师警察厅解送拿获共产党人张国焘一案，业将审讯情形函达在案。兹派员将张国焘提讯明确，据称：伊等以私组工党为名，实行共产主义。陈独秀为南方首领，有谭铭三等辅助进行；北方则李大钊为首领，伊与张昆弟等辅助进行。北方党员甚多，大半皆系教员学生之类，一时记忆不清。时常商量党务，男党员有黄日葵、范体仁、李骏、高静宇、刘仁静、方洪杰等，女党员有陈佩兰、缪佩英等。查李大钊充膺北京大学教员，风范所关，宜如何束身自爱，乃竟提倡共产主义，意图紊乱国宪，殊属胆玩不法。除张国焘等先行呈明大总统分别依法判决外，其逸犯李大钊等相应咨行贵部查照，转令严速查拿，务获归案讯办，以维治安，而遏乱萌。"（《历史档案》1981年第二期）

6月2日，王司令再次密函上报内务部：

"（张国焘）供出党魁李大钊等情形，先后咨达在案。兹经派员将张国焘等提讯明确，据称：伊等以私组铁路总工会即为实

第三章：1923-1926

行共产主义之通讯机关。陈独秀为南方首领，李大钊为北方首领，党员甚多……各铁路均有工人在党，日前搜获名册，即系各路工人通信地点。先劝各路工人组织工会，将来要求增加工价，以便推倒军阀及资本家，实行共产主义等语。查该犯等胆敢在首善重地，私组工会，以共产主义煽惑路工，虽未至实施暴动行为，而其意图紊乱国宪，实已毫无疑异。除李大钊等业经咨请严缉外，相应抄录各路工人姓名，咨行贵部查照……"（《历史档案 1981 年第二期》）

从上述两份档案中可知，张国焘把他所知道的所有在京共产党要员，全部供出来了。特别是李大钊，虽然三年之后死于奉系张作霖之手，但追究责任，第一个应该为李大钊之死负责的，就是张国焘，正是他的供状，坐实了李大钊的身份，他就是中共北方党的主要领导人。

李大钊毕竟年长几岁，行事谨慎，20 日下午面见张国焘，通报险情，20 日傍晚即携全家离开北京，到离老家河北乐亭不远的昌黎县五峰山避居。几个小时之后，军警就来到了李宅，扑了个空。

大约一周之后，在昌黎避难的李大钊接到中共中央的通知，委派他率领中共代表团，前往莫斯科参加共产国际第五次代表大会。

随后，王司令把张国焘一案上报给北洋政府总统曹锟，建议枪决。

曹锟审阅王怀庆的报告时，正好直系主将、江苏督军兼苏皖赣三省巡阅使齐燮元也在场，闻听曹总统要下令枪决共党首领，思维活跃的齐督军顺口提了一个似乎更加恶毒的方案：

"给他一个永远监禁，让他瘐死狱中。"

"好主意！"曹总统应该是由衷地赞叹了一番。

命悬一线的张国焘，因为齐燮元的这个恶意满满的馊主意，意外地保全了性命。当时曹锟没有想到，要想永远监禁别人，自己就得永远在位。

多年以后，齐燮元上将站在行刑队面前，准会想起曹锟总统问他要不要枪决张国焘的那个遥远的下午。1946 年底，日伪华北绥靖军总司令齐燮元，被国民政府以汉奸罪判处死刑，枪决于南京雨花台刑场。

张国焘被"永远监禁"了大约四个月，1924 年 10 月 23 日，直系将领冯玉祥趁第二次直奉战争之际，突然倒戈，发动北京政变，推翻了老上级曹锟总统和吴佩孚控制的北京政府。10 月 25 日，冯玉祥的直隶老乡李大钊出面，营救出了张国焘夫妇，以及被关押在天津、保定的一些共产党员。

张国焘夫妇出狱之后，暂住在中共北京区委书记赵世炎家里。他和杨子烈都隐瞒了招供的经历。直到 1949 年，北平重新成为北京，前政府机关的档案重见天日，张杨夫妇曾经叛变的传闻才被坐实。

第六节：工贼和五卅运动

张国焘在北京监狱中命悬一线的时候，1924 年 6 月 16 日，远在广州的黄埔军校（陆军军官学校）正式开学了，他后来在红四方面军最重要的助手徐向前，成为第一期学生。

据徐向前回忆，孙中山携夫人宋庆龄出席了黄埔军校的开学典礼，发表了长达一小时、激情澎湃的演讲。徐向前印象最深的，是孙中山对苏俄革命的极度推崇：

"中国的革命，有了十三年，现在得到的结果，只有民国之年号，没有民国之事实。相反，俄国的十月革命比中国革命晚六年，却大告成功。原因是俄国革命一经成功，就马上组织革命军。"（《历史的回顾》）

黄埔一期共录取了 470 人，全部受训时间仅为 8 个月。1925 年 2 月，徐向前等人毕业，随蒋介石的东征军攻打陈炯明。

嘴歪眼斜的齐燮元救了张国焘的命，人高马大的冯玉祥则给了张国焘自由。

身高近一米九的大个子冯玉祥，外貌古板严肃，头脑却十分活络，在纷纭变幻的政局之中，他始终站在革命的最前沿——不断革掉老上级的命，投靠更强大的新上级的怀抱。冯玉祥字焕章，屡次倒戈之后，被人戏称为"换章"。

这次"北京政变"，已经是冯玉祥第四次倒戈了。倒戈之后，冯玉祥与张作霖、段祺瑞组成联合政府，把自己的部队改称为"中华民国国民军"，邀请孙中山北上，共商国是。

冯玉祥邀请孙中山北上，是一种掺沙子的战术，对于新盟友张作霖和段祺瑞而言，约等于半次倒戈。孙中山来京之后，一定会削弱张作霖对中央政府的控制力。此时奉系的势力远强于冯玉祥的偏师，张作霖才是北京政府的主人，曾经跟两任总统掰手腕的段总理，此时已经雄风不在，他的"临时执政"（临时政府之最高领导人）一职，成了摆设。

冯玉祥的邀请，是孙中山一生之中最后一次收到意外大礼，再一次、也是最后一次，只要他只身前往，便可收服一方。11月10日，孙中山发表《北上宣言》，提出三大主张：

召开国民会议；废除不平等条约；谋求中国统一。

随后，孙中山携夫人宋庆龄、国民党中央执委兼宣传部长汪精卫等二十余人，离开广州，途经香港、上海、日本、天津，迂回曲折，浩浩荡荡，把此次北上行为，搞成了一场宣示和游行，于1923年的最后一天到达北京。孙中山北上期间，全国各届、包括中共中央，都发表通电，表态支持他的三大主张。

此时孙中山已经是肝癌晚期，已经没有太多精力投入具体事务。在京的国民党中央执委，除了汪精卫之外，还有李石曾、吴稚晖、于右任、丁惟汾、王法勤，以及中共方面兼任的两位执委：李大钊和张国焘。孙中山指示，由在京的中央执委组成"国民党中央政治委员会"，代他行使政治权力，每周召开两次会议。

据张国焘回忆，当时开会的模式是：先由汪精卫通报孙中山先生的病况——汪精卫是"委员会"和孙中山之间唯一的联系渠道；然后其他人通报来自广州等地的相关信息；接下来就是委员之间的个人通报。张国焘和李大钊每次开会都很准时，也很谨慎，很少发言，以免被国民党内部的反对势力抓住把柄，引起事端。

1925年到了。

1月11日至22日，中共第四次全国代表大会在上海召开，张国焘参加了会议。

四大决议中，第一次提出了"农民"在中国革命中具有重要地位，首次提出了"工农联盟"的概念。这对中共而言，具有里程碑式的意义，它突破了共产国际强加的"工人阶级领导一切"、"工人运动重于一切"的列宁主义教条，立足于中国这个农业国家的现状，单独把"农民"作为一个政治势力拎了出来。

四大结束前的选举，张国焘重回中央领导层，被选为中央执行委员、中央局成员，重回中央核心领导层：

陈独秀，任中央总书记兼中央组织部主任；张国焘，任中央农工部主任；彭述之，任中央宣传部主任；蔡和森，任中央局委员；瞿秋白，任中央局委员。

中央局决定，成立"中央职工运动委员会"，张国焘兼任书记，李立三、刘少奇为副书记，邓中夏为秘书长，项英、王荷波、林育南、李启汉、张昆弟、刘华等为委员。中共早期工运领袖，都是张国焘的下属。

张国焘一生的论敌彭述之，第一次进入中央领导层。彭的资历也非常老，他是湖南隆回人，比张国焘大两岁，却比张国焘晚两年、1919年进入北大文学院读书，陈独秀是文科学长——彭述之是陈独秀的入室弟子。

彭述之进入北大不久，就参加了五四运动。陈独秀很欣赏彭述之，1921年，陈派彭前往莫斯科东方大学学习。1922年1月，张国焘率团出席远东劳动人民代表大会的时候，彭述之就在莫斯科，而且参加了大会。彭、张首次见面，从此开启了他们之间持续半个多世纪的恩怨情仇。

1924年底，彭述之回到国内，1925年中共四大，陈独秀将彭述之拉进中央局，任宣传部主任，接手主持《新青年》和中共机关刊物《向导》的编辑工作。

1925年2月7日至10日，全国铁路总工会第二次代表大会在郑州举行。此时距离剑拔弩张的"第一次代表大会"不过两年，便已经河山带砺、沧海桑田，直系已经出局，郑州已经被冯

第三章：1923-1926

玉祥从直系手里"解放"，"全国铁路总工会"的第二次大会，可以正大光明地在郑州召开了。

张国焘出席了这次大会，然后前往上海，就任中共中央农工部主任和中央职工运动委员会书记，领导全国的总工会。

从一开始，中共创建和领导的各级各类工会，都要冠以"总"字，目的就是要盖住、镇住其他形形色色的工会、工团组织，告诉工人们：我这个才是最正宗的、最全面的工会，只要参加我这一个工会，也就够了。在开放自由的社会里，工会是自发的群众组织，很难一家独大；时至今日，欧美等国的每一个地区、每一个行业都有若干工会，互相之间呈竞争态势。今日中国的"总工会"，是中共领导下的一个自上而下的工会组织，只此一家，别无分店，虽然早就没了竞争者，但各级各类工会，哪怕是一个街道、一个乡镇的工会组织，仍然要称自己为"总工会"。这算是张国焘等人留给后世工会的、为数不多的"红色基因"。

1925年5月1日至8日，中共主导的"第二次全国劳动大会"在广州召开。此时孙中山虽然已经在北京逝世近两个月，但广州城内的"国共合作"氛围依然存在。"第二次大会"的规模空前，共有近三百名代表参加，代表全国一百六十六个工会，五十四万工会会员。大会成立了"中华全国总工会"，选举林伟民为执委会委员长、刘少奇为副委员长。

大会还通过了三十多个决议，其中一个是《铲除工贼决议案》。四十多年以后，刘少奇本人被"追认"为"工贼"，这可能是他在举手表决该决议案时，没有想到的。

刘少奇被定为"工贼"是在1968年12月的中共八届十二中全会上，但他成为"工贼"的时间则要早得多，是在1929年8月。

当时中东路事件刚刚爆发，中共中央响应共产国际的号召，公开宣称要"武装保卫苏联"。7月，刘少奇被中共中央调任满洲省委书记，奉命前往沈阳，发动工人反对本国的国民政府和张学良领导的东北军，支持苏联政府和军队。8月22日，刘少奇在奉天纱厂门口，因涉嫌煽动工人罢工，被奉天军警逮捕。9月中旬，奉天高等法院对刘少奇宣判："证据不足，不予起诉，取保释放。"

1966年8月，毛泽东在中共八届十一中全会上，向全党发出《炮打司令部—我的一张大字报》，公开与刘少奇决裂。

天子之怒，伏尸百万，流血千里。1967年7月，中央文革小组组织了数百人，用了50天时间，彻查了1929年期间东三省的245万份档案和报刊资料，没有发现刘少奇"招供、叛变"的证据。专案组没有善罢甘休，又用了近一年时间，发动人海战术，彻查组成立到街道、乡镇一级，将1929年至1930年期间可能与刘少奇被捕一案有关联的三类人员——中共奉天省委人员、奉天军警及法院人员、奉天纱厂职工——全部找到，活的找到人头，死的找到坟头。终于在1968年10月，形成了八位证人的证词资料，证明刘少奇在被捕之后，确实是叛变了，成了工贼。两个月之后，刘少奇以"叛徒、内奸、工贼"的罪名，被中共"永远开除党籍"。1969年11月，刘少奇被摧残致死，死状甚惨。

中华全国总工会成立不久，上海就爆发了大罢工。

5月14日，上海日商内外棉纱厂工人为抗议厂方"无理开除中国工人"，举行大罢工。第二天，日商开枪，打死了工人领袖、中共党员顾正红，打伤了十多名工人。日商在中国境内施暴，此举激怒了上海市民。自五四运动之后，所谓"反帝"，本质上就是"反日"。第三天，上海日本纱厂的两万多名中国工人，举行了同盟总罢工。

中共中央决定统一领导这次工人大罢工，陈独秀做出两个决定：

一，5月30日，在租界举行反帝大游行；

二，6月1日，公开成立上海总工会。

5月30日的租界游行，引发了震惊全国、影响深远的五卅惨案，整个过程很像两年前"二七惨案"的翻版。

当天中午，数千名工人、学生、市民前往公共租界，抗议日本资方枪杀顾正红，要求释放被捕人员。在公共租界最繁华的南京路，与警察发生了激烈冲突，双方都有人受伤，警察抓捕了一百余人，关押到老闸捕房。

下午，越来越多的学生和市民涌到老闸捕房门口，要求释放被捕的同伴。很快局面便失控了，人群开始冲击捕房，要把人抢出来。混乱之中，英籍捕头下令警察开枪，一刹时南京路上枪声大作，血肉横飞，当场打死了13人，打伤40余人，另有50人被捕。公共租界最高权力机关工部局（Board of Works）宣布租界戒严。这就是"五卅惨案"的大致经过。

惨案发生当天，陈独秀、张国焘等中共中央领导人召开紧急会议，决定发动上海市民实行罢工、罢市、罢课，并号召全国举行同盟大罢工。从这时候起，中国切换到运动和罢工模式，一直到当年10月的"省港大罢工"，都可以统称为"五卅运动"。

"五卅运动"对中国现代史的影响巨大，中共以此为开端，开启了"武装斗争"的阀门。中共领导的"五卅运动"，还有明显的准军事色彩，"工人纠察队"的模式，已经普及到罢工之中了。

共产国际也觉察到了这一显著变化，1925年7月，共产国际执委会东方部书记瓦西里耶夫，写信给中共中央，专门谈到中共建立"中国革命武装力量"的可能性。8月，东方部给中共中央发来一个更加正式的指示，《关于中国共产党军事工作的指示草案》：

"中国共产党在组织中国革命武装力量和使人民群众做好战斗准备方面，要十分细心地对待和坚持不懈地做工作……中共应该建立军事部。"

9月28日至10月2日，中共中央在北京召开了四届二中全会——这样的会议命名模式，一直延续到今天，决定设立"军事部"，张国焘被任命为中共中央军事部部长。这个中央军事部，就是中共中央军委的前身，张国焘算是首任中共中央军委主席。

中央军事部建立之后，张部长立即行动起来：

一、 在条件具备的省区建立"军事分部"。北京、广东、河南等地先后建立起了由中共地方党委领导的"军事部"。

二、 在范围较小的地区，派出"军事特派员"。张家口、西安、汉口、上海、济南、沈阳等地，先后迎来了"军事特派员"。后来张国焘赴鄂豫皖根据地，就是以"中央特派员"的身份前往的。

三、　将一批刚刚从苏联"学成回国"的革命青年，作为"军事特派员"派往各地，他们大都在苏联学习过军事，聂荣臻、叶挺、熊雄等人被派到了广东；李林、范易等人被派到了北方。

四、　在上海开办"军事训练班"，以产业工人为基础，建立了一支两千人的"战斗队"。

第七节：刺廖案

1925年3月12日，孙中山在北京病逝，终年59岁。

孙中山的病逝日，后来成了一个与政治关联度不大的"节日"。1928年，中华民国政府将这一天定为植树节。1979年，全国人大常委会再次把这一天确认为植树节。

孙中山逝世后，以戴季陶为首的国民党右翼首先站出来，反对他的"联俄"、"容共"政策。1925年6、7月间，戴季陶连续发表《孙文主义之哲学的基础》、《国民革命与中国国民党》等长文，对"三民主义"做出系统解读，对马克思主义和共产主义做出系统批判，对以"个人身份"加入国民党的中共，进行系统揭露。上述方方面面，构成了一个完整的思想体系，被称为"戴季陶主义"，成为日后国民党"清共"的理论基础。

"清共"是先从"清党"开始的。国民党右派清理国民党左派，虽都是总理的门徒、党内的同志，但"清理"过程从一开始就很血腥。

8月20日，国民党左派首领廖仲恺，在国民党中央党部大门口遇刺身亡。廖出生于美国旧金山，1904年即在日本与孙中山相识，遇刺时为国民党中央执委兼财政部长、黄埔军校党代表。

廖案发生后，由蒋介石、汪精卫、许崇智三人组成调查委员会，认定幕后元凶，是国民党右派首领胡汉民。

廖仲恺是国民党内最为坚决的联俄派，这跟他的一段特殊经历有关。1923年1月，孙中山和苏联政府全权代表越飞发表

第三章：1923-1926

《孙文越飞联合宣言》之后，越飞即赶赴日本访问，孙中山迅即安排廖仲恺跟随越飞前往日本，与之进行更深入的协商，大约一个月之后，廖从日本返回，更加坚定地支持孙中山的"联俄"、"容共"政策。

廖仲恺是从越飞的口里"听说"苏俄，而蒋介石则是亲眼见到了苏俄。或许是因应了"耳听为虚、眼见为实"的俗语，廖蒋二人对苏俄的认识大相径庭。1924年3月12日，距离孙中山逝世还有整整一年，蒋介石从老家浙江奉化给广州的廖仲恺写了一封长信，同时抄送给国民党各常务委员。在这封公开信里，蒋介石全盘否定了苏俄革命的模式，并对苏俄人员表达出极端不信任（这封公开信的具体内容，请参阅本书相关章节）。

很显然，蒋介石对廖仲恺的被刺身亡，一定是"乐见其成"的。廖仲恺被刺之后，最大的受益者就是蒋介石。

廖仲恺遇刺，对国民党左派来说是警告，对中共来说，则是噩耗。此时广州城内的形势，对中共而言已经相当严峻了。当时鲍罗廷和维经斯基都在广州，他们向共产国际报告了这一严峻态势。

9月28日，共产国际执委会给正在召开的中共四届二中全会，发来了一个长长的指示：

"建议中共遵循以下原则，立即审查同国民党的相互关系：

一、 对国民党工作的领导应当非常谨慎地进行。

二、 中共党团不应发号施令。

三、 共产党不应要求必须由自己的党员担任国家和军队的领导职位。

四、 相反，共产党应当尽力广泛吸引国民党员——首先是右派分子，参加本国民族解放斗争事业的领导工作。

五、 同时，中共中央应当经常仔细地研究国民党所依靠的社会阶层中发生的各种进程和军阀中的社会重新组合。"（《共产国际、联共（布）与中国革命档案资料丛书》，北京图书馆出版社，1997年）

这个决议的实质，是要中共放弃咄咄逼人的姿态，力求不引起国民党右派的强烈反弹。要躲在幕后支持国民党左派，并期待着国民党左派能够早点把国民党右派排挤出去。很显然，这是一厢情愿。

把国民党分为"左派"、"右派"，这也是中共和共产国际的一厢情愿。国民党内部构成相当复杂，除了惯常所说的"左派、右派"之外，还有元老派和少壮派之分。少壮派的领袖，非蒋介石莫属；而元老派的代表人物，则大多集中在"西山会议派"之中。

"西山会议派"这个历史专有名词，包含两个独立的概念："西山"和"会议"，"西山"指的是孙中山停灵的北京西山；"会议"则是"国民党中央第四次执委会"。

1925年11月23日，在北京的十四位国民党中央执委，约齐了到孙中山停灵之地—北京西山碧云寺，为信奉基督教的孙中山做佛法超度。这些执委大都是佛学素养深厚的居士：林森、居正、邹鲁、叶楚伧、张继、戴季陶、谢持、覃振、沈定一、茅祖权、张知本、傅汝霖、石瑛、石青阳。

孙中山灵柩之前的这场法事，一直做到2016年1月4日。随着时间的推移，佛法让位给了政治，"法事"也被命名为"国民党一届四中全会"，"西山会议派"由此横空出世了。

西山碧云寺版的"国民党一届四中全会"，做出了四项决议：
一、 宣布中共非法；
二、 取消中共党员在国民党中之党籍；
三、 开除国民党中央执行委员会中的共产党员；
四、 解雇鲍罗廷的顾问职务。

与"法事"同时进行的，是另立中央。1926年初，"西山会议派在上海宣布成立"国民党中央党部"，与在广州的国民党中央分庭抗礼，明确反对于马上要召开的国民党第二次代表大会。

中共中央对"西山会议派"迅速做出反击，陈独秀、张国焘、瞿秋白等中共领导人，亲自撰写文章，以笔为枪，以攻为守。12月20日，张国焘在《向导》上发表《一封公开的信致国民党全体党员》：

"我们是为革命而加入国民党的，既没有变国民党为共产党的野心，也没有垄断国民党党务的阴谋……所有国民党的主张，只有积极赞成，从没有掣肘过。所以，这个（中共）党团作用，不但与国民党无损，而且是与国民党有益的。"

"中共"是否有益，这得由国民党来判断。在接下来的国民党二大上，中共表现过了头，作用过了界，彻底激怒了国民党右派。

第八节：李之龙是叛徒

1926年到来了。

1月1日至19日，中国国民党第二次全国代表大会在广州召开。

此时蒋介石刚满四十周岁，正式职务是国民政府军事委员会委员、国民革命军第一军军长、广州卫戍司令、黄埔军校校长，掌握着党内最核心的军事资源，控制着广州城。廖仲恺已经被刺身亡，胡汉民已经因此出局，接班人之争，将在汪精卫和蒋介石之间展开。

汪精卫比蒋介石大四岁，资历和地位远远高于蒋介石。此时汪精卫的正式职务是国民政府常务委员会主席、军事委员会主席，在党务和军务上，都是蒋介石的直接上级。

刺廖案发生后，胡汉民不但出局，而且还差点丢了性命。许崇智和蒋介石都主张法办胡汉民，也就是直接杀掉。三巨头折了俩，剩下一个汪精卫，由他来接任孙中山，似乎已成板上钉钉之事。没想到旧疾刚除，又添新患，许崇智和蒋介石浮出水面了。

许崇智是广东番禺人，和孙中山是小同乡，他和蒋介石同龄，只比蒋大半个月，他是蒋的正牌师兄，比蒋早五年去日本陆军士官学校留学。1916年，许和蒋在上海结拜为异姓兄弟。1923年，许崇智协助孙中山驱逐陈炯明，成为孙中山最为信任的军事助手。蒋介石能当上黄埔军校校长，也是许崇智力排众议向孙中山大力推荐的结果。在孙中山面前，许崇智的话语权远远大于蒋介石。

国民党二大召开之际,许崇智的正式职务是国民政府军事部长、兼广东省政府主席,党务上高于蒋介石,军务上领导蒋介石,是仅次于汪精卫的实权人物,黄埔军校校长蒋介石,只能排在其后。

但是蒋介石却直跳两级,不但越过"刺廖嫌凶"胡汉民,而且越过许崇智,成为仅次于汪精卫的"第二号接班人",原因就在于许崇智被认定为"胡汉民的人",受胡牵连,也被动出局了。

国民党二大召开,选举中央执行委员,出席者共253人,蒋介石以248票的高票当选,汪精卫比他多一票:249票当选。

从蒋介石火速上位的角度看,廖仲恺不重要,没有廖仲恺很重要,"廖仲恺之死"是冥冥之中的一股神秘力量,搬动了历史的道叉,隆隆前行的车轮,从此改变了方向,向着蒋氏中国(蒋家王朝)的道路狂奔而去。

汪精卫被认为是当然的左派,但蒋介石的底色是左还是右,无论是国民党内部还是中共,都看不太清楚。

3月20日,发生了一件乌龙事件:"中山舰事件",挑破了窗户纸,将国共两党之争呈现在世人面前。

虽然中共官方党史言之凿凿地认定"中山舰事件"是由蒋介石一手操纵、有意为之的阴谋事件,但综合现有史料判断,"中山舰事件"就是一次蠢人蠢事蠢到家的乌龙事件。

事件的整个过程并不复杂。

3月18日,时年29岁的国民党海军局代理局长、共产党员李之龙从电话里接到一个辗转传达过来的命令——

电话另一头,有人转达来自黄埔军校教育长、共产党员邓演达的命令;

说:邓演达接到黄埔军校校长蒋介石的命令,命令邓演达转告李之龙,要求李之龙速派有战斗力的军舰,到黄浦听候调谴。

接到这一辗转传达的命令,黄埔一期学生、海军中将李之龙不假思索,立即下令,派出自己曾经担任过几天舰长的"中山舰",迅速开赴黄埔听命。

军舰离开广州,到达黄埔,舰上官兵向邓演达请示具体任务。邓演达一脸蒙圈，声称自己并未下达这一命令，也不知道什么任务。中山舰上的官兵无所适从，只好呆在黄埔，等候下一个命令。

3月19日，李之龙直接用电话向蒋介石请示：苏联使团要参观中山舰，请求将中山舰调回广州城。

蒋介石接此电话，除了蒙圈，还有生气，他这样回答李之龙：

"我没有要你开去（中山舰），你要开回来，就开回来好了，何必问我做什么呢？"

这回，海军中将李之龙亲自、直接听明白了蒋介石的命令，下令中山舰开回广州城。

空转了一圈的中山舰，又开回了广州城。

本来这一乌龙事件到这时候就应该结束了，最多是对李之龙这位智力平平、能力低下、涉嫌渎职的海军中将兼代理海军局局长追究责任。但蝴蝶既然已经振动了翅膀，接下来的风暴，就不是李之龙所能控制得住的了。

据说——依然是据说，此时蒋介石接获一个密告：中山舰之所以突然出现在黄埔，是中共党员李之龙打着他的名义派出中山舰，去绑架他这位黄埔军校校长，逼迫他离开广州、前往海参崴"考察"。

蒋介石应该是听信了这一密告，当时他和他的苏联顾问季山嘉正在闹矛盾，季山嘉正在密切接触汪精卫，意图搞掉蒋介石，他甚至把蒋氏的后路都安排好了：逼迫他出洋考察，首站就是海参崴。

3月20日，正赶往汕头的蒋介石突然改变行程，返回广州城，以广州卫戍司令的名义，下令全城戒严。同时马上逮捕李之龙，包围苏联顾问驻地和中共机关驻地，扣压第一军和黄埔军校中的中共党员——周恩来也在此时被扣压。邓演达是黄埔军校教育长，不便直接扣压，蒋介石下令，对邓演达严密监视。

现在事件已经过去了近一百年，该浮出水面的史料，也已经尽数浮出，其中并无蒋介石预谋、操纵、主使的直接证据。

德不配位，必有灾殃。李之龙本人为此事件付出了惨重的代价。当时年仅29岁的他，已经官拜海军中将，是中共党员在国民党军队中的最高军衔。事件发生之后，他在懵懂中被逮捕；一个月以后，又在懵懂中被无罪开释，但也被褫夺了一切海军军职。受此事件打击，两个月之后，李之龙公开宣布脱离共产党。

又过了一年，1927年4月12日，蒋介石在上海发动政变，对中共党员大开杀戒。李之龙的政治态度再次出现反转，公开发表文章，开始斥责"吾师"蒋介石。

然后又过了将近一年，1928年2月6日，在广州城内闲居的李之龙，被国民政府逮捕。两天之后，被国民党海军司令陈策下令，在黄花岗予以枪决，时年31岁。

时光飞逝，1951年，中共建政已届两年。长大成人的李之龙的儿子李光慈向有关部门提出申请，请求追认其父李之龙为烈士。申请辗转报到政务院总理周恩来处，曾经因为中山舰事件而被扣压、被解职、差点毁掉整个人生的周恩来，应该对李之龙的能力相当鄙视、对其为人尤为不齿。事情过去了26年，作为"中山舰事件"最倒霉的躺枪者，面对"既无能又无耻的李之龙"的后代，积郁了26年的怨气终于有了发泄的机会，一向行事中庸的周恩来，提笔在李光慈的申请上，写下了一行言之凿凿的定谳：

"李之龙是叛徒。"

李光慈的申请未获批准，李之龙的泉下之灵，在国共两党之间，至今还无处安放。

蒋介石处理"中山舰事件"的方式相当克制，这从李之龙被突然逮捕、再被无罪开释的上面就能看出来。国民党左派还很强大，中共在国民党内实力犹存，冒然和中共摊牌，对蒋本人不利。

西山会议派则乐于见到"中山舰事件"的发生，愿意看到中共因为生生吞下这只苍蝇而展现出的囧态。蒋介石宣布广州戒严不久，西山会议派便给他发来"贺电"：

"以迅速手段，戡定叛乱，忠勇明敏，功在党国。"

蒋介石却不敢直接领受这份褒奖，客客气气地回电：

"唯革命是从。"

同时，蒋氏仍然公开、高调地反对"西山会议派"。

从上述几个回合的交锋中可见，蒋介石在权力斗争上的聪明，比他在军事指挥上的才智大多了。

面对突发的"中山舰事件"，中共领导层也是大感意外和惊慌，此时廖仲恺被刺身亡不过半年，国民党左派势力明显下降，如果蒋氏再转身向右，则中共的处境将会更加艰难。张国焘回忆：

"我们商讨的结果，认为无论三月二十日的事变（中山舰事件）是由广州同志们的左倾错误所引起，或者是由于国民党内部领导权的争夺，再或者由于蒋介石受了右派和反赤势力的影响，改变了他的政治态度，有以使然；但中共中央总应采取协调让步的态度，来稳定广州的局势。具体的说，我们要维持汪蒋合作的局面，继续对蒋采取友好的态度—我们觉得现在蒋介石既已先发制人，我们舍妥协政策，别无他途可循。

"中共中央决定派我赶赴广州，查明事实的真相，并执行这一妥协政策。陈秀独先生在说明这个决定的时候，指出我是最适当的人选，并赋我以全权—彭述之也对我表示推崇，拥护我去相机处理一切。根据这个决定，我又一次赴穗，担负比前次更艰巨的任务。"（《我的回忆》）

晚年张国焘在香港撰写的这段回忆录，特别是"彭述之也对我表示推崇"这句话，让同样栖身香港的晚年彭述大为愤怒，两位垂暮老人，由此再生龃龉，在香港的报章上公开叫骂，不亦乐乎。

彭述之生性活泼浪漫，遇事容易冲动，在张国焘眼皮子底下，他曾和中共早期著名的女性领导人向警予，发生过一段错综复杂的感情纠葛。

彭述之引用陈独秀1929年12月10日发布的《告全党同志书》，里面提到了"中山舰事件"：

"蒋介石的三月廿日政变（中山舰事件），正是执行戴季陶的主张……我们准备独立的军事势力和蒋介石对抗，特派彭述之同志代表中共中央到广州和国际代表面商计划。"

彭述之引用陈独秀的回忆,以此来证明,当时中共派往广州处理中山舰事件的中央代表,不是张国焘,而是他彭述之,当时在广州发挥主导作用的是彭述之,而非张国焘。

酱油铺的每一个人,后来都把自己回忆成了"掌柜的",甚至那些打酱油的,也都认为酱油铺子有他的一份。

对于彭述之的"回忆",张国焘做出了正面回应,1968年,他在香港的《明报月刊三十期》上发文:

"现在我只有向读者大众和彭述之高声说:根本没有这回事,完全是彭述之造谣。彭述之一九二六年五月间没有去过广州。"

第九节:"北伐"和"不要北伐"

中共忙于应付"中山舰事件"的时候,蒋介石作为国民党内新晋的军事统帅,在苏俄的军事援助下,已经开始准备北伐了。

5月,应蒋介石之邀,苏俄优秀的战术专家、年仅35岁的加伦将军来到中国,担任国民政府总军事顾问。6月初,苏联援助国民政府用于北伐的武器陆续运抵广州。6月下旬,国民政府通过了加伦将军制订的北伐计划,任命时年40周岁的蒋介石为国民革命军总司令。7月9日,国民革命军正式誓师北伐。

北伐军开拔之际,苏俄的态度突然变了,由支持北伐,转为反对北伐。

苏俄态度反转,缘于冯玉祥的不争气。此时的冯玉祥,是苏俄在中国北方的利益代言人,他的国民革命军,正被直奉联军打得节节退败。与此同时,支持北京直奉政府的欧美国家也公开宣称,一旦亲苏的广东国民革命军北伐,西方列强有可能军事干预。

基于以上两点,本来支持蒋氏北伐的斯大林,有些首鼠两端起来。他命令共产国际,全力阻止蒋氏北伐。

苏俄针对北伐首鼠两端的态度,正合陈独秀、张国焘等中共领导人之意,他们深知蒋介石这位"中派"的底细,极为担心蒋介石借由北伐成功而成为新的独裁者。

北伐军的攻势极为凌厉，自7月9日誓师出发，到10月10日，已经席卷湖南、湖北两省，对直系次帅吴佩孚的军队造成重创，占领了武汉三镇。

吴佩孚的节节败退，让保持中立、坐山观虎斗、希图收渔翁之利的孙传芳大为震惊，此时他才明白唇亡齿寒的意义。

8月底，五省联帅孙传芳的部队突然从江西攻入湖南和湖北，打击北伐军的侧翼，战略意图很明显，就是要切断北伐军与广东之间的后路，帮助吴佩孚解除武昌之围。但为已晚，孙吴联盟的最佳机遇已经错过了。

蒋介石当机立断，集中兵力，转头攻击孙传芳的主力。11月上旬，北伐军相继占领了江西的九江和南昌——这也为一年后中共借由北伐军中的中共力量发动"南昌起义"埋下了伏笔，同时攻击孙传芳在福建的部队。12月中旬，孙传芳已经被北伐军打残了，无法组织有效力量与北伐军决战。

基本解决了孙传芳，也就基本占领了江西和福建，广东的外围一下子被打开了，国民革命政府从一个只能控制广东一省的"地方政府"，瞬间成长为一个立足华南、掌控中南，虎视中原、进而有可能统一全国的"中央政府"了。蒋介石开始考虑：把国民政府的首都，从偏居一隅的广州，迁往九省通衢的武汉。

11月26日，国民党中央在广州举行临时政治会议，决定迁都武汉。

中共中央对于蒋介石的迁都决定，同样抱持着一种矛盾心态：中共刚刚在广州站稳定脚跟，并与国民党左派建立了合作关系，一旦迁都，这些合作成果必定付之东流。

眼看着国民政府迁都已成定局，中共中央决定先行一步，快速加强武汉周边的中共势力。任命张国焘为中共中央代表，兼任中共湖北区执行委员会书记，任务是"发展工农势力，团结国民党左派，争取北伐胜利。"

其实不用中共协助"争取"，蒋介石领导的北伐就已经接近胜利了。眼看着蒋所代表的"国民党中派"、以及与蒋意气相投的国民党右派因为北伐胜利而日益强大，左右为难的中共只能把希望寄托在当时仍然在欧洲"考察"的汪精卫身上，期待他早日归来，领导国民党左派，与中共合作，与蒋介石抗衡，与右派斗争。

1926年底，蒋介石指挥北伐军占领南昌，至此，蒋本人的声望到达顶点。从中共的角度看，蒋氏撕下伪装、与中共决裂，已经为时不远了。

远在莫斯科的斯大林，无法感知中国国内政治局势的急剧变化，仍然相信蒋是亲苏的、容共的。苏共机关报《真理报》上，还在连篇累牍地发表文章，赞扬蒋介石。

二十世纪二十年代的中国时局，有点像二十一世纪初期的互联网产业，到处都是风口，风口之上的各种政治力量，都有可能一飞冲天。蒋氏北伐末期，处于苏俄和国民党夹缝中的中共，也找到了风口所在，不到四个月的时间里，在上海接连发动三次工人武装起义，最后竟然占领了大上海。

第一次武装起义，是在1926年12月；

第二次，是在1927年2月；

第三次规模更大，是在3月21日，参与的工人达八十万之众。经过三十个小时的战斗，中共领导的准军事武装工人纠察队，赶走了北洋军阀在上海的驻军，奇迹般地占领了大上海。

蒋介石注意到了上海局势的变化，命令驻扎在上海附近的北伐军白崇禧部迅速开进上海，抢占江南兵工厂。

北伐军的迅猛进军，让英美等国也迅速转变了政治态度，他们已经认识到：旧军阀们把持的北京中央政府已经不足与语，蒋介石的国民政府才是中国的新主人。国内国际局势急速变化，蒋介石放弃苏俄、倒向英美的趋势越来越明显。

身在武汉的张国焘，对这种趋势的感知更加准确，他向上海的中共中央请示，由同在武汉的张国焘、瞿秋白、谭平山三人，组成临时委员会，统一领导中共湖北执委、中共湖北省委、共青团湖北省委的工作。

此时上海的局势已经相当紧张了，种种迹象显示，蒋介石

第三章：1923-1926

将对上海的中共中央机关痛下杀手。共产国际代表罗易和陈独秀决定，马上将中央机关迁往汉口；同时任命陈独秀的长子、广东区委书记（省委书记）陈延年为中共上海委员会代理书记，留守上海。

三天之后，4月12日，蒋介石在上海发动政变，开始大规模屠杀中共党员。一刹时，党争升级为战争，枪炮取代了笔墨，血海淹没了语言。直到1949年，蒋氏本人亦被逐出大陆，偏居海岛，终老此间。

第四章：1927

第一节：三爱党

惨烈的 1927 年到了。

3 月 21 日，中共在上海发动第三次武装起义，指挥准军事武装工人纠察队，经过三十多个小时激战，打跑了驻守上海的、由苏皖浙闽赣五省联军总司令孙传芳统率的直鲁联军，占领了南市和北市。

1926 年 12 月的第一次起义之所以失败，是因为孙传芳在上海的驻军过于强大。此时孙传芳正牢牢控制着苏皖浙闽四省，主力也正在江西前线与北伐军决战。他在上海的偏师，就足以对付中共临时拼凑的工人纠察队。

1927 年 2 月第二次起义时，孙传芳在江西战败，对皖浙闽三省的控制力呈塌方式下降，仅在江苏一省尚可横行。

到 1927 年 3 月下旬第三次起义时，孙传芳差不多已经成了光杆司令了，此时驻守上海的，是奉系将军张宗昌派来的三千直鲁联军，外加两千本地警察部队。这支直鲁联军虽然名义上仍然尊奉孙大帅，但实际指挥权已经转到了张宗昌和张作霖手里。

其实孙传芳占领并经营上海的时间并不长，他于 1925 年 10 月，才从奉军手里夺回上海和南京控制权。到中共趁北伐胜利进军之机发起"第一次上海工人起义"，才一年多一点。

孙传芳是被自己的小聪明给玩死的。1926 年 9 月，他眼见着国民党北伐军把吴佩孚驱离两湖、败退河南，却坐山观虎斗，吴佩孚数次急电孙传芳，请求他速派援军赴武汉增援，孙传芳小算盘打得噼里啪啦响，嘴上答应出兵，却一直按兵不动，想等着两败俱伤了，他再横扫两军坐收渔利。孙传芳没有料到，北伐军仅用了三个月，三下五除二就解决了吴佩孚；然后马上调转进军路线，由北伐转为东征，要吃掉他这个"五省联帅"。

拥众十余万的孙传芳当然不会坐以待毙，他要放手一搏。

9 月 20 日，孙传芳从南京出发，前往江西九江督师，与北伐军决战。这是中秋佳节的前一天，面对送行的人群，发表了一通演说，针对孙中山的"三民主义"，推出了孙传芳的"三爱主义"：

"今日是中秋节，是团圆的日子……昔日孙中山先生欲以三民主义治国，这本是一种党纲。不幸中道而丧，一部分国民党员，误解其真意，勾结赤俄，大倡以党治国，实行暴民专制。我以为，共和国家，必有政党。然必须实行两党制，一党在朝，一党在野，互相监督，国家始有进步可言。民国以来，中国此党仇视彼党，此系推翻彼系。同是国民，互相仇杀；本属一系，忽而倒戈，是谓自残，有何意义？本帅此次出征，抱定三爱主义：曰爱国、爱民、爱敌。本帅誓本此宗旨，为此次作战主义。大局定后，我也要建立一个新政党，以三爱主义为我党之党纲。不日将有宣言发表，愿与国人共商榷。"

孙传芳誓言爱敌人，的确体现了一些"和平党争"的民主思想；无奈敌人不爱他，也无暇揣测"三爱主义"之真谛，陈调元等老部下也不再爱他，拖枪倒戈，成了敌人。

孙家大军列阵江西前线，与之对峙的是已经纳入国民革命军序列的李宗仁、白崇禧的新桂系。李、白分头从赣南、赣西两路夹击，陈调元临阵"中立"，孙家十数万大军瞬间崩溃，一泄如注。战至11月，五省联军已经全线溃败，孙传芳仅以身免，逃回南京。

眼见着吴佩孚、孙传芳这两位最能打的同袍，被北伐军打得稀里哗啦，之前热衷于内斗的北洋各系将帅，这才如梦初醒，再不联合起来一致对付蒋介石，接下来覆灭的就是自己了。

11月，孙传芳秘密赶赴天津，面见老对手张作霖。张作霖早早地走出蔡家花园等他，孙传芳赶到之后，快步上前，先行一礼，口称："对不起大帅！"张作霖还礼，温言抚慰："过去的事不要提了。"

面对共同的强敌，孙、张之间的会谈很顺利，达成如下协议：

一、 成立安国军，张作霖任总司令，孙传芳、张宗昌任副司令。

二、　张宗昌率直鲁联军南下，支援孙传芳抵御北伐军。

三、　张作霖为孙传芳军队提供军械物资。

但此时江浙一带的局势速变，孙传芳转圈的机会已经没有了。

首先是浙江省改姓蒋。

1926年10月，孙传芳旧部、浙江省长夏超谋反，被孙发觉，予以处决。孙传芳任命本地人陈仪为浙江省长，他的本意，是想让陈仪以同乡之谊与蒋介石接触，最好能达成城下之盟，再不济，缓和一下双方关系也是好的。没想到陈仪将计就计，上任不久即打出"浙人治浙"的旗号（孙传芳是山东泰安人，不符合"浙人治浙"的条件），1927年2月，更是弃孙投蒋，主动打开省界，迎接蒋氏嫡系、何应钦部进入浙江。孙传芳被陈仪摆了一道，在浙江落得个陪了夫人又折兵的下场。

紧接着，安徽又步了浙江的后尘。

1926年9月，孙系军队在江西与李、白桂系激战时，孙氏旧将、皖军总司令陈调元就公开表示中立。孙传芳大为震怒，但此时命令已经无效，只好用金钱拉拢，孙传芳赠送给陈调元20万现洋，希望他重回怀抱。这回陈调元没有打出皖人治皖的旗号（陈调元是直隶安新人，现属雄安新区），他先笑纳了20万大洋，然后于1927年3月转投蒋氏。安徽省也成了蒋总司令的治下。

陈调元宣布安徽中立的时候，南京、上海一线成了不容有失的后方大本营。孙传芳急电张作霖，请求他抓紧履约，派张宗昌的直鲁军南下增援。张宗昌奉令，派出手下爱将、时年34岁的澄威将军毕庶澄，率领直鲁联军第八军3000余众，赶赴上海驻防。

毕庶澄率第八军进驻上海之后，马上感受到了兵临城下的巨大压力，白崇禧部已经进占上海周边。蒋介石命令白崇禧暂缓攻城，派人对毕庶澄劝降。毕将军略作考虑，稍作准备，便准备献城投降，把上海城防转交给白崇禧。

就在毕、白准备交接城防的当口，中共领导的"第三次工人武装起义"暴发了。由陈延年的副手、广东区委军事部长周恩来任总指挥，指挥五千余名上海工人纠察队，于3月21日上午九时全线出击，经过30小时的激战，5000名业余军人，击溃了毕庶澄的3000名正规军队和2000名地方警察部队，毕本人的司令部亦被攻占。至22日，武装工人占领了南市和北市，大半个上海暂归中共控制。

事发突然，蒋介石命令城外的白崇禧部火速进占上海，毕部把守的松江防线一触即溃，白军进抵上海，罔顾工人纠察队的存在，强行接管了上海。

交待一下毕庶澄的结局。内外受敌的毕军长无力再战，先是率残部退守英租界，然后把指挥权交给属下代理，自己乘日本轮船，于3月24日逃回青岛。张宗昌得知毕庶澄丧师失地、只身逃回，怒不可遏；又得知其在上海期间曾密谋降蒋，更是必欲杀之而后快，命令手下借口"召开军事会议"，通知毕来济南开会。年轻的毕将军腆着老脸前来，以为此行是负荆请罪，至少性命无虞；没想到刚走下火车，即被乱枪打死。

第二节：彭述之被历史撞了一下腰

我们再把目光从上海移到南京。

3月24日，中共掌控的国民革命第二军（军长谭延闿）、第六军（军长程潜），攻占了南京。4月初，第二军、第六军又被迫退出了南京城，轻易放弃了一个战略据点。这是怎么一回事？谁应该为此负责？

对于第二军、第六军轻率退出南京，张国焘认为，中共中央特派员彭述之应付一定的责任。当时彭受中共中央委派，于3月24日当天到达南京，协同中共党员李富春（时任第二军政治部主任）、林伯渠（时任第六军政治部主任），掌握军队，控制南京。

第二、六军刚进南京城，就遇到了麻烦事。直鲁联军撤退时，攻击了外国侨民和领事馆，导致外国使团抗议。第二、六军的首脑及中共骨干,都忙于处理这些涉外事务,军队也忙于维持城内的治安,疏忽了对南京周边的布防。战局瞬息万变,等他们回过神来,才发现南京周围的军事要地,都已经被蒋介石的嫡系军队占据了,而且后续部队还在源源不断地向南京周边集结。此时国共两党关系势同水火,已经接近摊牌。亲共的第二、六军龟缩在南京城内,随时有可能被全歼。迫于无奈,谭延闿、程潜等决定,退出南京城。至此,沪、宁一线,全部落入蒋总司令的手里。

沪、宁之失,让上海的中共中央陷于极度危险之中,国共两边的人士都意识到,蒋介石就要对中共痛下杀手了。

千钧一发之际,身在第二、六军中的中共中央代表彭述之被推上了关键先生的位置。据彭述之本人的回忆:

"第二天,李富春同我去访问第六军的负责同志。那时程潜和林祖涵(即谭延闿)都不在南京,代行程潜职务的为唐蟒,代替林祖涵的是李世章。李(世章)亦是共产党员,他向我报告的仅限于第六军的内部情况。我把上海方面的情形向两李作了一个颇为详细的报导,指出当前的最大的危险是蒋介石策划的反共阴谋。他们对这种危险并不否认,但觉得二、六两军还可以控制南京的局势,蒋所能调动的军事力量并不多,他或者不至于此时无所忌惮地发动反共的军事行动。

"四月三日,李富春、李世章和谢文锦(中共南京市委书记)集合南京市的活动分子和二、六军中担任政治和军事的干部,在金陵大学一个教室里举行联合会议,请我出席作政治报告。参加这次会议的还有一位第一军的俄国顾问(我已忘记了他的名字)。我的报告,除了叙述上海工人暴动和北伐军移驻上海后所发生的一般情形,并着重指出蒋介石正在策划反共阴谋,情势十分危险。因此,会议的讨论便集中到怎样对付蒋介石的问题上。大家的意见,都主张对蒋应采取坚决行动,以防'三月二十日事变'的重演。

"那位苏俄顾问,对蒋的军事力量作了一个详细的分析,他认定:驻在上海、苏州、无锡和龙潭等地区的军队,只有一小部分是效忠于蒋的,薛岳和严重都对蒋很不满,如果我们采取坚决的行动,进攻蒋军,薛岳和严重极可能转到我们方面,至少是中立,我们只要把驻在龙潭的军队(刘峙的部队)解决,二、六军即可向上海和安徽的蒋军进攻,不难击破他的军事力量。

"由于苏俄顾问这种乐观的估计,大家都主张立刻向蒋进攻,他们甚至要求我代表中共中央下达攻击命令。我当时告诉他们:这个问题太重大,不是我一个人可以代表中央下命令的,必须中央经过严肃的讨论,才能决定。我正是为着对蒋的问题要到武汉去,和那里的国际代表和中央委员讨论和解决这个问题。于是会议决定,请我尽快去武汉,他们等候回音。"

千钧一发之际,身在南京的中共最高领导、中央特派员彭述之,不是当机立断,下令进攻,险中求胜;而是要跑到武汉去请示国际代表和中央委员,彭述之的不堪大任,显露无遗。他本人也为此后悔了一辈子:

"后来我常想到:我确实放过了一个历史性机会,假如我参加南京市和二、六两军干部会议后,立刻返回上海,和陈独秀商议发动'进攻蒋军的计划',在当时上海广大工人群众和二、六两军的支持下,尽力争取严重和薛岳的同情,很有可能摧毁蒋的反革命阴谋,往后局势的发展,一定大不相同、而利于革命的。"

彭述之这段反思,是1968年在香港做出的;当时张国焘也在香港,看到彭的这段反思之后,张国焘在《明报月刊三十一期》上,又做了一段反"反思":

"这一次历史性的机会是空前严重的。它是一个成功失败的关键,也是一个成千上万颗人头落地的问题。当时二、六两军中的中共干部和苏俄顾问都主张向蒋进攻,当时当地只有他(彭述之)抓住那稍纵即逝的机会,作出决定,他却犯了不能当机立断的错误,推说他不能单独负责。"

彭述之离开南京,乘船逆行,前往武汉,4月10日才抵达汉口,14日才约齐共产国际的代表鲍罗廷和在武汉的中共中央委员开会,但此时蒋介石对上海、南京的中共党员实行无差别大屠杀,已经过去两天时间了。蒋介石和国民党右派已成敌人,接下来何去何从？谭平山提出一个大胆的建议：打回广东去！此言一出，与会者反响热烈，大多表态同意。"打回广东，重建革命"，成此后数月之间、南昌暴动之前的首选战略方向。

4月27日至5月9日，中共第五次全国代表大会在武汉召开，与会代表共80人，共产国际的诸位代表鲍罗廷、罗易、维经斯基也都参加了会议。

五大在中共党史中的地位比较低，面对蒋介石的大屠杀，除了强调要继续寻求与汪精卫等国民党左派的联合之外，基本上是束手无策。为了避免刺激左派，五大一面批评陈独秀的"右倾错误"，一面主动限制中共领导的农民运动。

五大上，陈独秀再次当选中共中央局书记，张国焘亦再次当选为中共中央组织部长。五大至八七会议期间，党内事务，由陈独秀和鲍罗廷说了算。

蒋介石公开反共，标志着斯大林和共产国际对蒋氏的无原则信任彻底破产了。斯大林和共产国际马上转向，开始无原则信任和依赖汪精卫为首的国民党左派。4月21日，斯大林发表《中国革命问题提纲》：

"蒋的政变表示，民族资产阶级退出革命……武汉是革命的中心……武汉的革命的国民党……事实上将逐渐成为无产阶级和农民的专政机关。"

斯大林认为，中共不可能取得全中国的政权，明确反对中共在中国建立苏维埃政权，否则就是"越过了革命的阶段"。

托洛茨基则正好相反，他提醒中共，建立苏维埃要刻不容缓："群众需要一个革命政纲与战斗组织……武汉政府不足以语此。为此必须有工农兵苏维埃，劳动者的苏维埃。"

斯、托之间关于中国问题的尖锐分歧，在5月18日召开的共产国际第八次执委会上，演变为一场公开论战。斯大林再次提出：

"武汉国民党和武汉政府是资产阶级民主革命运动的中心……中国左派国民党在中国资产阶级民主革命运动中所起的作用，近乎苏维埃在一九零五年对俄国资产阶级民主革命所起的那种作用。……必须在全中国展开土地运动，必须巩固武汉政府，并支持它和封建官僚制度作斗争。必须帮助它战胜反革命。"

托洛茨基针锋相对地反对斯大林，直接向中共中央提出警告，并发出号召：

"假使你们服从武汉领袖，不组织你们独立的苏维埃，汪精卫一类的左派国民党一定要出卖你们的。汪精卫型的政客，在困难情形中，将十倍地和蒋介石联合起来反对工人和农民……假使农民不由你们——革命的无产阶级领导，而由小资产阶级激进派领导，那是不能将土地革命进行到底的。因此必须组织工人苏维埃，将它和农民苏维埃联合起来，吸引兵士到苏维埃来。"
（《中国革命问题和共产国际的任务》）

中共五大的退让和妥协，只能更加刺激蒋介石对中共的屠杀欲，以及对国民党左派的迫害狂。五大结束之后不久，5月17日，忠于蒋介石的国民革命军独立十四师师长夏斗寅就拉起队伍，进攻左派控制的武汉。

夏斗寅的经历很传奇，他之所以能成为带兵打仗的将军，是因为早年间在路上拣到了一个装满钞票的大箱子，凭着这笔意外之财，拉起行军旗，招到了吃粮人，他也因此得了一个"皮包将军"的外号。皮包将军除了运气不错，其实还是有两把刷子的，到1932年日军侵入华北时，夏斗寅已经是湖北省政府主席、国民革命军陆军上将了。

夏斗寅对左派的进攻，本质上还是国民党内部的争斗；又过了五天，5月21日，另一位国民革命军军官、少将团长许克祥的动作，那就是赤裸裸的"屠共"行为了。

5月21日的电报代韵字母是"马"字，这一天也被称为"马日"。驻扎在长沙、隶属于武汉国民政府的第三十五军第三十三团少将团长许克祥，带领本团士兵，发动政变，向国民党湖南省党部、以及中共领导的湖南省总工会和省农民协会发起进攻，缴获了中共领导的工人纠察队的枪械，捕杀了一百多名中共党员，这便是轰动一时的"马日事变"。

"马日事变"的直接后果，是把中共最后的靠山汪精卫也逼上了"清共、反共"的轨道。汪精卫一方面要查办许克祥，一方面下令制止中共搞得过火的工农运动。汪精卫态度出现明显变化，"宁汉合流"加快了步伐。中共最后一根救命稻草也快要抓不住了。

第三节：另一根稻草

另一根稻草进入中共中央的视线：驻扎在河南的冯玉祥。中共设想，如果中共控制和影响的一部分北伐军继续北上，与冯玉祥汇合，再加上苏俄的军事援助，就可以形成一支足以制衡汪精卫的力量，牵制武汉的汪精卫一直"左"下去。这一策略看似可行，最大的挑战，是要保证冯玉祥继续联俄、容共、不倒戈、不变卦。

不倒戈、不变卦就不是冯玉祥了。自1924年10月发动北京政变、背叛老东家直系之后，冯玉实一直盘据在河北张家口，与已经渗入华北的奉系势力保持对峙局面。从1925年起，冯开始接受苏联的军事援助，他本人甚至还于1926年5月至8月，亲自前往苏联学习、访问，但数次求见斯大林，都被婉拒了。

蒋介石北伐之初，冯玉祥按兵不动，他要看看北伐军到底能走多远。

蒋介石走得足够远，"四一二政变"之前，就已经打跑了吴佩孚，打残了孙传芳。"四一二政变"之后，北伐军继续向北推进，冯玉祥看得更清楚了：蒋总司令和汪主席的实力，都因为北伐胜利而大涨，蒋、汪联合的可能性，正在一天比一天增强。冯玉祥决定：马上行动，促使蒋、汪联合。这真是：中共视我如稻草，我视中共如草芥。

冯玉祥行动的第一步，是向蒋和汪表决心。他命令部队向张家口附近的奉系军队展开进攻，将渗入西北的奉系势力驱逐得远一点。

第二步，是递上投名状。冯玉祥公开宣布，参加国民革命政府的北伐，立即指挥部队向南进攻。6月1日，冯玉祥的部队便与汪精卫的部队在郑州会师了。

第四章：1927

第三步，是跳出来当和事佬。郑州会师之后，冯玉祥通电全国：召开郑州会议，邀请蒋介石和汪精卫前来参会。6月6日，汪精卫应冯氏邀请，率领幕僚团队前往郑州。

至此，寄居在武汉汪精卫政权篱下的中共，眼看着冯玉祥不但没有牵制汪精卫、反而卖力地把汪精卫推向蒋介石。无计可施之际，只好把冯氏这匹死马当成活马来对待，决定由京汉铁路总工会安排一辆专车，送张国焘赶赴郑州，做出最后努力，阻止冯汪与蒋氏联合。

6月10日，张国焘来到汪精卫在郑州的驻地。汪精卫婉拒了他的会谈要求，简短而清晰地表示：不接受中共的支持，不承诺反对蒋介石。

6月11日，张国焘乘专车返回武汉，向焦急等待的中共中央汇报郑州之行的情况。至此，中共和共产国际代表已经无计可施，只能坐等厄运降临。

6月26日，中共中央与共产国际代表团再次举行联席会议，陈独秀公开表达了绝望：

"我们面前有两条路：右的道路与左的道路。右的道路意味着放弃一切，左的道路意味着采取激进行动。在这两条道路上，等待我们的都是灭亡。此外，还有一条中间道路，即继续目前的局面，这也是不可能的。"

张国焘接着发言，把矛头指向了莫斯科：

"莫斯科的指示是不能接受的，应当加以拒绝，并通知莫斯科。如果莫斯科还坚持自己的意见，那就应当再次回电反对莫斯科。"（《联共（布）、共产国际与中国国民革命运动》北京图书馆出版社，1998年）

三天后，更彻底的绝望终于来了。

6月29日，唐生智部下、第三十五军军长何健公开发表宣言，要求武汉政府正式"分共"。何键指挥部队，占领了中共领导的工会，开始大肆拘捕中共党员。

当天晚上，陈独秀、张国焘、蔡和森、周恩来、张太雷、谭平山等在鲍罗庭住处召开紧急会议——这个会议，已经公开提出要"准备后事"了，张国焘用悲愤与悲壮的语调，建议中共中央马上把总部机关迁往张发奎、叶挺、贺龙部所在的武昌：

"事到如今，我们与国民党要人还有什么接头之余地？撞着他们反难为情。我们的武力都在武昌方面，现在不如集中我们的势力于武昌，整军经武，准备后事。汉口在何键暴动的威胁之下，唐部重兵皆集于此，武昌却是张发奎、贺龙、叶挺及中央军事政治学校左派军力所在地。"（《中共党史报告选编》，中共中央党校出版社）

汪精卫本人却迟迟不动手，第二只靴子始终没有落下，中共只能静静地等着。

7月8日，共产国际的最新指示来了，直接发给了鲍罗庭。这份文件现已解密，要点如下：

一，中共目前的困局，是在执行共产国际的正确指示时，犯了严重错误。

二，中共中央总书记陈独秀应承担主要责任，中共中央领导机构应立即改组。

三，中共应立即退出国民政府。

四，中共党员个人不应退出国民党。

五，与国民党的下层群众保持密切联系，发动他们坚决抗议国民党中央的决议案，要求撤换国民党领导机关，要求召开国民党代表大会。"

7月12日，鲍罗庭召集在武汉的中央委员开会，落实共产国际的指示精神，宣布改组决定：

一，陈独秀、谭平山停职，赴莫斯科向共产国际汇报。

二，瞿秋白、蔡和森赴海参崴，办党校。

三，张国焘、张太雷、李维汉、李立三、周恩来五人为常委，组成新的政治局常委会。

四，张国焘为新的中共政治局常委会负责人。

"七一二会议"是在紧急状态下召开的临时中央委员会会议，并非中央全会，所做的决定也需要日后召开中央全会予以修正和确认。但此次临时中央会议，对张国焘本人而言极为重要，从这一天起至 8 月 7 日，也就是八七会议召开，张国焘是共产国际认可的中共中央最高领导人，可称为"临时领导人"，但绝非"代理领导人"。

张国焘所领导的"中共中央政治局常委会"虽然时间短暂，只存在了 25 天，但它赋予了张国焘至少两层政治意义：一，张国焘正式担任过中共中央最高领导人；二，自此之后，情况紧急时，特别是在他本人认为"革命需要时"，他似乎比其他所有党内同志，都更有资格挺身而出，主动上位，再次担任中共中央最高领导人。这两点，也正是他的政治对手最忌惮的。所以，在各种版本的官方党史中，"七一二会议"都被刻意淡化，几乎找不到踪迹；但此后不久的"八七会议"，却被详细记载、高调宣扬。

7 月 13 日，张国焘上任"常委会负责人"的第二天，就对外公开发表了一份《中国共产党中央委员会对政局宣言》，要点如下：

一，公开而严厉谴责蒋介石和汪精卫的倒行逆施。指出武汉政府正在进行的"分共"，足以使国民革命陷于毁灭。指出武汉的政策和南京的政策是同化的，并有可能变成新式军阀的结合与纷争。

二，接受共产国际的指示，宣布撤回参加武汉政府的全体共产党员，同时宣布党员作为个人，不退出国民党。

三，在完成了共产国际的指示之后，中共中央发出了压抑已久的独立声音："中国共产党永久认为，革命的利益、民众的利益高于一切，较之保存某种政治联盟，领袖结合高出十倍。

中共《宣言》发布的第三天，7 月 15 日，汪精卫终于脱开最后的掩饰，召开"分共会议"，公开对外宣布；

武汉国民党与中国共产党决裂。

至此，"宁汉"合流最终完成，冯玉祥对此亦有贡献。

第四节：回不回广东？

汪精卫公开分共，武汉瞬间成了第二个上海，中共中央在此已无容身之地。张国焘和周恩来等决定，对集中在武汉三镇的中共重要干部予以疏散。这一段时间，也是张国焘和周恩来二人配合工作最为密切的时期间。此后张国焘脱离中共，投奔国民党，周恩来不辞辛劳亲自劝其"迷途知返"，态度极为恳切、言辞极为坦诚，与这一段艰难岁月中的共事经历，有很大关系。

这一段时期，经由张国焘、周恩来安排，疏散了很多中共重要领导人：项英、向忠发去了莫斯科，谭平山、吴玉章、林伯渠、恽代英、李立三、刘少奇、彭湃、邓中夏去了南昌和九江，毛泽东、李维汉、罗章龙去了湖南。

张国焘主持的"中共中央常委会"，还发起了一个大动作：筹备"秋收起义"。7月下旬，中共中央常委会发布《关于湘鄂粤赣四省农民秋收暴动大纲》，向湘鄂粤赣四省省委发出通知，要求按照《暴动大纲》的要求，开始布署秋收暴动。《暴动大纲》的要点如下：

一，秋收暴动是土地革命的新阶段。

二，暴动发起时，要以农会为中心；暴动之后，要立即宣布农会为当地政府。

三，在条件许可时，应夺取县政权，组织革命委员会。

四，农民在夺取政权之后，实行中央土地革命政纲，对五十亩以上的地主，一律抗租不缴；对五十亩以下的地主，一律实行减租，以佃七东三为大致标准。

五，农民政权成立之后，拒绝向武汉政府及其所属各级政府缴纳任何捐税，对武汉政府实行经济封锁。

六，组织土地委员会，实行没收和分配土地。

根据以上内容，关于著名的"秋收暴动（起义）"，现在可以这样描述：张国焘发起了"秋收暴动"，毛泽东实施了"秋收起义"。

关于中共党史上更加重要的南昌起义（暴动），也可以这样描述：

张国焘领导的"中共中央常委会"，最早提出了"武装暴动"的设想。

在决定发起秋收暴动的同时，7月中旬，中央常委会决定，

第四章：1927

派李立三、邓中夏、谭平山前往距离南昌约二百华里的江西九江，联络驻扎在此的中共控制的国民革命军部队，实施此前谭平山提出的战略：打回广东，继续革命。

驻扎在九江的是国民革命军第二方面军，总指挥张发奎被中共认定为国民党左派。张发奎手下的多位将领是中共党员，其中叶挺掌握着第十一军，贺龙掌握着第二十军。汪精卫已经公开清共，张发奎还坚持"联共"，公开宣称要与共产党"合作到底"。第二十军成了"容共"的飞地，汪精卫麾下的中共党员陆续转到了张发奎的第二方面军中。

徐向前就是这时候从汪精卫那儿转到张发奎这儿的，被任命为张发奎指挥部的上尉参谋。徐向前回忆说，因为张发奎的合作态度，他们的处境比较安全。

张发奎暂时还坚持"联共"的一个主要原因，是他手下的共产党员太多了，很大程度上受制于中共。另一个原因，是他没有反共的资本。

张发奎的第二方面军暂驻九江，也是情势所迫。首先，他不可能在湖北、湖南立足，那是新崛起的唐生智的势力范围，唐不会在卧榻之侧，让张酣眠。其次，广东已经被李济深及其盟友新桂系所占据。第三，江西的东部，是朱培德的领地，而江浙一带，早已由孙传芳的治下，转变为蒋介石的地盘。至于更加广袤的北方，那是投机分子冯玉祥控制的地区。

暂居九江一隅的张发奎，急欲拥有自己的领地。时局给他提供的选择很少，对他而言，最佳选择也是"重回广东"，从李济深、黄绍竑手里，把广东这个财赋之区抢回来。在"重回广东"这一点上，张发奎和中共不谋而合。但从宁汉已经合流、国共势不两立的大势上看，张发奎由左向右、凶终隙末是必然的，而且不会太久。

李立三、邓中夏到达九江之后不久，便察觉到张发奎已经发生了转变，依靠他打回广东，已经不太可能：

"张发奎态度虽仍表示反唐（生智），却已深受汪（精卫）之影响，高唱拥汪，并表示对我们不满，有'在第二方面军之高级军官中的共产党分子如叶挺等须退出军队或脱离共产党'之表示。军事上已到了极严重之时期,而张尚徘徊于武汉,则张之不可靠,更可证明……依靠张为领袖之回粤运动,很少成功之可能,甚至为三、六、九军包围而完全消灭……纵然回粤成功,我们亦必在张、汪协谋之中而牺牲。"

7月20日,李立三、谭平山、恽代英、邓中夏、叶挺、贺龙、聂荣臻等在九江的中共人士,举行谈话会。这次谈话会,被认为是"南昌起义"的第一次筹备会议。大家同意了李立三提出的暴动方案:以叶挺的第十一军、贺龙的第二十军、朱德的军官教育团和南昌公安局保安队为主力,在南昌举行暴动。军事上的目标是,解决三、六、九军在南昌的武装;政治上的目标是,明确反对武汉、南京两个政府,公开号召建立新的政府。

会议决议已定,李立三和邓中夏即赶赴庐山,向刚被增补为中共中央常委的瞿秋白汇报,瞿秋白赞同这个方案。

7月24日,张国焘也知悉了李立三的暴动方案。和新任共产国际首席代表罗明纳兹会商,大家一致同意,发起南昌暴动。这个罗明纳兹,此时也刚从鲍罗庭和罗易手上接任首席代表,成为中共中央的新一任太上皇。

张国焘和罗明纳兹又完善了下暴动方案:

一, 从速决定南昌暴动的名义、政纲和策略;

二, 切实发动湘鄂赣和广东东江一带的工农势力;

三, 向共产国际提出要求,经由汕头给予中共军火和物资接济;

四, 接受加伦将军的建议,南昌暴动之后,起义部队立即南下,占领广东,取得海口,以便取得国际援助,准备举行第二次北伐。

罗明纳兹决定,派周恩来前往南昌,代表中共中央具体指挥南昌起义。同时将"南昌暴动"的计划电告共产国际,请救最新指示。

会议之后,周恩来即在陈赓的陪同下前往九江,两天之后到达。

罗明纳兹接手鲍罗庭和罗易，出任共产国际首席代表，他的首要任务，是召开中共中央全会，确认"七一二会议"上对中共中央的改组决定。在时局纷乱的情况下，要召集分散在全国各地的全体中共中央委员来武汉参会，已经不太可能。在张太雷和李维汉的协助之下，经过艰苦努力，一直到 8 月 7 日，才召集了不到一半的中共中央委员，在武汉召开临时会议，这就是中共党史上有名的"八七会议"。

周恩来到达九江之后，即向在九江的中共干部传达了共产国际代表和临时中央常委会关于发动南昌起义的决定。第二天，7 月 27 日，周恩来到达南昌，住在朱德的寓所。叶挺、贺龙的部队也乘火车于当天进驻南昌。周恩来立即在江西大旅社召集会议，宣布成立中共前敌委员会：由周恩来、李立三、恽代英、彭湃四人组成，周恩来任前委会书记。决定在 7 月 30 日晚上举行起义。

第五节：南昌起义，假传圣旨

一切都在紧张进行。7 月 29 日上午，前委会突然接到了临时中共中央常务委员会负责人张国焘发来的两份密电，要求前委会暂缓暴动，一切等他本人到达之后再作决定。

张国焘之所以发出这两份密电，是因为共产国际对南昌暴动发来了最新指示：

一， 如毫无胜利的机会，则可不举行南昌暴动。
二， 把张发奎部队中的同志退出，派到各地农民中去。
三， 共产国际没有经费可供南昌暴动使用。
四， 禁止苏联顾问参加南昌暴动。

很显然，共产国际对箭在弦上的南昌暴动，透着浓浓的不信任，同时还要摘清自己的责任，剔除暴动中的苏俄因素。作为上级领导机构，共产国际的这份指示，对于绝境中的中共而言，即便不是落井下石，至少也是雪上加霜。

罗明纳兹决定，派张国焘前往南昌，向中共前敌委员会传达共产国际的这一最新指示。

对于这指派，张国焘不太情愿，他本人并不认可共产国际这个模棱两可的指示。罗明纳兹说服了张国焘：此时由他本人前往南昌，不只是送信和传达，还可以直接参与决策和指挥。

张国焘马上出发，27日即到达九江，召集在九江的中央委员和江西省的负责人开会，传达共产国际的指示，提出暂缓南昌暴动。九江的共产党干部们被搞得一头雾水：头一天周恩来刚传达完中共中央"发动南昌暴动"的指令；今天张国焘又来传达共产国际"暂缓发动暴动"的指令，如此行事，岂不行同儿戏？大家一致认为，暴动已是箭在弦上，停不下来了。

张国焘也是满心疑惑，但他作为中共中央核心领导，组织纪律性更强。为了确保在他到达南昌之前，暴动不会发生，他于29日连发两电，要求周恩来为首的前敌委员会"暂缓暴动，等他到来"。

30日早晨，中央代表张国焘终于赶到了南昌，马上向前敌委员会传达共产国际的最新指示。和在九江时一样，所有与会人员，包括周恩来在内，都反对暂缓暴动，周恩来甚至拍了桌子：

"国际代表及中央给我的任务，是叫我来主持这个运动；现在给你的命令又如此，我不能负责了，我即刻回汉口去吧。"

张国焘依然坚持，应遵照共产国际的最新指令，暂缓起义。此时的张国焘，成了关键少数派，他是中央代表，拥有最后决策权。僵持过程中，谭平山甚至私下向前敌委员会提议：杀掉张国焘，排除干扰，照常起义。周恩来控制住情绪，制止了谭平山的企图："党内斗争，不能这样做。"（《周恩来选集》）

僵持到7月31日，善于在历史关键时刻起到关键作用的叶剑英，得到最新消息：张发奎已经于两天前与汪精卫、唐生智、孙科等在庐山举行会议，约定联合采取更加强有力的举措，清除所属部队中的中共党员。

消息确切，暂缓"南昌暴动"的最后一个理由："策动张发奎，打回广东去"也消失了。张国焘终于表态，同意举行南昌暴动。

张国焘在南昌暴动过程中，所起的作用很特别，他作为中

第四章：1927

共中央代表，在如何平衡共产国际指示和前敌委员会之间的分歧方面，确实是左右为难。

8月1日，南昌暴动发生，周恩来等指挥两万起义部队，向驻守南昌的国民军发起进攻。经过四个小时激战，三千守军被全歼，中共领导的部队占领了南昌城。

随后，前敌委员会以国民革命军的名义发布通告，成立"中国国民党革命委员会"，成员包括宋庆龄、张发奎、邓演达等国民党左派。

当时的南昌城外，聚集着忠于蒋介石的十万大军。据守南昌是不可能的，前敌委员会决定，按照既定计划，撤离南昌城，取道临川、宜黄、广昌，南下广东。

8月3日，参与暴动的部队开始撤离南昌城。

8月4日，第十一军第十师师长蔡廷楷率4500人脱离暴动部队。从这时候开始，陆续有中下级军官将所属部队带离，整团整营脱离的情况相当普遍。

此后又经过数次激战，到10月初，中共所能指挥的部队只剩下两股：一股是十一军二十四师的残余部队，约一千二百人，转入海陆丰；另一支残余部队约八百人，由朱德和陈毅带领，转入粤赣湘边界，开展游击战争。

南昌暴动之所以对中共意义重大，除了广为人知的军事上的首创意义之外，政治上的意义也相当重大：

第一，中共作为一个政治力量，通过南昌暴动，展现出比较成熟的决策能力，特别是在如何对待张发奎的问题上，整体判断和决策是正确的。

第二，中共敢于选择性地执行上级机构共产国际的指示，对于苏俄和共产国际不再迷信和盲从。

第三，在蒋、汪大规模屠杀中共党员之后，中共以复仇的姿态，武装对抗，其决心和勇气，成为中共的勇气之薮、力量源泉。

南昌暴动之后，张国焘闲居了大半年。

1927年10月中旬，张国焘转道香港，辗转来到上海，从那时到 1928 年 6 月，他在上海度过了近八个月的闲居岁月。在这期间，中共的最高领导人是瞿秋白。自中共成立以来就忙得不可开交的党内大人物张国焘，之所以出现这一段空窗期，是受到了瞿秋白的排挤。

从中共成立至 1935 年遵义会议，中共中央最高领导层的任免，基本上都是由上级机关、共产国际决定的；这一权力总是被共产国际在中国的首席代表所掌握，这就形成了一个荒诞而真实的现象：谁跟共产国际代表关系好，谁就有可能窜升进中共中央的最高领导层，甚至成为最高领导人，瞿秋白、李立三、博古、王明，莫不如此。

1927 年 7 月 12 日，鲍罗庭召集在武汉的中央委员召开紧急会议，执行共产国际指令，对中共中央进行改组，撤换陈独秀，指定张国焘担任临时中共中央常委会负责人。安排完"改组"之后的第二天，鲍罗庭就由瞿秋白陪同，离开武汉前往庐山。正是这趟庐山之行，瞿秋白搭上了"鲍氏特快列车"；一周之后鲍、瞿二人从庐山下来之后，瞿秋白就被鲍罗廷安排进了中共中央常委会，协助接鲍罗廷任共产国际首席代表的罗明纳兹筹备八七会议。更离谱的是，在八月七日会议（八七会议）上，代表中共中央常委会作工作报告的，并不是临时中共中央常委会负责人张国焘，而是瞿秋白。瞿秋白的火速上位，让张国焘大感意外；更让人他无法接受的是，瞿秋白要站在苏俄和共产国际的立场上，出卖中共中央和陈独秀：

"瞿秋白表示，他这几天在庐山与鲍罗庭冷静的研讨，认为中国革命是失败了，责任问题要有交代。中共一切，虽然事实上是遵照共产国际的指示进行，但不能让共产国际担负这个失败的责任，因为莫斯科威信的丧失，将会影响世界革命，也会助长托洛茨基派攻击斯大林的气焰，更会使中共党员不信任共产国际的领导。为了使共产国际今后能够领导世界革命，中共中央只有挺身出来负担起这个责任，才是避重就轻的办法。瞿秋白更具体的表示，如果这一失败责任要由中共中央政治局全体担负，中央的领导就会破产，损失也太大了。陈独秀在这次失败中，原有重大过失；现在又采取了不正确的消极态度，那我们不如把全部的失败责任，推在他一人身上。而我们自己应站在拥护共产国际的立场上，反对陈独秀的右倾机会主义，这样才能稳定中共中央的领导。"（《我的回忆》）

瞿秋白的俄语水平很高，在早期中共领导人中，懂俄语的人很多，但唯有瞿秋白达到了精通的程度，他翻译的俄国文学作品，得到了鲁迅的欣赏。瞿秋白善于从共产国际和莫斯科的角度，反省中国革命失败的责任问题，这让他在莫斯科时期的老朋友、现在的共产国际首席代表鲍罗廷很是欣慰。鲍的继任者罗明纳兹，也很认可瞿秋白的亲苏姿态。有一种说法，罗明纳兹指派张国焘亲自前往南昌，"暂缓"南昌暴动，还有一个目的，就是要支开了张国焘，给瞿秋白腾地儿，让瞿来主持马上要召开的中共中央全会，也就是在中共党史上影响深远的"八七会议"。

瞿秋白和罗明纳兹通知开会的地址，是一座多层公寓楼，位于汉口的俄租界三教街。紧张的局势之下，参会的中央委员不足半数，故而此次会议，并非中央全会，亦非中央政治局会议，故而一直被称为紧急会议。

紧急会议上，参会的中央候补委员毛泽东，用湖南土话发表一个著名的论断：政权是从枪杆子里面打出来的。这就是后世被奉为圭臬的"枪杆子里面出政权"的滥觞。

会议最后投票选举，选出了新一届的"临时中央政治局"，瞿秋白、李维汉、苏兆征为常委，瞿秋白主持中央工作，取代了张国焘的"临时中央常委会负责人"职位，张国焘被选为中央候补委员。

"八七会议"决议内容，有如下要点：

一、　发布《告全党党员书》，纠正中共中央和陈独秀"右倾错误"。

二、　明确今后的总方针，是"土地革命和武装反抗国民党。

三、　借鉴联共（布）党内斗争的经验，对犯错误的同志进行残酷斗争、无情打击。

10月，无缘参加"八七会议"的张国焘拿到《告全党党员书》之后，按照他本人的说法，是"读了又读，有不少的感想。"为了避免被"残酷斗争、无情打击"，在广东汕头，他向中央书面报告：

"弟不日即返沪，报告一切，对于八月七日之决议及告同志书已略知一二，弟完全拥护，并欲日内回沪，面受处罚。"（《中共中央文件选集》第三册，中共中央党校出版社，1989年）

但张国焘对接下来党内斗争的残酷性，还是估计不足。11月上旬，在《中央通讯》中，他看到了张太雷20天前作的一个关于南昌暴动的报告，将张国焘在南昌暴动时的表现，定义为"假传圣旨，故意阻挠暴动的发生，是实实在在的右倾机会主义"：

"中央已决定对张发奎的态度，如张不与汪精卫联络，则到东江之后解决之，否则在浔便解决他。故造成南昌的决定，并派恩来去主持，同时国际亦决定要干，内容详细我虽不知，但决定要干我是知道的。后中央又派国焘去，意思是要他去鼓励同志更坚决执行中央的政策，不料国焘假传圣旨，说国际不主张干，他亦极力反对干。国焘这不仅损失个人的信仰，而且是损失中央的威信，因为他是中央派去的。故此次国焘的行动，实应受处分。"

张国焘看到张太雷的这番指责之后，愤怒之余，亦大为恐慌，他意识到，自己正在被有意识地"陈独秀化"，成为大革命失败的第二只替罪羊。他不能坐以待毙，11月8日，给中共中央写信，对自己在南昌暴动时的作为，做出详细辩解：

"在7月26日会议上，罗易传达国际来电的内容是：如暴动毫无胜利希望，则不如不进行暴动，张发奎军中同志尽行退出，派往农民中工作……若说我是假传圣旨，我是心不服的。"（《张国焘致中央临时政治局并扩大会议的信》）

这封自辩信还在路途之上，11月10日，瞿秋白主持的临时中央政治局扩大会议，就对张国焘做了"政治纪律处分"：

"张国焘同志受中央常委委托赴南昌指导暴动，但国焘同志到九江、南昌后不执行中央命令，反怀疑暴动主张，甚至反对暴动，南昌事变以后主张联络张发奎，并反对没收一切土地的政纲，这些违抗中央政策和派其往前敌指导使命之结果，反给前敌同志以更坏更右的影响，前委亦因之更加动摇。国焘同志应开除临时政治局候补委员，中央执行委员会委员资格。"

这是继中共三大之后，张国焘第二次被排斥出中共中央核心领导层之外。突遭如此严厉的党内处分，张国焘既感意外，又觉不公，特别对于"假传圣旨"的罪名，尤其不能接受。晚年张国焘提及此节，依然是不能释怀：

"这与事实正相反，直使我觉得现在的中央是不顾信义，任意说谎的。"（《我的回忆》）

处分下达不久，瞿秋白也看到了张国焘的这封自辩信。在11月30日的，《中央通讯》中，他以中央的名义，正面回复了张国焘的诘问：

"国焘同志这信中所提各点，本次扩大会议的议决案都可以答复。至于国焘同志的错误之主要点，政治纪律议决案已经说得很明白，事实的经过是——国际电报说：'如毫无胜利的机会，则可不举行南昌暴动。'这无异乎是说'除非毫无胜利机会，否则南昌暴动是应举行的。'中央常委曾讨论这一问题，大家认为，即在汉口，亦可见着必有胜利机会，故派国焘同志去前敌，以坚决前敌之发动，这是在汉口的事实。当时出席或参加常委的同志（维汉、太雷、秋白……）都证明的。国焘到前敌去，却因为自己对于张发奎有妥协动摇倾向，而表示怀疑举行暴动的言行，这是在前敌的同志（恩来、立三……）都证明的。事实是如此，国焘同志信的主要意思，可以用这种事实答复。"

从自辩信和答复信的一来一回，可以看出，瞿秋白是铁了心要把南昌暴动失败的后账，算到张国焘的头上，为此甚至不惜玩弄语词歧义，把共产国际的正话，反着说出来。

既然已经被排挤出中央领导层，所谓"残酷斗争、无情打击"亦不过如此，瞿秋白的强辞夺理、颠倒黑白，激怒了张国焘，他以无所畏惧的中共元老的姿态，向瞿秋白、张太雷、罗明纳兹发起公开的、猛烈的批评攻势。针对瞿秋白提出的"革命潮流一直高涨"的判断，张国焘公开否定：

"革命高涨已过，现在是斗争剧烈的时期，革命潮流是停滞状态。现在是转变关头……革命潮流是向上涨或向下降还不能断定……党与群众脱离，我们的党员是脱离群众而牺牲。"

针对瞿秋白不断向各地中共组织发布命令，要求发起暴动的做法，张国焘公开讽刺，甚至扯上了他的文人出身：

"（瞿秋白）是个暴动编辑部，天天做暴动的计划，假使做科学的暴动编辑还可以，可惜还是文学的暴动编辑部。"

被委屈、愤怒、失望的情绪裹挟着，张国焘甚至萌生了另起炉灶、创立新党的主意：

"我被瞿秋白等目为反中央的首脑，我的住所也被视为机会主义者的俱乐部……我慎重建议陈独秀，为了有效地挽救中共，抛弃以往纠纷以及开展以后的光辉前途，应别行组织一个工农党。……这个党仍以原有的同志为基础，扩大其政纲，要点仍是反对帝国主义和实现土地革命，但不再是共产国际的一个支部。瞿秋白中央的一味盲动，是以共产国际的指示为护符的；罗明纳兹等共产国际代表，不懂得中国情况，任意胡闹，是祸害的根源。如果命名为"工农党"的新组织，不再是共产国际的支部，而只是国际主义下的友党，一切取决于党内多数，也许可以减少一些这样或那样的错误，进而由黑暗向光明。"（《我的回忆》第二册）

第六节：革命吞噬了陈独秀的两个儿子

让张国焘有些遗憾的是，陈独秀对这一建议"大感兴趣"，但又不愿意和他一起"重起炉灶"。此时距他的长子、广东区委书记、被称为"两广王"的陈延年遇难不过两个月，还处于丧子的极度痛苦之中，对于自己亲手发起、搅动整个中国、吞噬自己儿子的工农革命运动，陈独秀一定有着其他任何人都无法感知的恸与痛。

"革命总会吞噬掉自己的儿女"，这是法国大革命时期，资产阶级革命家维尔涅在被自己昔日战友送上断头台时，说的一

第四章：1927

句惊心动魄的话。后来各个时期、各个国家的革命中，经常有人提起这句话，但更多的是被用作比喻和象征。对于陈独秀来说，"自己亲手发动的革命，吞噬掉自己的亲生儿女"，这是发生在他眼前两次、血淋淋的现实，他的两个儿子：29岁的长子陈延年和25岁的次子陈乔年，分别在1927年7月4日和1928年6月6日，被国民党当局在上海枪决。

陈延年生于1898年，陈乔年生于1902年，他们的母亲是陈独秀的元配夫人高晓岚。高晓岚出身大户人家，，还有一位同父异母妹妹高君曼，后来成了陈独秀的第二任夫人。

在长子陈延年三岁时，陈独秀便自费赴日本留学，一年后回国返乡，生下次子陈乔年。不久之后再次赴日，并于1903年3月闯下大祸—与邹容、张继一道，强行剪下正在日本监学的湖北陆军学监姚昱的辫子，驻日公使照会日本外务部，将陈、邹、张三人强行遣送回国。陈独秀再度返乡，一边教书，一边办报。1907年春，三度赴日本留学，入早稻田大学学习法国和西欧文化。算起来，1903至1907年的四年间，是陈独秀与延年、乔年兄弟相处的最长的一段时间。父亲长年奔波在外，延年、乔年与母亲相依为命，兄弟之间的感情极深，在他们短暂而辉煌的的一生中，几乎都在一起，很少分开过。

1915年，陈独秀将延年和乔年兄弟接到上海，1917年，两人同时进入上海震旦大学读书，1919年，两人又同时被父亲送到法国去勤工俭学，1922年，同时在法国加入中共，1923年，又同时前往苏联东方大学学习。1924年同时回国，哥哥陈延年南下广东，后来任中共广东区委（省委）书记；弟弟陈乔年留在北京，后来任中共北方区委（省委）组织部长。1927年4月，中共五大在武汉召开，陈氏父子三人，同时被选为中央委员，这一届中委，共有31人，这在中共百年党史上，是空前绝后的事情。

陈氏父子三人，陈延年最早离世。1927年6月，他在上海被捕，时任中共江苏省委书记，九天之后，死于乱刀之下。陈乔年第二年遇难，1928年2月，他也在上海被捕，时任江苏省委组织部长。陈乔年被捕后,并未暴露身份,中共地下党全力营救,甚至找到了同一监狱内的一位志士周之楚,志愿顶替他去死;不巧周之楚的父亲也在全力营救儿子,陈乔年的身份暴露,于1928年6月被枪决。

陈独秀最后辞别人间。1929年,因反对中共在中东路事件中"武装保卫苏联",被中共中央开除党籍。1932年至1937年,被国民党政府逮捕,囚禁于南京,1937年出狱之后,先后在武汉和重庆寄居。1942年,逝于重庆江津,享年64岁。

第五章：1928-1932

第一节：中共六大上的布哈林

南昌暴动之后,,毛泽东在党内的地位开始上升,由第二梯队领导,逐步走进核心。

1927年9月,毛泽东带领一支严重受挫的南昌起义部队,放弃攻打长沙,把队伍带到了国民政府统治力量薄弱的农村地区。10月,他把这支部队拉到井冈山,开始了创建根据地的历程。

血雨腥风的1927年过去了,时间来到了1928年。

1928年初,中共党员人数从1927年5月份的近6万人,锐减到了1万人左右,中共官方党史把这段时期称为"白色恐怖时期",是比较准确的。

共产国际依然是中共的直接上司。1928年初,共产国际向中共发出最新指示:

为了总结大革命失败的教训,研判此后的中国政局走向,确定中共新时期的斗争任务,需要尽快召开中共第六次全国代表大会。

此时的中国,中共已经找不到一个安全的会场,共产国际决定:在莫斯科召开中国共产党第六次全国代表大会。

从1928年一开年,接到开会通知的中共"六大"代表,通过各种合法和非法的渠道,陆续赶往莫斯科。

陈独秀坚决拒绝参加中共六大。但从一开始,共产国际就把他列为"特邀代表",一定要让他出席。中共六大的主要任务之一,就是要反思前一阶段所犯的错误,陈独秀这位刚刚被解职的中共最高领导人,如果能够参会,反思就有了靶子。陈独秀当然清楚此中奥义,瞿秋白数次登门邀请,都被他断然拒绝了。

已经被排斥在中共中央领导层之外的张国焘也接到了参会邀请,共产国际给他的身份也是"特邀代表"。陈独秀拒绝参会的态度,也影响到了张国焘,他也在犹豫,要不要参会。

陈独秀鼓励张国焘参会，张国焘的北大老同学、此前一直协助他在从事工人运动的邓中夏也建议张国焘参会。陈邓二人的理由很直接：如果张国焘参会，就可能直接反驳瞿秋白等人的不实指责，否则就可能被别人缺席审判。张国焘被说服了，先到哈尔滨，过境进入苏俄，再乘火车前往莫斯科。

虽然遭遇新败，但此时的中共，已经走过了七年风雨历程，不再是建党初期的"左倾知识分子俱乐部"，而是有能力和国民党建立"联合政府"、有勇气领导正规军发动南昌暴动的革命党了。

斯大林很重视中共六大的召开，开幕前六天，6月12日，亲自接见了与会的中共主要领导人，对中国革命的性质和所处的阶段，做出了明确的定性：

一，中国革命的性质，仍然是资产阶级民主革命，不是"不断革命"，也不是社会主义革命。

二，中国革命的形势，目前不是革命的高潮时期，而是低潮时期。

斯大林的这番谈话，相当于给中共六大确定了基调。

共产国际对中共六大更加重视。开幕前三天，共产国际最高负责人布哈林召集部分中共代表，举行"政治谈话会"，相当于中共六大的预备会议。参加谈话的有瞿秋白、周恩来、蔡和森、李立三、张国焘、王若飞、邓中夏、项英、苏兆征、向忠发、关向应、夏曦、黄平、张昆弟、何资深、王灼、甘卓棠、章松寿、徐锡根、唐宏经、王仲一，共21人。

布哈林要求中共代表就三个问题发表谈话：

一，关于当前中国革命形势的估计；

二，关于过去的经验教训，特别是中共的机会主义错误问题；

三，关于中共今后的任务和方针。

轮到张国焘发言时，他用了三个小时，发表了一篇超长的谈话，把长期积累的思考、意见、建议，以及委屈和怨怼，全都倾倒了出来。内容虽然很多，但说来说去，不过两个要点：

第五章：1928-1932

一，中共自建党以来，就对共产国际极端信仰，甚至达到了迷信的程度。这表现在中共对派到中国的共产国际代表本人，也是极其尊重、极端信任。

二，马林和罗明纳兹在中国期间，对中国的局势判断错误，和瞿秋白等中共领导人一起，实施盲动主义，完全脱离了中国的现实和群众。

在共产国际最高领导人布哈林面前，张国焘对派到中国的共产国际代表发起猛烈批评，时机是合适的。所有在中国一言九鼎、作威作福的共产国际代表，在布哈林面前，都是喽啰；但正是这些喽啰的胡乱指挥，导致了大革命的失败。

对张国焘的超长发言，布哈林予以肯定，认为收获颇丰，不需要再倾听其他反对派的意见了。

张国焘本人对这番超长发言也很满意，晚年回忆起来，依然是掩饰不住的骄傲和自得：

"我这篇演说，虽没有预先拟好底稿，确是理直气壮一气呵成，所有到会者，无论赞成与否，都认为是一篇中共反对派的代表作……有一位曾在中国工作过的俄国同志，看了我这次演说的记录，向我表示：这是一篇奇佳的演说，刻画出中共的真相。"（《我的回忆》第二册）

6月18日至7月11日，中共六大在莫斯科西南郊的五一村召开。

瞿秋白更能讲，他代表第五届中央委员会，用了九个小时，作了题为《中国革命与共产党》的政治报告。如此冗长的主旨报告，让包括张国焘在内的所有代表都几乎无法忍受。

在谈到党内分歧时，瞿秋白这样表态：

"关于过去的事，或者国焘是对的，秋白对的，独秀对的。"

很显然，这是在和稀泥。

大会分为七个委员会：政治、苏维埃运动、宣传、青年、军事、农民土地、南昌暴动，张国焘精力极为旺盛，参加了全部七个委员会的讨论，他不放过每一个发言的机会，每一次发言都直接批评瞿秋白。

周恩来后来回忆中共六大，很形象地描述了当时张国焘和瞿秋白两个的唇枪舌剑、你来我往：

"在'六大'会议上是有'山头'倾向的，不能完全平心静气地讨论问题，特别是与自己有关的问题，把反对机会主义与盲动主义看成人身攻击。那时机会主义的代表是张国焘，盲动主义的代表是瞿秋白同志，两人争议不休。"（《周恩来选集》上卷）

张国焘和瞿秋白之间无休止的争吵，惹得参会的布哈林都受不了了，他公开在大会上讲：

"就你们这两个大知识分子在吵架，再吵就把工人干部提拔起来，代替你们！"

要命的是，布哈林这句话并不是气话，更不是戏言，他还真就这么做了。在中共六大结束前的中共中央领导机构选举中，工人出身的中央委员向忠发被推举为中共中央常务委员会主席（党内通称总书记），由苏兆征、向忠发、项英、周恩来、蔡和森组织中共中央常委会，周恩来为秘书长；张国焘和瞿秋白这两位争执不休的"前最高领导人"，双双退出中共中央常委会。

中共六大在自己眼皮子底下召开，确实有利于共产国际加深对中共的了解，改善对中共的领导方式。特别是张国焘对此前共产国际代表们的尖锐批评，让共产国际也意识到，这些喽啰代表，一旦走出莫斯科，确实容易把共产国际的鸡毛，当杀伐决断的令箭。有鉴于此，共产国际决定，改变领导中共的方式，不再向中国派出代表，而是由中共自己在共产国际内部设立常驻代表团。共产国际通过中共代表团，指导中共和中国革命。

决定之后，立即行动，中共中央决定，成立中共驻共产国际代表团，由瞿秋白、张国焘、邓中夏、余飞、王若飞组成；其中瞿秋白、张国焘为中共驻共产国际代表，邓中夏、余飞为中华全国总工会驻赤色职工国际代表，王若飞为中国农会驻农民国际代表。

中共六大结束不久，共产国际的"六大"就召开了。7月17日至9月1日，共产国际召开了一个极为漫长的"第六次代表大会"。许多中共"六大"代表，如瞿秋白、周恩来、王若飞、张国焘、苏兆征、邓中夏等人，紧接着又参加了共产国际的"六大"。

两个"六大"期间，共产国际主席布哈林和苏共中央总书记斯大林之间的盟友关系，达到了历史顶点，斯大林借助布哈林对付托洛茨基，三个月以后，托洛茨基被斯大林开除出苏共。共同的敌人一消失，布哈林在苏共中央的重要性便急剧降低，不到一年，布哈林被解除了共产国际主席的职务。

在共产国际六大上，布哈林提出了一个著名的"第三时期理论"，把世界革命分为三个时期：

自第一次世界大战结束到1923年，是"世界革命的第一时期"。这一时期的主要特点，是资本主义经济发生了尖锐危机，无产阶级革命因此获得了直接发动的机会。

自1924年至1927年，是"世界革命的第二时期"。这一时期的主要特点，是资本主义经济相对稳定。

自1928年，也就是正在开会的这一年起，"世界革命进入第三时期"，在这一时期，国际矛盾不断加剧、不断发展，将导致资本主义进一步瓦解，资本主义总危机急剧尖锐，世界资本主义很快就会全线崩溃，无产阶级领导的世界革命，即将取得最后的胜利。这一时期，又可称为"革命或战争时期"。

现在看这个"第三时期理论"，似乎除了荒谬就是滑稽；但在当时的国际形势之下，却有着深厚的现实基础和直接的利益诉求。以英国为首的资本主义国家，正准备联合起来，对苏联发动战争；斯大林和苏共领导层，试图通过共产国际，发动各国共产党，发起"保卫苏联"的圣战。

很显然，布哈林的这个"第三时期理论"，本质上还是为了维护苏联的国家利益；但包装上"国际共产主义运动"的外衣之后，就成了此后相当长一段时间之内，指导中共开展国内革命斗争的路线和方针。此后中共内部出现的"左倾错误"，跟布哈林的这个'第三时期理论"有直接关系。

张国焘现场聆听了布哈林的这个政治报告，他有些困惑：中国的资本主义在哪里？如何崩溃？在大会发言时，他坚持认为：

"中国农民群众是革命运动的主要力量之一，土地革命依然是现阶段中国革命的主要内容。"(《共产国际有关中国革命的文献资料》中国社会科学出版社，1981年)

看得出来，1928年身在莫斯科的张国焘，和此时正在井冈山上打游击的毛泽东，对于中国革命的判断，基本上是一致的。

共产国际六大结束时，瞿秋白当选为共产国际主席团委员，张国焘当选为候补委员。从这个权力格局上看，共产国际已经正式认定了瞿、张之间的主次关系。

张国焘在共产国际驻会期间，住在莫斯科特维尔斯卡亚大街的柳克斯旅馆。1928年底，妻子杨子烈来到了莫斯科，和他同住在这个旅馆。张国焘的工资是二百五十卢布，在遥远的莫斯科，小夫妻过起了和平时期机关公务员的小日子。1949年中共建政之后，已经步入老年的张杨夫妇，先在香港、后到加拿大，一直过的都是升斗小民的寻常生活。张国焘可以在"党中央领导人"和"普通市民"之间自由切换，应该得益于莫斯科"驻会"期间的这段安稳生活。

第二节：中大、米夫、陈绍禹

两个"六大"在莫斯科相继召开的时候，国内局势也在继续变化。

4月，朱德、陈毅率领南昌起义的一小部分部队，会合湘南起义的农民军，共一万余人，也来到了井冈山，与毛泽东的队伍会师。

朱毛会师之后，两支部队合编成了工农革命军第四军，后称为红四军，朱德任军长，毛泽东任党代表，"朱毛"这个称谓，从此诞生了。

日后张国焘籍以逐鹿和问鼎的鄂豫皖根据地，也是在1927年至1929年期间，打开了框架、奠定了基础。

所谓鄂豫皖根据地，指的就是位于湖北（鄂）、河南（豫）、安徽（皖）三省交界的大别山区、由中共军事力量控制的一块割据区域。这块根据地的建立，最早可以追溯到1923年，中共开始在三省交界的一些县市，如黄陂、黄梅、孝感、麻城、黄安、商城、六安、霍邱等地建立基层党组织，党组织又发起组织农民协会。到1927年5月，鄂东一带的农协会员，就达到了七十万人。

"八七会议"确定了土地革命和武装反抗国民党两大战略目标之后，最先响应的，就是鄂东地区的黄安和麻城。

1927年至1929年，在鄂豫皖交际地区，先后爆发了黄麻起义（黄安和麻城）、商南起义（河南商城，现属安徽金寨）和六霍起义（六安和霍山），在这三个起义的基础上，鄂豫皖根据地的基本杠架逐步形成了。这三个起义规模都比较大，直接参与的民众均超过万人，受其影响的百姓更是多达数十万人，从这三个起义中走出来的中共高级军事将领和党政干部，不下数百人。直接和间接死于这三大起义的民众，更是数量惊人，仅黄安一县，即多达十万人，直观地诠释了"一将功成万骨枯"的本意。1952年，中共建政第三年，黄安县被改为红安县，以纪念曾经的血色岁月。

张国焘夫妇在莫斯科"驻会"的幸福生活没有持续太久，就卷入了陈绍禹（王明）挑起的新一轮党内斗争。

陈绍禹的崛起，是从莫斯科中山大学开始的。

孙中山于1925年3月12日在北京逝世后，苏共中央为了纪念这位"联俄、容共、扶助农工"的中国国民党领袖，于当年10月，在莫斯科创办了一所以他的名字命名的大学——中国劳动者孙逸仙大学，简称"中山大学"，主要办学目标，是为中国革命培养人才。当年即招收了第一批留苏学生，著名的有陈绍禹（王明）、张闻天、王稼祥、俞秀松、伍修权、孙冶方、沈泽民（沈雁冰的弟弟）、张琴秋（陈昌浩的前妻）等。另外，一批国民党要人也把子女送到中山大学留学，著名的有蒋介石的儿子蒋经国、冯玉祥的儿子冯洪国、于右任的女儿于秀。蒋汪联合、宁汉合流之后，国内已成险地，中共中央安排一批党内元老前往莫斯科避难，中大为他们开了一个"特别班"，班里的学员有林伯渠、徐特立、吴玉章、何叔衡等。

中山大学的首任校长是拉狄克，上任仅两年，即遭党内清洗，被开除了党籍。接任拉狄克的，是共产国际东方部副部长米夫。米夫曾率联共（布）代表团于 1927 年 4 月来华，全程参加了中共五大，他自认为是中国问题专家。

米夫不懂中文，俄文水平颇高的中山大学第一期第一班学生陈绍禹（1931 年起，化名王明）成为他的翻译。

陈绍禹和张国焘之间的地位悬殊，两人第一次会面，是在中共六大召开前的那次"布哈林谈话会"、也就是六大预备会上，张国焘滔滔不绝地讲了三个小时，和布哈林一道侧耳倾听的，还有中山大学校长米夫，以及米夫校长的翻译陈绍禹。张国焘是刚刚被迫退位的中共中央最高领导人，陈绍禹是普通工作人员，陈对张可能印象深刻，但张对陈很可能视而不见。

张国焘和陈绍禹直接打交道，是在处理"江浙同乡会事件"期间。这个子虚乌有的"江浙同乡会"，被陈绍禹拿来整同学、树威信，坚称其为反党组织。1928 年初，中山大学校长米指定专人，成立了一个"调查委员会"，要找出"江浙同乡会"的反党证据。

按现在的眼光看，出生于 1901 年的米夫校长其实是一位年轻人，虽然此时距离斯大林发动大清洗还有六年，但苏联党内斗争的残酷性、无底线，已经深入到米校长的思想深入，化作了工作热情。1928 年上半年的中山大学内，在数百名中国学生中，暗箭乱飞，揪斗不断，告密成风，人人自危。

远在中国上海的中共中央，也不断接到来自中大学生的告状信。中共中央向共产国际汇报，并指示驻会代表瞿秋白、张国焘，协助共产国际，重新调查"江浙同乡会"的反党问题。

1928 年 7 月底，新的"江浙同乡会"事件调查委员会成立了，由苏共中央监察委员雅罗斯拉夫斯基任主席，张国焘是成员之一。

经过一番调查之后，8 月初，雅主席向联共（布）中央提交报告，认定"江浙同乡会"这一组织并不存在，建议对此前受到不公正对待的同志平反，同时认定米夫"根据未经核实的材料，就说存在地下组织，这一做法是错误的"。米夫受到了苏共中央和共产国际的点名批评。

一直到此时，张国焘和陈绍禹之间，张是调查者，陈是被调查者，两人之间的关系不可能和谐。张陈之间的互相提防、互不信任，从这个时候就开始了。张国焘后来决定叛党，直接起因，就是受到了王明的恐吓。

1929 年初，布哈林和斯大林的联盟关系破裂了，联共（布）中央发动了"反布哈林右派反党联盟"的党内斗争。25 岁的陈绍禹敏锐地觉察到，反击的机会到了。他以中山大学中共党支部的名义，借着反布哈林运动的东风，也在校内发起了"反右倾路线"的斗争，矛头直指中国学生中的对立面，同时没忘记捎带上中共代表团，说他们是幕后黑手，支持右倾路线，干涉中大校内事务。

这一回合的斗争，张国焘、瞿秋白和中共代表团就没那么幸运了。米夫策动之下，苏共中央先是派出莫斯科区党委书记芬可夫斯基到校讲话，严厉批评中共代表团和张国焘本人；不久，苏共中央书记处决定，成立以国际列宁学院副院长基萨诺娃为首的"中山大学情况调查委员会"，一边对历史和现实情况进行调查，一边对校内人员进行清查改组。

基娃同情米夫，在她的调查报告中，对米夫扶持、陈绍禹主导的中大支部局予以肯定；基娃与米夫、陈绍禹联合，成立"中大清党委员会"，矛盾直指瞿秋白。

米夫、陈绍禹越斗越勇，一开始，张国焘还能站在瞿秋白一边——都是党内失意之人，天然形成同盟关系；随着斗争越来越残酷，张国焘的斗志开始衰减，逐步抛开瞿秋白，倒向米夫和陈绍禹。

这就到了 1930 年。

第三节：李立三的大嘴巴

1930 年初，中共中央的实际负责人，是时年 31 岁的李立三；名义上的总书记，是工人出身的向忠发。

李立三是湖南醴陵人，原名李隆郅，早年在程潜的军队中，从事过破译密电码的工作，掌握了编制密电码的技术。1934年底至1936年初，中共与上级领导机关共产国际之间的电讯联络中断，正在莫斯科的李立三专程赶赴中苏交界的中亚城市阿拉木图，先后派出数十人，试图与正在长征途中的中共中央接上头，可惜都是功败垂成。这个艰巨任务，被林彪（林育蓉）的堂兄林育英（化名张浩），在1935年底完成了，张浩同时带来了共产国际认定毛泽东为中共最高领导人的指示，为毛泽东上位中共实际最高领导人，做出了最为关键的助攻。相关详情，后文有述。

李立三在党内的资历和人脉都很深，他和毛泽东少年时代就认识，但始终没有发展出深厚的友谊；1919年赴法国法勤工俭学，又和周恩来、聂荣臻、陈毅、邓小平等人早早地认识了。李立三的嘴巴特别大，演讲、开会或聚餐的时候，为了活跃现场气氛，他喜欢表演一个拿手节目：把握紧的拳头，伸进张开的大嘴里面，从容地转上半圈，再慢慢地拿出来。周围人群在一片欢笑声中，纷纷有样学样，但几乎没有人能够成功。

从李立三大嘴巴里说出来的最著名的一句话，是"一省或数省首先胜利"。1930年6月11日，李立三主持的中共中央向全党发布了一个决议——他亲自起草的《新的革命高潮与一省或几省的首先胜利》，这就是中共党史上著名的"六一一决议"，也是"立三路线"的核心内容。

之所以要用他本人的名字命名这一"错误路线"，是因为"一省或几省的首先胜利"是李立三的原创，而非共产国际的指令。共产国际执委会获知中共中央发布了这个决议之后，反映意外而强烈，立即给共产国际远东局下达指令，要求制止中共的这个疯狂举动。

但李立三的湖南人霸蛮气质爆棚，远东局要他立即收手，他反而以中共中央的名义，向远东局提出抗议，认为中共的这个决议，正是在执行共产国际的指示。为了排除干扰，李立三决定大干快上，他以中共中央的名义，给全国的各级党组织下令：抓

第五章：1928-1932

紧落实这一决议，加紧布置城市暴动。同时命令根据地的红军部队，开始进攻大城市。

面对中共中央、特别是李立三的抗命不遵，共产国际书记处于7月23日召开"中国问题讨论会"，通过了《共产国际执委政治秘书处关于中国问题的决议案》，将李立三的行为定性为"左倾冒险错误"，电令中共中央立即收回《六一一决议》。

这次李立三主持的中共中央与共产国际间发生的直接对抗，持续时间和激烈程度都是空前的。

中共官方党史中，认定"立三路线"给中共和中国革命造成的损失，主要是两个方面：国统区（白区）和城市工作受到严重摧残；苏区和红军工作受到重大挫折。

但从百年党史的角度看，中共受惠于"立三路线"的地方更多，说"利弊参半"是恰当的，说"利大于弊"的理由也很充足。在李立三莽撞而冒失的领导之下，中共抓住了稍纵即逝的、爆炸式发展的历史机遇；中共也用实际行动，降低和消解了共产国际的领导权威。

从后来历界中共领导层、特别是最高领导人对李立三本人的肯定和关照上看，中央领导层对"立三路线"的成败得失，有着清醒而清晰的认识。1945年4月至6月，中共七大上，将已经中断联络十三年、正在莫斯科一家出版社做普通编辑的李立三选为中共中央委员，此时的中共，已经拥有了逐鹿和问鼎的强大实力，李立三对此贡献良多。

至于李立三率领中共对抗的共产国际，已经在中共七大召开前两年、1943年5月解散了。

共产国际于1930年7月发出的这个措辞严厉的禁令，依然没能阻止李立三的雄心，他命令中共红军，继续进攻大城市；李立三亲自向全党提出：

"会师武汉、饮马长江！"

对于共产国际，李立三也采取了以攻为守的战略，他给共产国际复信，要求批准中共中央的决定，切实对中共和中国革命给予帮助——"立刻动员各国支部，猛烈扩大保护中国革命运动。"

共产国际再作努力，派出在莫斯科的周恩来和瞿秋白回国，召开中共六届三中全会，制止李立三的冒进举动。

9月24日至28日，中共六届三中全会在上海召开。出乎共产国际的预料，回国之后的周恩来和瞿秋白，迅速由反对李立三的冒进和冒险，转为对理解和包容，多数与会者也抱持类似态度。究其原因，大致有两个：

一方面，李立三时期的中共，势力大大增强，早已今非昔比。蒋介石无论如何也不会想到，共产党员会越杀越多，而且增长速度惊人。1930年初，中共党员数已达十二万人，各根据地的红军总人数，也超过了十万人，这样的规模，比当初列宁发动十月革命、夺取沙俄政权时的苏联共产党（布尔什维克）大多了，李立三搞冒险、冒进，是有本钱的。

另一方面，自1928年中共六大召开之后，共产国际主席布哈林接受中共领导人的抱怨和投诉，决定改变领导方式，不再派代表前往中国，而且由中共派代表团驻在共产国际，随时听众指令。这种领导模式，从根本上解决了之前共产国际代表在中国指手划脚、越俎代庖的问题，但也从根子上削弱了共产国际对中共的控制力。

六届三中全会期间，主持大会的瞿秋白和周恩来一方面向共产国际展示服从和整改，全会通过了一系列决议，高调宣传贯彻共产国际的决议，决定停止组织全国总起义、总罢工，停止进攻中心城市；另一方面，刻意把李立三本人和"立三路线"分开处理，会议结束前的选举中，李立三依然被选为中共中央政治局委员，这种温柔对待，在历次政治斗争史上，是绝无仅有的。

李立三被温柔对待，张国焘就没有这么幸运了。瞿秋白获准主持六届三中全会，这标志着他取代李立三、再次成为中共中央的实际最高领导人。他不忘利用这个机会，对当时尚在莫斯科的党内政敌张国焘，发起猛烈进攻。

瞿秋白向大会宣布：据刚刚回国的中国共青团驻少共国际的代表刘明佛讲，张国焘准备向共产国际提交意见书，批判中共中央在李立三的领导下,违反了国际路线。

瞿秋白的这番话,引发了与会代表对张国焘的强烈不满:此时李立三主持的中共中央,正在试图摆脱共产国际的直接控制。张国焘如果真的向共产国际提交"意见书",那就相当于不通过正当途径、告中共中央的"黑状";这与中共中央试图摆脱共产国际控制的意愿,也是背道而驰的。

这种道听途说的指责,也成了中共中届三中全会的。瞿秋白以大会的名义,向共产国际执委会发了一个长长的电报:

"从中国共青团驻青年共产国际代表刘明佛同志的重要报告中得知:张国焘同志认为,'李立三领导下的中共中央政治局歪曲了共产国际的路线'。中共中央三次全会一致声明,张国焘的论断是不符合实际的。共产国际执委会在这次纠正中央政治局的错误时认为,政治局在自己的工作中执行了共产国际的路线,同时也犯了局部的策略错误和组织错误,因此号召政治局进行布尔什维克式的自我批评,承认和纠正自己的错误,目的在于大力加强党的领导。中央政治局完全接受这些指示,中央三次全会以布尔什维克式的勇气进行了严肃的自我批评,并且坚决地纠正了错误。张国焘同志在这个问题上的立场是与共产国际的立场直接对立的。毫无疑问,断定中共中央政治局的路线与共产国际的路线相对立的说法是不正确的。因此,三中全会认为,有必要让张国焘同志返回中国参加实际工作,并请共产国际立即把他派回中国。"

这个超长电报,在中共百年党史中,算是一朵奇葩。仅凭一个未经证实的传言,即发动全党力量向共产国际"反向告状",此事发生在瞿秋白主持的六届三中全会上,足见瞿的人品之不堪。

又过了五天,瞿秋白再以中央政治局的名义,给共产国际执委会追发了一封电报,目的还是要把张国焘早点弄回国:

"中共三中全会决定,让张国焘同志返回中国参加政治局的工作。政治局派遣在三中全会上被补选进入中央委员会的黄平同志,去取代他任中共中央驻共产国际执委会的代表。我们希望，共产国际执委会能表示同意，并通知他开始工作的时间。"
(《共产国际、联共（布）与中国革命档案资料丛书》中央文献出版社)

瞿秋白有点急不可耐，共产国际尚未表态同意，他就先斩后奏，指定黄平接替张国焘。

共产国际是中共的上级兼教员，党内斗争经验更加丰富，断定中共六届三中全会对李立三有包容和宽恕的倾向，于10月发来最新指示：《共产国际执委会给中共中央关于立三路线问题的信》，连出三招：

第一招：一改三个月前仅将李立三定性为"局部的策略错误和组织错误"，将之升级为"路线错误"。

第二招：全盘否定中共六届三中全会，认定此次会议在对"立三路线"的问题上，犯了"调和主义的错误，没有对其右倾实质加以揭露和打击。

第三招最狠：命令李立三马上前往莫斯科，亲自向共产国际检查自己的错误。

发信的同时，共产国际决定，派东方部副部长兼中山大学校长米夫前往中国，纠正中共六届三中全会的"调和错误"。米夫亲自出场，陈绍禹（王明）就要登上历史舞台了。

第四节：张国焘更忠诚

米夫的俄语翻译、入室弟子兼贴身助手陈绍禹（王明），早米校长一年、1929年4月从莫斯科回到上海，在中央宣传部工作。1930年1月，陈绍禹在参加工联会议时，被英国巡捕逮捕，当时他穿着工装，被认定为参加非法活动的普通工人。陈绍禹的个头比较小，骨头比较软，但情商比较高，进入巡捕房之后，他很快便跟一个华裔巡捕搭上了关系，请这位新结识的朋友帮他去中共中央宣传部的秘密住地送信，告诉同伴他被捕了，速来将他保释出狱。消息很快传到苏俄，米夫亲自布置营救，一个月后将他保释出狱。虽然这位巡捕朋友没有认出这是中共中央的一处秘密机关，但显然也已经有了被查抄的危险。李立三等中央领导人非常生气，以"暴露党的秘密机关"为名，给予陈绍禹党内警告处分。这样，党中央机关的普通干部陈绍禹，就跟党的实际最高领导人李立三结下了梁子。

再看此时仍在苏联驻会的张国焘。共产国际与中共之间围绕李立三错误的你来我往，他都无缘得闻。但作为党内老资格的领导人，他能感觉到政治气候的急剧变化。

首先，张国焘发现，原来对自己态度冷淡的米夫，突然对他友好起来。连带着，共产国际内部的工作人员，也对他这个犯了错误的、之前一直被认定为中共内部的"反共产国际派"的人，也热情起来了。

接着，张国焘发现，共产国际又重新给他发薪水了。自从认定他和瞿秋白为首的中国代表团、犯了干扰中山大学内部党务的错误之后，共产国际就把他的薪水给停发了。现在突然又给他恢复了，这让他大感意外。

还有更离谱的，共产国际按照苏共高级干部的待遇，给了他一张特别购物证，凭这个证，可以在苏联的国营商店里任意购买各种东西。他真切地感觉到：自己暗淡的政治生命又要复活了。

11月10日，共产国际做出决定，"同意中共中央关于召回张彪（张国焘此时的化名）同志和任命黄平同志为中共驻共产国际执委会代表的决定。"（《共产国际、联共（布）与中国革命档案资料丛书》中央文献出版社，2002年）

对于即将回国的张国焘，共产国际担心他回国之后，也像李立三那样，公开反对共产国际。为此，专门找他谈话，希望他向共产国际保证：回国之后，不学李立三，不反共产国际。迫不及待想回国大干一番的张国焘，马上写了一个2000多字的《关于我过去的机会主义错误的声明》，提交给共产国际执委会。要点如下：

一，1925年至1927年中国大革命时期，陈独秀犯的机会主义错误，自己虽然曾经反对过，但态度不坚决，所以也算是跟着陈独秀，犯了严重错误。

二，承认南昌起义时犯了错误，主要是对张发奎等国民党左翼报有幻想。

三、自己作为中共驻共产国际代表团的主要成员，对于中山大学中出现的小集团活动，要承担重要责任。

四、自己之前反对李立三的冒险主义，虽然看起来是在反对左倾，其实是在反对右倾，是和共产国际完全站在一条线上的。"现在我要站在共产国际的路线上，坚决进行两条战线上的斗争——反对左倾和特别要反对右倾危险。"

五、要站在共产国际执委会的路线上，反对最严重的右的危险。（《共产国际、联共（布）与中国革命档案资料丛书》中央文献出版社，2002年）

此时的张国焘，对于党内斗争的认识已经上了一个大台阶，认识到了"宁左勿右"的真谛。这份声明，给他的回国铺平了道路。共产国际、特别是此时正在上海具体指导中共中央工作的米夫，对张国焘极为到位的自我批评非常满意。张国焘一改此前公开、持续批评共产国际的鲁莽作派，展现出对共产国际的极度尊重与顺从。

10月初，米夫从上海给共产国际执委会写信，"请求尽快让张彪（张国焘）和蔡和森到这里来，这里的工作非常需要他们，他们在这里会改善局面。"虽然都是催着张国焘早点回国，但现在米夫的邀请，和之前瞿秋白的催促，性质完全不同。瞿秋白是想把张国焘弄过来整死；米夫则是盼望着张国焘早日回国，帮助他完成改组中共的艰巨任务。一废一立，一生一死，一荣一枯，只在数月之间。（《共产国际、联共（布与中国革命档案资料丛书）中央文献出版社，2002年》

12月16日，米夫指导中共中央政治局，专门为洗白张国焘出台了一个奇葩决议——《关于张国焘同志问题的决议》：

"中央政治局根据国际的通知与国焘同志的声明，对于三中全会关于国焘问题的讨论和决定，特成立下列的决议：

一、刘明佛同志关于国焘同志要在国际提出的意见书的说明，是站在掩蔽立三路线的立场上来反对国焘同志意见的。因此，他对于国焘同志意见的批评与攻击，是完全不正确的，应受到布尔什维克党的指责。

二、因此，三中全会对国焘的批评与攻击，之夫（瞿秋白）同志结论中所提到国焘同志的问题都是错误的了。同样根据这一讨论发生十多个同志签名要求撤销国焘同志工作以及对于国焘同志的决定也是错误的。

三、现在取消三中全会对于这一问题的决定，并公布这一决议。(《党的建设》第一期）

米夫能让中共中央，专门为张国焘出台这样一个"翻手为云、覆手为雨"的决议，说明中共中央在议事程序上，还处于随意和无序的状态。陈绍禹能在不久之后，由普通中央机关干部，一路过关斩将，火速成为中共中央实际最高领导人，原因就在于此。

从米夫这种比此前历届共产国际代表都更加强势的作为中，张国焘认识到，共产国际对于中共党内事务，仍然拥有绝对领导权。不久之后，他便放低身段，称臣于后辈陈绍禹，获得了前往鄂豫皖苏区主政的机会。五四学生领袖、二七工运领袖、职业革命家张国焘，在1930年底、33岁的年纪时，终于完全成熟起来了。

1930年圣诞节之后，张国焘和夫人杨子烈动身回国，共产国际专门给他们伪造了假名护照，回国事由是"留学德国、学成回国"。张杨夫妇乘坐火车到达中苏边境，由满洲里入境，经哈尔滨，到大连，再乘一艘日本客轮，于1931年1月20日，到达上海。

张国焘的1931年开始了。

张杨夫妇还在路上，接替米夫出任共产国际东方部副部长的马季亚尔，于1月17日给米夫本人写了一封信：

"共产国际得出这样的印象：现在在中共中央委员会内，已开始进行争夺领导权的斗争。李立三、张彪（张国焘）、蔡和森都宣称自己忠实于共产国际执委会的路线，这就不排除他们之中的每一个都在争夺首脑地位。谨慎是智慧之母，你们也应该小心谨慎。"(《共产国际、联共（布）与中国革命档案资料丛书》

中央文献出版社）

到底谁更忠实诚，除了看各人的表现，最终还得由米夫说了算。

张国焘夫妇刚到上海一小时，杨子烈就在街上遇到了沈雁冰（矛盾）的胞弟沈泽民。沈泽民告诉他们，中共中央六届四中全会已经于1月7日在上海召开了，陈绍禹进入了中央领导层，和沈泽民、夏曦等九人被选为中央委员；李维汉、贺昌不再是中央委员；向忠发、周恩来、张国焘、王明、任弼时、陈郁、刘少奇、王克全为中央政治局委员，瞿秋白、李立三、李维汉不再是政治局委员；向忠发、周恩来、张国焘为中央政治局常委；向忠发为中共中央政治局常委会主席，通称总书记。

本来米夫想一步到位，扶持陈绍禹直接当选为中央政治局常委，结果遭到与会代表的强烈反对，时年27岁的普通干部陈绍禹，在党内的资历实在是太浅了。在周恩来等的协调之下，陈绍禹暂时屈居中央政治局委员，兼江南省的省委书记。

虽然没有常委之名，但有米夫撑腰，故而从六届四中全会时起，中共中央的实际最高领导权，掌握在了陈绍禹这个长着一张娃娃脸的安徽青年手里。

六届四中全会结束后不久，被排斥在中共中央新领导层之外的老资格党员罗章龙，联合何孟雄、李求实、林育南等三十余名失势的中共中央委员，发起成立了"中共中央非常委员会"，罗章龙亲任总书记，发表《告全党同志书》，拒绝承认六届四中全会的合法性；同时向上级告状，发出《致共产国际信》，报告米夫和陈绍禹的篡党夺权行径，请求予以制止和惩罚。

米夫和陈绍禹立即发起反击，1月27日，中共中央决定，将罗章龙开除出党。不久之后，"非常委员会"的其他成员相继被国民党当局逮捕和杀害，个中缘由，多为互相串连，行事不密，而非党内同志之间的故意出卖。罗章龙也是湖南人，和毛泽东是少年时的朋友，曾一起发起新民学会；他还是北大学生，和张国焘有同窗之谊。但任凭罗章龙如何策动，毛、张二人都未公开支持他的分裂行为，造反的秀才和真正的革命家之间，差距巨大。

罗章龙从此退出政治和党争的历史舞台，专注于教书育人，除了1933年至1934年被国民党逮捕，入狱一年，从此之后的人生，都是在大学讲台上度过的，辗转于河南、陕西、四川、湖南、湖北，在各地的大学里教授经济学。罗章龙很长寿，1995年逝于北京，享年一百岁，见证了自清末至当代的百年变迁。

米夫之所以安排张国焘回国，目的很明确，是要他成为同盟军。张国焘准确判断，回国伊始，即主动向米夫和陈绍禹输诚，时机和突破口选得也很准，2月7日，"中共中央非常委员会"的骨干何孟雄、林育南、李求实被国民党当局逮捕杀害，这几位都是中共的创党时期的元老，很多人怀疑，是米夫和陈绍禹出卖了他们。米夫师徒的压力骤增，亟需一位重量级人物跳出来替他们说话。

张国焘不遑多让，何孟雄等被害的当天，他便在《实话》上发表了题为《拥护四中全会与两条路线上的斗争》：

"四中全会是完完全全接受了国际路线，它建立了在实际工作中执行国际路线的基础。四中全会是根据国际的指导和批准召集的，现在又已为共产国际所承认，因此反对四中全会便是反党反国际的……以罗文虎（罗章龙字文虎）为首的右派小组织，并不敢提出明显的右派纲领，可是利用一般党员反对立三路线的愤慨，和党内小资产阶级的无原则的派别成见来欺骗一部分同志，用意只在于分裂党和破坏党，来便利敌人对于我们党的破获……只有坚决的拥护四中全会的决议，在四中全会革新了的党的指导下努力工作，不受叛徒罗文虎的小组织的欺骗，而坚决与之斗争……这样，才是真正拥护国际路线，才能把国际路线执行出来，使中国革命得到新的胜利。"

张国焘的这一记助攻很有魄力，是其政治生涯中的一次关键决断，体现了宏阔的政治大局观和准确的政治判断力。如果张国焘自始至终都拥有这样的大局观和判断力的话，他本人的命运以及中共的命运、甚至中国的命运，都将重写。

初试过关，米夫和陈绍禹很满意。不久，北方发生了"顺直省委问题"，陈绍禹把持的中共中央决定，派张国焘北上天津，处理此事。

所谓"顺直省委问题"，本质上还是罗章龙反对米夫和陈绍禹的问题。中共六届四中全会之后，罗章龙指派同样激烈反对陈绍禹等留苏学生娃进入中央领导层的顺直省委领导人张慕陶、韩连会等，组成"北方紧急会议筹备处"，公开反对四中全会和米夫、陈绍禹。

张国焘领命，马上带领"中央代表团"前往天津，在听取了顺直省委的情况汇报之后，宣布取消"北方紧急会议筹备处"，免去贺昌的河北省委书记职务；同时任命徐兰芝为省委书记，陈原道为省委组织部长，陈复为省委宣传部长，阮啸仙为省委军委书记。张国焘是中共资格最老的中央组织部长，在重组地方党的组织方面，拥有丰富的经验。这一番快刀斩乱麻，使得王明和米夫对他更加信任。

从天津返回上海，张国焘一鼓作气，再次在《实话》上发表文章《执行党的路线与加紧两条路线上的争斗》，更加直白地向全党宣示：反陈绍禹就是反党，就是反共产国际：

"四中全会和四中全会以后的过程，是党的布尔什维克化的重要关键……我们党内还存在着许多小资产阶级无原则性的派别成见，这些派别观点是最易混淆两条战线上的争斗，而且右倾分子和立三主义的残余分子都企图利用派别观点来掩盖他们反党反国际的行为。他们或明或暗地反对所谓陈绍禹派，这就是借反对所谓陈绍禹派为名，反对党和国际却是实，因为陈绍禹同志等是坚决执行国际和党的路线的最好的同志。"（《实话》第十三期）

从张国焘的这番表演中可以看到，从 1927 年国共彻底分裂以来，中共党内的斗争，从之前的路线斗争，逐步转为权力争夺。张国焘"以身作则"式的输诚，对于党内其他元老派的态度转变，有很大的示范效应。陈绍禹和米夫对此是清楚的，满意的，甚至有可能是心怀感激的。很快，张国焘便迎来了自己政治生涯中最为关键的一次转折。

对于向后辈陈绍禹表忠心的糗事，晚年张国焘是这样解释的：

"我素来将中共和共产国际分别看待，我对中共有难以形容的感情，好像中共是我亲生的儿子，我一直全心全意爱护它。我最痛恨斯大林对待自己的同志采取残暴的手段，我向来是反其道而行之，对自己的战友采取友爱和宽容的态度。因此，我一向不将陈绍禹与米夫等量齐观。我认为陈绍禹等二十八个布尔什维克，不过是在米夫错误领导之下，犯了不少的过失。现在在中国极端白色恐怖之下，他们既然准备冒死奋斗，将有逐渐改过的机会，我不应该排斥他们，宜大量宽容，不追究既往。"（《我的回忆》第二册）

第五节：空降、空降、空降

为了巩固党内权力，打击潜在的反对派，米夫和陈绍禹决定，对中共地方党组织实行"系统改造"：

一、 直接以中共中央的名义，向各省、特别是各"苏区"，派出中央代表，组成中央局或中央分局，"覆盖、替代"原有的地方党组织；

二、 制订《中央巡视条例》，向各省、各苏区派出"中央巡视员。

陈绍禹指示中共中央，出台并下发了《中央关于苏维埃区域党的组织决议案》，赋予下派到各地的中央代表以钦差的权力，凌驾于地方党组织之上：

"中央局或中央分局是代表中央的，他有权可以改正和停止当地最高党部的决议与解散当地党委，特别是错了的时候。所以中央局或中央分局只能由中央派遣或指定，而当地最高党部委员会，则在公开的领导政权的党中，一般地都是由当地党的代表大会产生的，两种组织绝不容混淆与合并起来。"

这种领导模式，很显然是在复制共产国际领导中共的模式。陈绍禹就是凭借这一模式空降到中共中央的，他要在全国各地，特别是各苏区，空降一批干部，建立忠于自己的组织体系。

最早空降的中央代表，有这么几位：

陈原道被派到顺直省委；曾洪易被派到赣东北苏区；夏曦被派到湘鄂西；王稼祥、任弼时、顾作霖组成中央代表团，被派到江西苏区；沈泽民被派到鄂皖苏区。

事实证明，陈绍禹的这一做法很有效，中央代表或代表团一到，马上就控制了地方党组织。

空降干部到地方，这一干部任用方式一直延续到今天；陈绍禹首创的另一个党内领导模式"巡视制度"，更是在今天得到了发扬光大。

1930年5月，中共中央发布《中央巡视条例》，创造性地建立了一个"巡视制度"。中央派出的代表、空降的干部，一旦在地方扎下根来，也容易形成地方权力中心，对抗中央的领导权威。"巡视制度"正是要解决这个问题，中央巡视员、巡视组被陈绍禹称为"活的领导"，随时代表中央，行使领导权力。

2015年，以习近平为核心的中共中央，重新向全党颁布《中国共产党巡视工作条例》，向全国各地派出巡视组。这个由来有自、一以贯之的巡视制度，提醒我们，目前拥有九千万党员的中共，和陈绍禹时期的中共，是同一个中共。"不忘初心"有多种表现，巡视制度是其中之一。

1930年3月，张国焘向陈绍禹和中共中央提出，想到鄂豫皖苏区工作。多年之后，他这样回忆：

"我是自愿去鄂豫皖的。当时鄂豫皖还保留有较多的立三路线的残余，负那个区域领导责任的曾钟圣（曾中生）就是著名的立三路线的拥护者，我的同志们觉得我去那里纠正立三路线的错误是游刃有余的。我自己也觉得我对那一带的情况较为熟悉，而且大好中原，正是便于驰骋的所在，我为之向往。"（《我的回忆》第二册）

张国焘是中共元老中的元老，不同于一般干部。对于这一请求，中共中央常委会非常重视，专门开会研究。会议决定，派中央政治局常委张国焘前往鄂豫皖革命根据地，担任鄂豫皖中央分局书记，兼军委主席。

因为此前已经派中央政治局委员沈泽民前往鄂豫皖，担任鄂豫皖中央分局书记。为了张国焘的任命，5月6日，中共中央专门下发《中央关于鄂豫皖省委的决议》：

"中央指定张特立、沈泽民与陈昌浩为中央局的委员，特立为书记，特立同志兼革命军事委员会主席，泽民同志兼鄂豫皖省委书记。"（《中共中央文件选集》第七册，中共中央党校出版社，1991年）

中央委员沈泽民刚担任不久的鄂豫皖中央分局书记一职，因为中央政治局常委张国焘的到来，而被迫让位。

前文说过，鄂豫皖苏区是在黄麻起义、商南起义、六霍起义的基础上建立起来的。中共在此建立了统一的领导机构，鄂东北特委，徐朋人任书记。苏区建立了两个师的武装，红三十一师，师长吴光浩；红三十二师，师长周维炯。

1929年11月，中共中央决定，将黄安、麻城、黄陂、黄冈、罗田、商城、光山、罗山八个县，统一划为一个苏区，称为鄂豫边特区，将鄂东北特委，改组为鄂豫边特委，徐朋人为书记。1930年3月，鄂豫边苏区扩大为鄂豫皖根据地，鄂豫边特委又改称为鄂豫皖特区，郭述申为书记。武装力量也有壮大，增加了红三十三师，师长徐百川。

郭述申本人就是空降到鄂豫皖的中央代表。1929年底，他代表中共中央巡视鄂东北、豫东南；1930年初，郭述申赴上海，向中共实际负责人周恩来汇报了三省边界的情况。3月，周恩来代表中央，宣布决定：

1，统一鄂豫皖三省边区党的领导，建立鄂豫皖边区特委，郭述申任书记。

2，统一军事指挥，组建中国工农红军第一军，许继慎任军长，徐向前任副军长；下辖红三十一师、红三十二师、红三十三师。全军共两千一百余人。

6月下旬，召开了鄂豫皖边区第一次工农兵代表大会，成立了边区苏维埃政府，甘元景为主席。

至此，鄂豫皖根据地的党、政、军系统正式建立起来。

此时，整个中国的时局，也给鄂豫皖根据地的发展壮大，提供了一个千载难逢的时间窗口。

1930年5月,蒋、冯、阎大战爆发,鄂豫皖根据地周围的蒋系国民党兵力大为减少。许继慎、徐向前指挥红一军主动出击,沿着京汉铁路一路突破。从6月到8月,短短三个月的时间,先后攻克了霍山、英山、罗田、云梦、花园等县级城镇,歼敌七千余人,迅速扩大的根据地范围。到10月,红一军规模扩大到五千人,缴获了大量武器,战斗力翻番增长。

1930年11月,中共中央派曾中生到鄂豫皖苏区,任特委书记兼军委主席,统一领导鄂豫皖根据地的党务、政治和军事。曾中生是湖南资兴人,黄埔四期的学生,和林彪同学,他被认为是党内的文武全才,1989年,中共中央军委评出33位"中国人民解放军军事家",他是其中之一。曾中生赴鄂豫皖苏区之前,任中央军委委员,与毛泽东关系不错,很赞赏毛泽东领导根据地的方式方法。

曾中生到任的时候,蒋冯阎之间的中原大战已经结束,蒋介石取得胜利,重新统一了中国。蒋介石得以调集十万大军,对鄂豫皖根据地发动第一次围攻。

1930年5月至10月蒋冯阎之间的中原大战,可以算是1926年至1928年北伐战争的收官之战。北伐战争的胜利,从北洋政府的角度看,是非法武装推翻了合法政府。中原大战的性质,则是国民党内部利益分配和权力斗争的集中爆发。在北伐战争和中原大战中,张学良的东北军都起到了至关重要的、决定成败的作用。北伐战争末期,1928年的最后几天,张学良决定东北易帜,服从蒋氏南京政府,标志着北伐的最后一个战略目标:东北奉军问题被解决了,全国实现统一了。中原大战后期,1930年9月,张学良通电拥蒋,率军进入山海关;10月战争即宣告结束,蒋介石大胜,冯玉祥、阎锡山通电下野。

中原大战之后,蒋介石彻底解决了国内和党内的纷争,取代此前的北洋政府,由"非法武装"升级为合法政府;终于腾出手来,以合法政府的姿态,集中优势兵力,对付中共领导的非法叛乱武装。

第五章：1928-1932

曾中生是蒋校长的得意门生，师徒二人在黄埔军校时就有过言语上的交锋。面对蒋校长的大军压境，曾书记决定，集中根据地所有军政力量，全力应对。为此他重新改组了鄂豫皖特委和军委，统一领导根据地的军事和政治工作。国民党军队分别于1930年冬天和1931年3月，对鄂豫皖苏区发动第一次、第二次围攻，兵力均在十个师左右，都被他领导的苏区军民给化解掉了（粉碎了）。

第一次反围攻胜利之后，经中共中央同意，曾中生将红一军和蔡申熙领导的红十五军合编为红四军，由旷继勋任军长，余笃三任政治委员，徐向前任参谋长。下辖两个师：第十师师长蔡申熙，第十一师师长许继慎；另外还有一个独立团。

第二次反围攻作战，取得了相当惊人的战果。1931年3月，红四军奔袭双桥镇，全歼了国民党军队一个整编师，俘虏了师长岳维峻以下五千余人，是一次空前的大捷。

1931年2月10日，作为根据地党政最高领导的曾中生，在《关于反围剿作战及部队合编等情况给中央的报告》中，这样描述苏区的整体面貌：

"三个赤区都分配了土地，建立了政权，创建并扩大了工农红军，都在扩大与发展，而且正在企图打通着相互的联络。赤区的政治影响，特别是红军的政治影响，的确使特区周围几十里都有望风响应之概。赤区的工农生活确实改善了，肃清了苛捐杂税，得到了土地，一切政治上的自由平等都确定了。他们起来拥护苏维埃与红军，精神上物质上农民都能自愿的来帮助红军与政权。围绕着赤区的工农群众，都望着红军来，过去参加过红枪会、大刀会、联庄会、剿共会的都自动一批批的解散，连反动的民团也说红军来了我们就缴枪。"

4月，红四军军长旷继勋在《关于部队合编后的情况与行动方针给中央的报告》中，这样描述他麾下的这支作战部队：

"全军官、兵、夫共一万二千人，战斗员九千人以上，质量比较健全。……党员一千六百人……党能起核心作用。意志统一，政治上党员能相当的动员。中下级干部都是由斗争中产生的。

张国焘到达之前，鄂豫皖苏区的主力红军发展到四个师，共两万余人；地盘扩大到东西长三百余里，南北宽一百五十余里，拥有人口二百五十万。兵多将广，物阜民丰，就等着张国焘过来大显身手了。

第六节：顾顺章+富农路线和稀饭政策

1931年4月1日，张国焘和陈昌浩从上海启程，赶赴鄂豫皖苏区，一路上的经历很具传奇色彩。

张陈二人先是乘船到达武汉，中共中央委员、中央特科负责人顾顺章亲自安排他们在武汉的行程。与鄂豫皖来的交通员接上了头之后，顾顺章安排他们坐上了武汉至麻城的公共汽车，经过一天的颠簸，于下午四点左右到达麻城李家集。晚饭之后，趁着夜色赶往苏区控制的黄安县高桥区。天亮到达之后，稍事休息，又继续前进，于4月11日，终于到达大斛山特委和苏维埃政府所在地。

护送张国焘前往鄂豫皖苏区，是顾顺章为中共所做的最后一件工作。送走张、陈二人之后，顾顺章没有立即返回上海，而是以公开身份、大魔术师化广奇的面目，重操旧业，出现在武汉的魔术表演舞台上。

4月24日，化广奇（顾顺章）还在武汉表演魔术，这次演出要了他和他全家的命。台下一名中共叛徒尤崇新，认出了顾顺章，马上报告给时任汉口警察局局长的蔡孟坚，蔡孟坚立即抓捕了顾顺章，顾顺章亦当即表示归顺，但要求直接向南京的蒋委员长汇报。蔡孟坚用密电向中央调查科负责人徐恩曾报告了顾顺章投诚的消息，并称将亲自押送顾至南京，取得详细情报后，便可将中共在上海的机关一网打尽。

眼看着中共的历史就要被改写了，接获蔡孟坚密电的徐恩曾机要秘书钱壮飞，又把即将叉开的历史轨道，生生地搬了回来。钱壮飞是中共卧底，他破译了密电，迅即将顾顺章叛变的消息通知了周恩来，周恩来马上安排散布在上海的几十个中共秘密机关和数百名工作人员转移，避免了毁灭性的打击。

顾顺章虽然没能帮助国民党把中共中央一网打尽，但亦斩获颇多，向忠发、恽代英、蔡和森等中共核心领导，就是在此次事件中丧生的；中共中央在上海的各几十处秘密据点，均被彻底捣毁；周恩来、陈绍禹（王明）等人，仅以身免，但已无法在上海立足，先后赶赴各苏区。

周恩来对顾顺章恨之入骨，1931年5月，亲自率领红队（锄奸队）将顾顺章全家、包括亲友在内三十余口，全部勒毙，埋在法租界及公共租界的数处庭院之内。半年之后，红队的一名成员被捕叛变，供出了顾顺章家人的埋尸场所。租界当局将之公诸于众，在新闻界和公众见证之下，在九处庭院内，当众起获了三十九具尸体，均为顾顺章的亲友。这一轰动性大案，沪上新闻界连篇累牍地予以报道，由此改变了上海市民对中共的认识。

至于最早抓获顾顺章的汉口警察局局长蔡孟坚，七年之后，已经跻身中统要员的他，和张国焘之间也发生了一些不得不说的故事。蔡也是江西萍乡人，1938年4月张国焘叛党之后，与蔡在国民党这边相识相交，关系不错，乡谊和友谊保持了一生。1979年张国焘在加拿大病逝，蔡孟坚协助杨子烈料理了后事。蔡孟坚2001年逝于美国，享年96岁，他漫长人生中最为辉煌的经历，就是在一天之内抓获了顾顺章，以及在一生之中接济了顾顺章在那天护送的中共要人张国焘。有关蔡、张之间的交谊，后文有述。

我们再把目光转向张国焘。

在张国焘到达之前不久，红四军攻下了新集。新集地处鄂豫皖的中心点上，后来成为鄂豫皖分局的所在地。

张国焘刚一到任，就叫停了红四军的下一个冒险计划：打到长江下游，"截断长江，威吓武汉，策应江西中央苏区"；命令正在征途中的红四军返回鄂豫皖，保卫和扩大鄂豫皖苏区。他领着陈昌浩亲自赶往商城，把红四军带回，转头奔赴皖西，打击此时已经进入鄂豫皖根据地的国民党军陈调元部。

4月24日至25日，张国焘、陈昌浩、旷继勋指挥红四军的第十师、第十一师、第十二师共三个师的兵力，通过迂回包抄和阻击打援相结合的办法，歼灭了陈调元的一个团加一个营，共两千余人，缴枪一千二百余支，解除了皖西之围。这是张国焘作为鄂豫皖苏区党政军最高领导，还没来得及正式上任，就参与指挥的第一场大仗，旗开得胜，表现不俗。初来乍到的张国焘，在鄂豫皖苏区夺得了先声。

5月12日，张国焘以中共中央代表的身份，在新集召开了鄂豫皖特委会议。会上，向当地干部正式宣布了中共中央的决定：

撤销鄂豫皖边特委，成立中共鄂豫皖中央分局。

张国焘、陈昌浩、沈泽民、曾中生、王平章、蔡申熙、舒传贤、旷继勋、周纯全、郭述申、高敬亭等十一人，组成鄂豫皖中央分局委员会。

张国焘任中央分局书记。

成立鄂豫皖革命军事委员会，由张国焘、曾中生、旷继勋、徐向前、郑行瑞、沈泽民、陈昌浩等七人组成，张国焘任军委主席，曾中生、旷继勋任副主席。

同时对红四军的军政干部做了调整：

军长旷继勋，政委曾中生，政治部主任陈定侯；

下辖三个师，第十：师长刘英，政委康荣生；第十一师：师长周维炯，政委徐笃三；第十二师，师长徐向前，政委陈奇。

从5月中旬中央分局正式成立，到6月底中共鄂豫皖中央分局第一次扩大会议召开，张国焘集中精力做了一件大事：通过各种方式，利用各种理由，把创建鄂豫皖的一批"本地老干部"，如舒传贤、徐朋人、陈定侯、曹大骏、曾中生等，挨个儿整肃了一遍，大部分降级使用，小部分直接撤职，下放到最基层工作。

张国焘的这一做法，符合陈绍禹主持的中共中央的意图，鄂豫皖的"地方老干部"，多数都曾反对过中共六届四中全会。

从开展工作、打开局面的角度看，他也必须这么做。以原鄂豫皖特区书记曾中生为首的"本地老干部"，对张国焘的空降，几乎是抱着公开抵抗的态度的。晚年张国焘回顾这段经历时，特别提到了曾中生对他的当面羞辱：

"曾钟圣（曾中生的原名）对我的主张表示疑虑。他显然轻视了打土豪所发生的错误，认为既要打土豪，偏差是难免的。他还认为我的办法缓不济急，不能解决实际问题。他以军人的头脑，认为我所说的这些偏差，只有在军事有了决定性的胜利之后才能纠正。他向我说：'我素来认为国焘同志雄才大略，一定有办法取得军事上的惊人胜利，不料他现在竟注意一些不易解决的次要问题。'"（《我的回忆》）

张国焘确实有雄才大略。6月28日至30日，他主持召开鄂豫皖分局第一次扩大会议上，宣布了《十大任务》：

1、扩大红军和苏区；
2、执行正确的土地革命政策；
3、纠正土地革命中的"左"、"右"倾机会主义和富农路线；
4、武装农民；
5、改善工人生活；
6、加紧"肃反"；
7、解决苏区粮食问题；
8、在国际路线旗帜之下中，实行党的改造，淘汰不坚定的分子；
9、引进和教育工农干部；
10、严密党的纪律。

这十大任务中，最实际的任务、也是最难搞定的任务，是第七项，解决苏区粮食问题。

鄂豫皖苏区的粮食问题由来已久，造成"粮荒"的主要原因，是此前苏区的主要领导人"打击富农"太过火了；也就是第三项任务里提到的"富农路线"，搞得大家没饭吃了。

1930年春夏之际，鄂豫皖根据地的土地革命已经基本完成了，获得土地的农民生产积极性大增。本地领导人预测，当年秋收季节，应该是一个丰收季。

但1930年3月，共产国际给中共中央发来一个指示，要求"加紧反对富农"。很显然这是在照搬苏联正在进行的"反对富农运动"。此时的中共中央总书记是向忠发，主持工作的是李立三。李立三原样照抄，将这一指示下达到包括鄂豫皖边特委在内的各苏区党组织，要求"肃清富农路线，坚决建立无产阶级的领导"。

接到如此严厉的中央指示，鄂豫皖特委哪敢有半点怠慢，很快便通过了《反富农问题决议案》，对苏区富农阶层进行新一轮的清洗：没收富农的土地，给富农分坏地，将富农赶到山上开荒；还有更极端的——将被认定为富农的农民直接杀掉。此举引起了苏区百姓的极大恐慌。

9月，中共鄂豫皖边特委再发布一个更加严厉的通告：《组织贫农委员会》，要求苏区内的党政机关及群众组织，加紧反对富农。认定富农的标准很简单粗暴：只要有剩余，就是富农。

紧接着，鄂豫皖边特委做出了一个更加极端的决定：将刚刚分配到农民手里的土地集中起来，办农场。普通农民也怕一轮又一轮的"反富农运动"反到自己头上，不愿意多分地。农民消极怠工，大量土地被人为抛荒。经过一个冬天的折腾，到1931年开春之际，苏区的粮荒问题已经非常严重了。

开春之际到任的鄂豫皖分局书记张国焘，下车伊始面临的，竟然是吃饭问题。在和一些基层干部座谈之后，他提出一个可行性的建议：组织农民，先种植一些早熟的作物。

5月16日，张国焘指示中央分局，发布了一个通知：《为节约粮食，各机关日吃一顿稀饭的决定》：

"现在敌人正在加紧其封锁的手段，加以数万红军在前线的需要，跑反群众的经济和青黄不接，都要我们进行正确的粮食政策，尤必须尽量节省，减去靡费。现特决定，无论什么机关，每天吃稀饭一次，希即执行。"（《鄂豫皖革命根据地》，河南人民出版社，1990年）

"一顿稀饭"的通知刚刚发出一天，5月17日，中央分局再次发出通知，要求各机关每日改吃两顿稀饭。

无论是"一顿稀饭"还是"两顿稀饭"，虽然可以节约粮食，但无法增加粮食，想要解决粮荒，必须加快粮食生产进度。

5月29日,中央分局发布通告:《关于举行粮食运动周的事》,这篇通告的文字和语气,很有些张国焘本人的特色:

"粮食的种植依靠天时,一再蹉跎,就要酿成不可挽救的饥荒,现在播种时期过去,没有紧急办法,一切都要变成空谈。因此分局决定,立即举行粮食运动周,把接到通告的日子起算做第一天,大约到六月七号,各处都须举行完毕。在这七天之内,要举行一个全体动员,凡是后方工作人员,或普通公民都须参加这运动,而党员、团员必须更加积极参加,成为这一运动的领导者……每个党员、团员,至少必须种五棵瓜藤(最好是南瓜)或等量其他杂粮。种了以后必须负责照料,直到收获,如果因事他往,必须托旁人代为照料。而且还要劝老婆婆、小孩子每人至少种一棵瓜藤。"(《中国工农红军第四方面军战史资料选编》(鄂豫皖时期,下)解放军出版社,1993年)

张国焘亲自发动的这个"春耕生产运动",取得了巨大的成效。虽然当年是中国历史上水灾纪录最为严重的年份之一,长江中下游的大部分地区都深受水灾影响,饥荒问题严重。但张国焘领导下的鄂豫皖根据地,却奇迹般地度过了水患,挨过了春夏之际的粮荒,迎来了夏秋季节的巨大丰收。

粮食问题迎刃而解,有了粮食,就可以扩充红军;可以团结民众,稳定人心;可以抵抗国民党军队对苏区的经济封锁。张主席在极短的时间内便解决了鄂豫皖苏区的粮荒问题,威望急剧上升。

第七节:徐向前后,曾中生死

5月24日,张国焘在《关于第二次反"围剿"及其他情况给中央的报告》中,对他刚刚接手的根据地,做了这样的描述:

"这一苏区是有了相当的基础,在这一基础上已产生了强有力的红军。群众对红军是非常拥护的。当地同志和红军将士英勇的奋斗,由奋斗已获得伟大的成绩。"

对于刚刚被自己替代的前任最高领导人曾中生,张国焘基本肯定,但有所保留。曾中生的人生悲剧,由此开端:

"（曾中生到达后，鄂豫皖苏区）有了相当的转变。（曾中生）努力对付敌人之包围会剿，获得一些成绩……纠正了一些立三路线最明显的错误，团结了整个干部而得到当地同志的一些信任……仍然是对立三路线的调和。"

曾中生原名曾钟圣，他有个亲弟弟叫曾希圣，1949年中共建政之后，曾两任安徽省委书记，第一任搞浮夸，饿死了至少四百万安徽百姓；第二任"放下屠刀，立地成佛"，默许治下试行包产到户、责任到人，此举促成了数年之后的"小岗村分田到户"。

徐向前曾做过曾中生的直属部下，他对曾中生的评价是：

"曾中生同志来担任鄂豫皖特委书记、军委主席，相当得力。这位同志有战略头脑，工作实际，善于总结经验，也能团结同志……根据地远离党中央，独立性大，主要领导人的选择特别重要。后来拿掉曾中生换上张国焘，是失策的。"（《历史的回顾》，解放军出版社，1988年）

徐向前一向以"老实人、厚道人"的面孔在中共党史中出现，即便建国之后、当了元帅再写的回忆录中，对于张国焘的批评，也仅止于"失策"。

5月下旬，张国焘指挥红四军主力转向南线，在黄安一带作战，以保卫夏收成果，与围剿的国民党军又打了几仗，取得全胜，蒋介石对鄂豫皖根据地的第二次围剿也失败了。

鄂豫皖久久无功，蒋介石改变了主攻方向，对鄂豫皖采取守势，准备动用重兵，先解决江西匪患。按照中共党史的说法，开始筹划针对中央苏区的"第三次围剿"。

曾中生向张国焘建议：保留少部分兵力留守和保卫，集中兵力南下蕲春、黄梅、广济一带，在南侧牵制国民党军队，配合中央苏区的"反第三次围剿"。

曾中生的建议有其合理性，但却与当时的中央指示精神不相符。5月初，中共中央要求红四军固守苏区的核心区域，"不要将红军的主力派遣到京汉线上企图占领。"（《中国工农红军第四方面军战史》，解放军出版社）

中央的指示精神符合张国焘对局势的判断，在鄂豫皖核心区域，有顾敬之的民团等大批国民党方面的"民兵武装"，横亘在皖西与鄂东，几乎要把苏区"一分两半"，这对苏区的安全是个重大威胁。张国焘的意图，是肃清民团，将东西两边连接起来。

5月下旬，红四军主力进入商城和麻城交界区域，向顾敬之的民团发起进攻。

令红四军官兵们头痛的是，顾敬之民团似乎深得中共游击战的精髓，也有样学样地坚壁清野，跟中共大部队打游击、转圈子。上万名红军将士在方圆不过数十里的山区打转转，后勤保障、粮食供应的困难程度，可想而知。

在这种情况下，直接指挥部队作战的曾中生、旷继勋，再次向张国焘建议：以两个团的兵力执行肃清民团的既定任务，主力继续南下，打下英山，直取蕲水，扩大根据地，找到粮食供应，同时配合中央苏区的"第三次反围剿"。战机稍纵即逝，曾中生和旷继勋一边向张国焘请示，一边把部队动向报告给了上海的中共中央。同时调动部队，准备率主力南下。

中共中央与张国焘的思路一致，不同意部队冒险进行长江之战。5月31日，中共中央直接向曾、旷指示，再次严厉批评了他们的"南下主张"：

"红军大部到长江行动，占领武穴，截断长江，炮击敌人兵舰等，是立三路线的残余观点。"（《中国工农红军等四方面军战史资料选编》（鄂豫皖时期下），解放军出版社，1993年）

张国焘也接到了中共中央的5月31日来电，他给曾中生、旷继勋发电，一面重复中央的指示，一方面将之更加具体化：

"鄂豫皖红军的行动方针是，调动一部分红军力量去打通商光路线，肃清亲区，完成中央指示我们的把整个苏区打成一片的任务。不但肃清亲区（民团占领区），同时要扩大苏区。"（《中国工农红军等四方面军战史资料选编》（鄂豫皖时期，下），解放军出版社，1993年）

在中共中央和中央分局的严令之下，红四军没有南下。

6月28日，张国焘主持召开中央分局第一次扩大会议，曾中生、余笃三、许继慎等再次提出，红四军主力应该南下。此时中共中央已经调整了指示，要求红四军援助中央苏区"反第三次围剿"。内外压力之下，张国焘终于表态：同意南下。经过一番讨论，张国焘决定：将红四军主力均分为两个部分，一部分留在鄂豫皖核心区，执行巩固和发展的任务；另一部分南下发展，攻英山、出潜山、太湖、进逼安庆，威胁南京。

分兵之前，张国焘红四军领导再次做出调整：徐向前接旷继勋，任红四军军长，曾中生任红四军政委；旷继勋降一级，改任红十三师师长。长期盘桓在粮食奇缺的苏区内部，大部分红四军将士都憋屈坏了；听闻将要出发南下，将士们士气都很高昂。

7月中旬，徐向前、曾中生率领红四军第十师、十一师、十二师共五个团的马，由商城出发，直取英山。8月初打下英山县城，歼敌近两千，缴枪一千余支，首战告捷。

按照既定战略，徐向前打下英山之后，应该直接东进，攻取安徽省城安庆。但徐向前和曾中生认为，既然要配合中央苏区的行动，应该转头南下蕲春、黄岗、广济，直捣武穴，而不是越打越远，向东进军。

多年后，徐向前撰写《历史的回顾》，把这次改变既定的东进路线、转头南下，说成是曾中生的决定：

"曾中生同志最后决定，红军趁势进据蕲、黄、广，一面行动，一面将这一决定报告分局。"

徐向前、曾中生率领红四军主力，共五个团的兵力，南下征战一个月，接连攻克了蕲水、罗田、广济，歼敌七个团，俘敌五千人，缴枪四千余支，还有一部电台。这个战果，对缓解中央苏区之围，确实起到了作用。

但是，红四军改东进为南下，显然是违背了张国焘的指令，曾中生、徐向前、刘士奇等红四军主要领导也考虑到了张国焘的态度，三人联名，越过中央分局和张国焘，直接向中共中央写信，汇报南下的必要性。很显然，作为张国焘的直属下级，他们也认识到越过中央分局直接向中共中央汇报，可能会引起误解和麻烦，在这个报告最后，特别加了一句：

"（改东进为南下）这是否是错误，是必然要请中央指示的。"

第五章：1928-1932

(《中国工农红四第四方面军战史资料选编》(鄂豫皖时期，下)
解放军出版社，1993年)

果然，张国焘对于曾中生、徐向前公然违抗自己命令、改东进为南下的做法极为愤怒。9月初，他以中央分局的名义，连续给红四军发了三封指示信，对曾、徐违抗命令的做法予以严厉批评：

"红四军出武穴的行动，不能完成打击敌人和援助中央苏区的任务，在政治上是根本错误的；出武穴是脱离后方无阵地，是无把握作战，也是错误的；不以政治任务为重，而以经济为睥，也是错误的……放弃援助中央苏区，拒抗分局指示，放弃后方赤区，给敌人以良机紧攻中央苏区，给敌人以可能扰乱后方赤区与秋收，使后方二百万群众不能安全秋收，这样解决经济问题，是工农红军绝不如此，是负责党与苏维埃的使命来领导红军的同志绝不应当如此……部队应立即北返，不能有丝毫的停留。"
(《中国工农红军第四方面军战史资料选编》解放军出版社，1993年)

对于张国焘的这种严厉指责，时年31岁的曾中生和30岁的徐向前很显然是无法接受的。9月4日，冲动之下的曾中生，做了一个无论从哪个方面看都颇欠考虑的决定：在红四军驻地鸡鸣河，召开支部书记、指导员以上人员参加的"活动分子会议"，讨论中央分局和军委会联合署名的来信。在群情激愤的情况下，决定向中央分局递交一个《申明书》，派政治部主任刘士奇带上信，赶往新集，向中央分局书记张国焘当面陈述意见。

这封《申明书》的措辞和语气都极为直率而粗鲁，很难想像这是下级在向上级陈述情况，更像是辩论对手之间的互相驳斥。如果考虑到曾中生是张国焘到来之前的鄂豫皖边区的党政军一把手，这封申明书，更可以看成是曾中生借由军事进攻路线之争、全盘否定张国焘对鄂豫皖苏区领导的合理性、合法性。《申明书》将曾中生和张国焘之间的矛盾完全暴露出来，直接导致了曾中生被降职、被撤职、被捕、被关押两年，最后被秘密杀害。

现在看这封《申明书》，依然能感受到血气方刚的青年将领曾中生按耐不住的情绪：

"中央分局给红四军的指示，是根本不合事实的，我们除在组织上采取绝对服从，立即开向福田河一带之外，在政治上有不得不向中央分局及军委会作诚恳的申诉之必要……

"我们再四考虑，认为分局这种指示，完全凭借片面的根据和纯粹从主观出发，与我们前方行动的事实意义和客观环境是绝对不相符合的……我们深深认为，配合中央苏区红军的行动，是要以占领敌人要害、打击敌人主力两者并重，而且在今日技术拙劣的红军，其战略目的应后者超过于前者；同时要能真正地巩固自己阵地向敌人作有准备有把握的进攻，尤其是要整个苏区有全盘的计划与准备工作，才能集中主力向外发展，而更有全盘部署进攻之阵势。如此，才不致因为一局部问题而牺牲全部计划。这样与那绝对没有准备而发出命令去占领大城市和空喊进取安庆，威胁南京的主张，丝毫不相同的……

"（红四军南下作战并取得的一系列胜利）牵动了统治阶级整个的军事布置，的确有重要而切实的配合中央苏区的意义……武装了八万农民以上……均分配了土地，工会农会均已成立，蕲、黄、广均已成立革命委员会及部分的苏维埃，沿途作战，均有广大的农民群众送饭送茶送伤病员以及运输胜利品……

"在经济上，除军用胜利品及医药外，现金在七万元以上，纯银在千六百斤以上，纯金在二十斤以上，兵士衣服均已换齐，棉衣亦已部分的准备……这种胜利正是争取全部胜利的必由之路，离开这种必由之路而用'左'倾的名词—进取安庆威胁南京来代替这一脚踏实地的任务，不但是空想，而且会使革命力量遭受惨败的……果而如此，吾辈将举鄂豫皖数年斗争的结晶，离开国际和四中全会的路线和立场，贸然送给于帝国主义国民党的铁腕之下，生不为革命之罪人也几希……

"进攻安庆威胁南京，是这样轻率不加准备而可发出军令吗……安庆之取是不能离开全国革命形势和估量的……英山到安庆近四百里的无苏区又是山地清团匪军，而后方运输、使役、侦探、干部又无多少的准备,而以一个月为限,命令不足一个师的红军进取安庆威逼南京,这恐近于共产党之夸大狂了……如果单就武穴不如安庆政治意义之大而言是对的,可是武汉南京比安庆意义又更大,我们能不能离开整个的政治形势和大城市群众工作基础之估量,而下一进攻武汉南京之命令?这是一种很明显的事。"(《鄂豫皖革命根据地》第一册,河南人民出版社,1990年)

这封《申明信》应该是曾中生亲笔写就的,写到最后,他甚至难掩对张国焘瞎指挥的鄙视和厌恶,挖苦和讽刺的语言都用到了给上级的申明信里。

接到《申明信》,让张国焘彻底爆发了。曾中生发动下基层干部反抗中央分局,这是公然的"造反"举动,任何稍有判断力和执行力的上级领导,都会毫不犹豫地采取行动。曾中生的这一冒失举动,的确是"自作孽,不可活"。

当时张国焘刚到鄂豫皖不到半年,水土不服加上工作繁忙,患上了疟疾,并发了肠胃病,身体虚弱,卧床不起。在张国焘看来,曾中生的《申明信》无异于最后通牒,再不处理,他这个鄂豫皖中央分局书记估计就要被赶下台了。

9月中,张国焘躺在病床上,主持召开了鄂豫皖中央分局和军事委员会紧急会议,向与会人员宣布:"曾中生等人竟到了公开反抗的地步,那是他们的执迷不悟,除了撤换以外,别无其他办法。"会议决定,派陈昌浩接替曾中生,任红四军政治委员,立即上任。张国焘命令,派出鄂豫皖苏区仅有的一架列宁号飞机,将陈昌浩空投到六安一带的红四军中。(《我的回忆》第三册,现代史料编刊社,1980年)

列宁号载着陈昌浩,从中央分局机关所在地新集,飞往红四军军部驻地六安。飞机很快到达六安上空,无奈怎么也找不到合适的降落地点,只好返航。第二天又飞了一次,还是没地方降落,再次返航。

第三天,陈昌浩决定骑马前往,他带着三名警卫员,昼夜兼程,五天走了八百里,到达安徽六安麻埠镇。

一到麻埠，陈昌浩马上召集全军干部会议，宣布中央分局的决定，撤销曾中生的红四军政委职务，由陈昌浩本人担任。

多年之后，徐向前回忆起当时的情景：

"我心里很不痛快，因为是分局的决定，也不便说什么。曾中生同志表现很好，并没有因为遭受打击而灰心丧气。"（徐向前《历史的回顾》，解放军出版社，1988年）

又过了大约一个月，10月上旬，张国焘在新集召集红四军团以上干部会议，彻底清算曾中生反抗中央分局的过份举动，做出了《鄂豫皖中央分局关于红四军的决议—改造红四军路线上的错误的具体方针》：

首先，将曾中生与中央分局之间的分歧，上升到了政治路线的高度，认定曾中生等所代表的仍是立三路线。

其次，将党内、军内斗争的性质，定性为敌我矛盾，认定之所以出现立三路线的错误，是因为军队内部混入了"改组派"；而这一切错误，都应该由军政委曾中生承担主要责任。

第三，公开而严厉地谴责了曾中生死不悔改的对抗态度——"（曾中生）虽然在中央分局面前已经承认了他的错误。可是后来又知道四军在反抗中央分局政治路线的时候，已经写了一个信，把斗争的情绪告诉中央，而中生同志对于中央分局却是把这些事实瞒起不说的。中央分局认为，四军有权可以写信给中央，但是必须使中央分局知道。现在中生同志有瞒起这事不说的事，可见中生同志在承认自己的错误上是不诚实的，他还没有把所有的事一齐说出来，中生同志承认了他在政治上应负主要责任，而不承认他在这次争论中煽动的主动作用与小组织的企图。这次中央分局不得不重新单独考察中生同志的错误的问题。"（《鄂豫皖革命根据地》第一册，河南人民出版社，1990年）

张国焘整肃部下、清理门户，远在上海的中共中央予以全力支持。据徐向前回忆：

"我们给中央写了报告，中央是个什么态度呢？十一月三日，党中央给鄂豫皖分局的信里，做了回答。那时的中央，对他们派来的张国焘等人相当器重和信任，所以尽管张国焘的东出方针不对头，中央也不同意，但用词相当委婉的。所谓'军委会及中央分局对于决定出潜、太到六霍，而不到黄、广去恢复苏区的决定是战略上的疏忽'，仅此而已。对于坚持南下方针的我们就不同了，罗织了一大堆罪名……这就为张国焘进一步打击曾中生同志，推行王明路线，提供了'尚方宝剑'。"（徐向前《历史的回顾》，解放军出版社，1988年）

曾中生的命运从此一路走低，被张国焘解除红四军政委职务之后，他被任命为独立一师师长。1932年鄂豫皖第四次反围剿失败，红军主力退出苏区，随后开辟了川陕根据地，曾中生担任西北革命军事委员会参谋长。1933年9月，张国焘认定曾是右派首领，将他逮捕，并长期监禁。监禁期间，曾中生还撰写了一些指导红军作战的小册子：《与川军作战要点》、《游击战争要诀》、《与剿赤军作战要诀》等。张国焘一直没有放他出来。1935年6月，红一、四方面军会师后，曾中生感觉机会来了，再次越过张国焘，给中央写信，要求复出工作，但是很不幸，这封信被张国焘给截留了。1935年8月，张国焘下令，秘密处决了当时被监禁在卓克基的曾中生，时年35岁。1945年，中共中央为曾中生彻底平反。

第八节：白雀园肃反

通过打压曾中生，张国焘完全掌控了红四军的军权。他治下的土地革命运动，也比曾中生时代更加激进。

1931年7月1日，张国焘主持召开"鄂豫皖区苏维埃代表大会"，做出了"重新分配一切土地"的决议，明确了"地主不分田，富农分坏田"的原则。

7月14日，鄂豫皖中央分局发布第七号通告，规定："富农和富裕中农的分别，主要的是在是否有剥削性"。按照这一划分标准，富农的数量大幅度增加了。对富农的打击，严重损伤了数量更为庞大的中农的生产积极性。在"团结最大多数人为我所用"这一点上，张国焘弱于毛泽东。

地主不分田，如何安置他们和他们的家属？对于这个问题，张国焘也有办法："对反对家属可以罚他做苦工，否则驱逐出境，不得分土地。"没有分得土地的地主和家属，无以为生，只能流离失所，或者为匪为盗，成为苏维埃政权的死敌。

1931年至1933年期间，中共在各个苏区都开展过肃反，而且都有过火的情况。张国焘主持的鄂豫皖也没有例外。

中共的肃反，一开始是执行共产国际对各国共产党发出的指示：要肃清"右倾机会主义的余毒"。启动之后，要肃清的对象就多起来了，除了"右倾机会主义"之外，还有调和派、改良主义、取消派、改组派、第三党，等等。

鄂豫皖的肃反运动，在张国焘到来之前，就已经开始了。在他之前，曾中生主政的鄂豫皖特委，对于内部的所谓"改组派"就已经是"只靠屠杀"了。

所谓"改组派"，一开始指的外部敌人，是"中国国民党改组同志会"，这是汪精卫、陈公博于1928年底发起成立的国民党内的反对派，汪精卫要改组的是国民党，虽然打着既反蒋又反共的旗号，但斗争目标还是蒋介石，跟中共基本没有关系。1931年初，汪、陈"改组派"宣告解散。但中共内部却一直认为，"改组派"已经渗入中共，需要清除。

张国焘到来之前，曾中生和沈泽民都认为，"改组派"亦已渗入鄂豫皖苏区的党组织内部，也都下重手清查过"改组派"。

张国焘到来之后，应该是很容易就做出判断：要解决根据地"老干部"不服从的问题，用清查"改组派"的方式进行内部整肃，是最顺手的办法。6月30日，在他上任之后的第一次中央分局扩大会议上，就强调了内部肃反的必要性：

"今后要加紧建立政治保卫局的工作、革命法庭的工作，以打击一切反动派……加紧'肃反'工作……要针对着国民党改组派、第三党、取消派等反革命的宣传口号，进行日常宣传工作，严密戒严和政治保卫局的工作，去消灭苏区境内反革命的组织和他们的活动……"（《鄂豫皖革命根据地》第一册，河南人民出版社，1990年）

与曾中生、沈泽民相比，张国焘更高明的做法，是建立了一个专司肃反的机构——政治保卫局：

"政治保卫局是'肃反'主要组织，但单靠保卫局是非常不够的。必须动员广大群众来帮助这一工作，使广大群众深刻了解'肃反'，不只是保卫局的工作。各乡、各村以至每个群众，都应该自动注意起来。这样保卫局与群众打成一片，就是说要使'肃反'工作建立在广大群众基础上，一致的同一切反革命斗争。

"在阶级斗争激烈时，群众多因痛恨反动而自行处决，这是证明群众'肃反'的热忱。但是，以后应捉送保卫局并报告其事实，保卫局即根据这些事实，予以必要的处理。过去县、乡苏维埃间，有自动处决反动分子事实，今后必须送交保卫局处理。

"各级苏维埃及革命团体，都必须以极大的力量，经党供给保卫局的材料，特别是要以阶级意识坚决的分子来担任'肃反'工作。务使一切反革命的阴谋活动，都要完全肃清下去，使苏维埃的政权铁一般地巩固起来。"（《鄂豫皖苏维埃政府组织大纲》）

从上述引文中可见，张国焘之前的"肃反"，似乎更无序、更恐怖，"群众"自己就可以直接处决"反革命"。张国焘成立的这个政治保卫局，至少是把之前的乱抓乱杀，整合了一下，规范了一下。

"政治保卫局"和"革命法庭"，成了张国焘得心应手的整肃工具。鄂豫皖苏区肃反第一案，是许继慎案。

许继慎是安徽六安人，是鄂豫皖苏区的本地人。他是黄埔一期的毕业生，跟徐向前是同窗。他在国民革命军中从排长做起，历任连长、营长、叶挺独立团参谋长、第二十四师第七十二团团长。1927年宁汉合流之后，他被调到上海的中共中央机关工作，1930年3月，被中央军委派到鄂豫皖，任红一军军长。他也是空降到鄂豫皖苏区的中央干部。

中共中央接二连三地往鄂豫皖苏区空降军政干部，而且一到任就超越本地干部，成为主官，这势必导致一个"恶例"——谁来了都要先杀一杀原来干部的威风、树立新官的威严。所采取的招数也都差不多：全盘否定之前的工作，大批撤换原有干部。这样的恶例一开，很容易就从"撤换"升级为"屠杀"。

张国焘算是"终极空降干部"，他是中共中央政治局常委，张国焘到位之后，再也没有更大的中央领导空降鄂豫皖了。

在来鄂豫皖之前，张国焘和许继慎就相识。1928年7月，南昌暴动之前，许继慎在战斗中负了重伤，无法参加南昌暴动，被疏散到上海中共中央机关，一边养伤，一边在中央机关工作。这期间张国焘作为中央代表前往九江、南昌传达共产国际最新指示，和许继慎在九江见面并详谈过。张对许的最初印象是"一个才华毕露的军人，爱谈政治"。(《我的回忆》)

张国焘空降到鄂豫皖之后，去许继慎任军分会主席的皖西根据地考察工作。这儿也是许的老家，他了解到的情况是：

一，　许继慎对前任的鄂豫皖特委书记沈泽民和现任的红四军军长旷继勋都敢于公开表达不满，公开表示，想要取而代之。

二，　许继慎在皖西老家的"打土豪分田地"做得很不彻底，许多地主富农都和他个人关系很好，经常出入许师长的门下；一旦受到打击，许师长经常袒护他们。

国共军事上激烈对抗的同时，情报战线上也是针锋相对、你来我往。中共派特工打入国民党内部，国民党方面也加紧对中共开展渗透、策反和离间行动。和许继慎同为黄埔一期的国民党陆军中将曾扩情，就任鄂豫皖剿匪总司令部军队党务特派员，他盯住的第一个目标，就是红十二师师长、老同学许继慎。

曾扩情打出的是一记策反+离间的组合拳，他以黄埔军校同学的旧关系，派了两个小特务，公开到英山找红十二师师长许继慎"叙旧"，小特务随身带着伪造的信件，信中诡称许继慎已经和国民党方面建立了联系，准备投奔蒋介石。许继慎见到这两个特务之后，马上把他们逮捕，送交军部，以自证清白。军长徐向前、政委曾中生亲自对来人进行审问，结合许继慎的一贯表现，得出结论："许不会有什么问题，"完全是敌人用各种阴谋来破坏我们。"

张国焘从这两个特务身上，看到了扳倒许继慎的机会。他认为这两名特务的到来不是偶然的，很可能与许继慎等力主率

第五章：1928-1932

领导红四军主力南下的主张有联系。在他的授意之下，政治保卫局逮捕了红二十八团团长潘皈佛的妻子，用刑讯逼供的手段，逼出了一个对许继慎不利的情报：

"许、熊（受暄）等人确有准备把部队拉到长江边，准备投降蒋介石。……红四军的南下，是曾中生受了那些反革命分子的怂恿和蒙蔽。"

这么一来，案情就重大了。9月中，陈昌浩赶到红四军军部麻埠，首先逮捕了十师参谋主任柯柏元、二十八团团长潘皈佛等二十余人，然后又直接逮捕了许继慎、周维炯等师一级将领。10月，周维炯被处决；11月，许继慎被杀害。

张国焘的鄂豫皖肃反，又被称为"白雀园肃反"，主要的肃反行为，都发生在这个大别山间的小镇周边。

9月底，红四军主力部队移驻白雀园地区，张国焘由新集来到白雀园，亲自主持肃反运动。这就是"白雀园肃反"名称的由来。

张国焘的"白雀园肃反"到底杀掉了多少人？张本人在《我的回忆》中交待：

"这次的肃反案，被捕者约六百人，……实际被整肃的有许继慎等百余人，其中判死刑者约三十人，判处各种刑期的徒刑者约百人。"

这个数字显然是缩小了。

陈昌浩于1931年11月22日，在鄂豫皖苏区彭杨军事政治学校讲话时，这样介绍肃反的成果：

"（红四军中被处决者）有两个师长（许继慎、周维炯），一个师政治委员（庞永俊），八个团长（潘皈佛、吴云三、高建斗、王则先、肖方、王明、魏孟贤、曹光南），五个团政治委员（封俊、江子英、袁皋甫、吴精赤、刘性成），两个师政治部主作，十二个团政治部主任……这次共计肃清'叛逆'一千人，富农及一切不好的分子计一千五百人。"

徐向前是张国焘最为信任的将领之一，他对"白雀园肃反"的晚年回忆：

"红四军移驻白雀园后,张国焘亦由新集亲来白雀园主持肃反……在这一主观主义的逼供信的肃反中,红四军中的各级干部除少数幸免者外,几乎都一网打尽了。以前逮人还在上级,这时捕人已深入下层了。在这一大肃反中,……主力四个师共十二团的干部中,今天屈指可数者只剩下倪志亮、王树声二人,其他都被捕杀了……将近三个月的肃反,肃掉了两千五百名以上的红军指战员。

"据程世才(时任红十一师三十团政委)个人回忆,在肃反过程中,三十团换过三次团长、政委主任也换过二三次……有的换过四次。这大批撤换的各级干部,都是以改组派、AB团、第一党的名义逮捕了,有的送到后方保卫局,有的就在前方枪毙,或用石头打死。如以三十团在大肃反中被残杀的班以上干部,估计起来大约有五百人上下,其他各团,并不少于三十团,这些被逮捕的各级干部,除少数几个放出来未杀,或仍回军队工作外,一般都被戴上反革命的帽子,而杀害了。

"又如徐琛吉同志回忆,在六安独立团的肃反中,有一次班长以上干部一律以反革命罪名逮捕了,这一次一下子就捕了二百余人。这说明当时在地方武装中肃反,逮人杀人也是很厉害的,究竟有多少人,当时很少人知道的。

"在苏维埃政权中,党的各级机关中,工会中与群众中逮人杀人的现象也和在军队内一样,例如罗山群众领袖郑新民、麻城群众领袖王宏学、县委书记雷绍全,孝感县委委员刘纪云,过去特委书记徐朋人,黄安农民政府主席曹学楷,鄂东革命军党代表戴克敏感,红三十一师政治部主任陈定侯,黄安党的发起者王秀松、戴季伦,商城县委书记李悌云,及皖西道委书记方英……至于群众中被捕杀的人,更难于计算。"

"由这一大肃反的结果,红军中有战斗经验的老干部几乎被杀完了,鄂豫皖苏区与红军的创造者几乎被杀完了,外来的党的知识分子军政干部被杀的已差不多了,六安兵暴的领导者也捕杀了。这一肃反的危害,不仅捕杀了大批大批的军政党群众的领袖,而且在党内、苏维埃政权内、军队内与地方群众中,造成了极端严重的赤色恐怖。未被肃反的同志终日惴惴不安,不知死之何时将至。由于这一大肃反,使红军的战斗力大大削弱了,部队中的文化程度也一落千丈,使部队中造成极端反知识分子,反对戴眼镜的恶劣倾向,几使红军成为一支愚蠢的军队了。"(《历史的回顾》)

徐向前本人没有被肃掉,但他的夫人程训宣却被肃掉了,而他本人也只能眼睁睁地看着自己的妻子被杀害。(《豫鄂皖苏区红军历史》)

一如徐向前所说,张国焘对苏维埃各级政权的肃反,搞得也很过火。据1932年1月7日英山中心县委给中央的报告称,各级领导机关的成员,几乎都成了反革命:

"皖西北整个特委只剩下方英同志和一二事务员,少共特委、军事委员会分会几乎完全是的(反革命);英山党团中只剩下党团书记记、妇委书记及交通,其他全是的。各县如六安、霍山、商城只剩下少数同志,其余全盘都是。英山的苏区,八个区委只剩下一个区委书记,非苏区的三个区委完全皆是,党的团的同地加入第三党的几乎有三分之一。"

据时任新集县委书记的成仿吾回忆:

"这次肃反是在张国焘直接控制的保卫局系统进行的,别人是管不了的。我当时是新集县委书记,但根本管不了,我的秘书也在我不知道的情况下被抓走了,给肃掉了。新集是一个三千多人的镇子,肃反搞得晚上没有行人,白天不敢一个人走路。我去鄂豫皖时同行的有六个人,其中三人被张国焘杀掉了。"(《记叛徒张国焘》)

三个月的肃反运动,成了张国焘一生抹不掉的污点。

让当代人感到疑惑的是,许多当事人都提到,虽然肃反扩大化搞得血雨腥风、人人自危,但红四军仍然战斗意志旺盛,打仗的时候官兵们依然是奋不顾身、前仆后继。而且更让人感叹的是,几乎全体红四军官兵,在不知道明天是否会被逮捕、被杀掉的情况下,几乎没有一个人动摇和逃跑的。

成仿吾讲了一个让他终生难忘的例子:

"当被捕的指战员（军官和士兵）暂时放出来编成突击队时，则毅然冲锋陷阵、奋不顾身地打击敌人。"（《叛徒张国焘》）

极为严酷的肃反运动，在红四军各级指挥人员中，在苏维埃各级政权中，几乎所有"鄂豫皖苏区老干部"都被整肃掉了，剩下的都是张国焘系的人马。

第九节："猛烈扩张"引来"猛烈围攻"

1931年10月，中共实际最高领导人陈绍禹赴莫斯科，担任中共驻共产国际代表团团长，不久当选为共产国际执委会主席团委员，负责亚洲、拉美各国的共产党事务。从这时起，陈绍禹以"王明"名字行世。一直到1937年11月，王明从苏联回到延安，张国焘和他睽违了六年。

1931年11月7日，中国工农红军第四方面军在黄安七里坪正式宣告成立，徐向前任总指挥，陈昌浩任政委；下辖红四军和红二十五军，共四万余人。这支虎狼之师的最高首长，是鄂豫皖中央分局书记张国焘。

同一天，在长江以南的江西中央苏区，成立了中华苏维埃临时中央政府，选举毛泽东为主席，张国焘为副主席。

接下来的半年时间里，红四方面军的战果可以用"辉煌"二字形容：

红四方面军宣告正式成立时，蒋介石为核心的国民政府正面临着巨大的内部压力。两个月以前的"九一八事变"，日本关东军开始有计划地占领中国东北，不过三个月的时间，东北全境即落入日本之手，张学良率领的东北军全部撤回关内。蒋介石和国民政府骤然陷入内外交困的境地，这给包括红四军在内的中共武装提供了极为宝贵的发展和壮大机会，扩编制、占地盘，创建地方苏维埃政府，迅速蚕食着国民党各级政府的有效控制区域。

从1931年11月至1932年5月，红四方面军打着反对敌人第三次围攻的口号，主动向外出击，打击根据地外围的国民党部队。红四方面军先后举行了黄安、杜付店、苏家埠三次进攻性的战役，歼灭国民党正规军五万余人，取得了鄂豫皖苏区创建以来的空前大捷。红军规模在战斗中迅速扩大，很快便发展到五万人；鄂豫皖根据的面积亦扩大到四万平方公里，辖区人口达到三百五十万。

在这几次规模空前的战役中，总指挥徐向前的指挥能力得到了充分施展。他是一位务实的战术专家，善于运用"围城打援"战术，在运动战中歼灭敌人的有生力量。

此消彼长，在东北被日本侵占之后，蒋介石的日子越来越不好过了。

1932年1月28日，中日之间第一次淞沪战争爆发——日本称之为第一次上海事变，以区别于1937年8月13日爆发的中日之间更大规模的会战，日本称之为第二次上海事变。蒋介石和国民政府的主要精力，放在了应付日本进攻上面。淞沪抗战打打停停，一直到5月5日，中日双方签订《淞沪停战协定》，中国军队撤出上海，日本驻军恢复到战前态势。

中日暂时停战，蒋介石腾出手来应付急剧恶化的国内局势，开始组织更大规模的针对苏区的进攻。淞沪会战期间，中共势力增长太快，已成蒋氏政府的心腹大患，危害性不亚于外敌日本。日后蒋介石一再公开强调"攘外必先安内"，想必他见识了第一次淞沪抗战期间、中共趁机实现的超常规发展。

看一下中共在淞沪抗战前后的一系列作为。

1月28日中日开战以后，中共方面亦迅速做出反应，中共中央和中华苏维埃共和国政府于1月31日发表公开声明：

"国民党各派军阀和中国资产阶级都是日本帝国主义走狗，以血的屠杀镇压反日运动来献媚日本帝国主义。"

两天之后，中共中央向党内发布《中国共产党关于上海事件的斗争纲领》，明确提出：利用"上海事件"这一难得的机会，发动群众、打击国民党政权和军队：

"劳苦群众立即进行革命战争……将缴到敌人的枪械分给工人义勇军、纠察队……向着帝国主义国民党开枪……（士兵们）杀掉你们的长官，加入红军。"（《中共中央文献选集》第八卷，

中共中央党校出版社 1991 年）

上述《宣言》和《斗争纲领》显示，中共中央把"一二八事变"看成了类似十月革命前的"俄德战争"。当年列宁领导的布尔什维克，就是趁俄德战争之乱，发起爆动并获得成功的。

3 月 5 日，中共中央又以中华苏维埃共和国临时政府的名义，发了一个《告上海民众书》，言辞更加左倾和绝对：

"国民党及十九路军的长官是帝国主义的清道夫……国民党任何时候、任何地方、任何派别、任何军阀，都是帝国主义的奴隶，南京政府、广东政府、马占山、蔡廷锴，都是一样的东西……（士兵们）反抗国民党军阀的撤军命令，枪毙反动的长官，持枪到闸北、吴淞、南市去，与民众一起继续与帝国主义决战到底。"

此时的国内大气候和淞沪地区的小气候，与当年列宁面临的俄国局势完全不同，中共中央趁机发动暴动和革命的意图，不可能实现，但是中共趁着国民党政府无暇西顾的短短四个月左右的时间里，极大地扩展了根据地的地盘。

"策划暴动"实现不了，"抢占地盘"则大有可为。鄂豫皖苏区的扩展经过前文有述，我们再看一下江西中央苏区利用"上海事变"实施扩展的情况。

1931 年 11 月 7 日，中华苏维埃共和国宣告成立时，江西中央苏区控制着瑞金、石城、长汀、会昌、零都五个县，而且除了瑞金全县为中共所控之外，其他四个县的大部或一部，还在国民党政权的有效管辖之下。

淞沪战争一打响，中央苏区迅速扩张，到 1932 年 4 月，只用了两个多月的时间，就完全占有了七个县及县城，跨有 18 个县，面积扩大到七万平方公里，控制人口 240 万；加上相隔不远的闽西苏区 10 个县，中央苏区的总面积已经接近 10 万平方公里，控制人口 300 万。这段时间，在中共党史上，称之为"猛烈扩张期"。

"猛烈扩张"引来了"猛烈围攻"。1932 年 6 月，中日淞沪战争结束不过一个月，国民党五万大军便向鄂豫皖根据地袭来。

第五章：1928-1932

中共党史中所谓"针对鄂豫皖的第四次大围攻"开始了。

"大围攻"的主帅依然是蒋介石，他坐阵武汉，亲自指挥，把五十万大军分为左、中、右三路，左路军一力进攻湘鄂西根据地，中、右两路军共二十四个师加两个旅，全力围攻鄂豫皖根据地。

为了达到"彻底解决"的目标，第四次围攻的参战部队中，蒋氏的嫡系部队增加到了三分之一。

第四次围攻的战术也有别于前三次，采取了"稳扎稳打、并进长追、逐步压缩"的战术，力图把红四方面军逼迫到长江北岸，聚而歼之。

前三次鄂豫皖反围攻的胜利，让张国焘的头脑发热了，他似乎有些轻敌。1931年12月23日黄安战役的胜利，也让他错误地认为，红四军目前的实力，可以主动出击、以攻为守。黄安战役结束的当天，鄂豫皖中央分局就发布了一个《为庆祝黄安大捷输送新兵和粮食的紧急通告》，认为黄安战役的胜利，是"完成一省数省首先胜利的开始"，明确提出了"夺取中心城市"的口号。针对国民政府宣称"迁都"的举动，他特别提出了一个"偏师"的概念——国民党军队已成偏师，无法再集中全力进攻苏区。

1932年1月28日爆发的"上海事变"，是日本的故意挑衅，目的是转移国际社会对日本侵占东北的注意力。蒋氏国民政府则不愿意两线开战，试图先缓和与日本的军事对峙，腾出主力对付中共的分裂割据。无奈此时的日本政府被军人把持，把蒋氏政府的主动妥协，看成了无力对抗，更加肆无忌惮地在上海挑战、求战。面对日本的步步紧逼，中国军队之十九路军，只好被动应战。

上海战事一开，国民政府首都南京就成了危城。1月30日，蒋介石授意国民政府，向全体国民宣布：将首都迁至中原的洛阳，以此宣示决心，将坚持长期抗战。当然，大敌当前，被迫迁都，也显示出国民政府的实力很弱。

2月17日，淞沪战事正酣，张国焘指示鄂豫皖省委，发布了《关于目前形势和党的紧急任务的决议》：

"国民党政府的迁都洛阳,一方面表示国民党由于进攻苏区与红军的失败,已经成为帝国主义所斥逐的走狗,或者宁可说是降了级的走狗,不过降级都是地主、资产阶级所欢迎的,因为从此在进攻苏区与红军的战场上,主要的火线将由帝国主义者所直接担负,而国民党的洛阳政府和其他军阀政府,只担任偏师的任务。

"同时,红军的积极进攻武汉,将使鄂豫皖苏区要和日本帝国主义直接冲突。摆在各苏区尤其在鄂豫皖苏区面前的第一件大事,就是我们快要和帝国主义直接战争。

"同时就向鄂豫皖苏区党提出了一个严重的任务,就是采取坚决进攻的策略……消除苏区向南方发展的障碍,夺取武汉门户,与湘鄂西取得联系,造成红军在长江边与京汉路线行动自如与苏区包围武汉的形势……以准备与帝国主义直接战争和准备夺取武汉,完成一省数省首先胜利。"

张国焘发明的这个"偏师"学说,确实太富有想像力。中共中央于3月6日给鄂豫皖分局来信,直言不讳地批评:(偏师)是"不顾事实的胡说。"

看"偏"国民党军队的同时,张国焘对鄂豫皖苏区红军的期望值也在不断上升。1932年3月26日,在《关于红军在皖西作战行动给中央的报告》中说:

"我们四方面军已率第四、第二十五军共五师十二团之众,向六(安)、霍(邱)行动,决心拿下六、霍,配合全国红军大举向敌进攻,积极准备同帝国主义作战,争取一省几省首先胜利。"

6月18日,苏家埠大捷后不久,此时"上海事变"已经结束,国民党军队开始大规模集结,准备开赴苏区,进行第四次更大规模围剿了,张国焘给中央发电报,称:

"已转变到与敌人全局决胜负的时候。"

成仿吾认为,正是由于张国焘的这种对自身实力的过高估计、对国民党军力的忽视甚至蔑视,以及对国际局势幼稚而荒谬的判断——认为不久之后将与日本帝国主义直接开战,导致了

第五章：1928-1932

红四方面军浪费了6月上旬到8月上旬两个月极为宝贵的准备时间，没能从指导思想上、军事上、后勤上、特别是群众动员上，做好充分准备，以应对规模远超前三次围攻的"第四次围攻"。

徐向前意识比较清醒，七月初，在分局召开的军事会议上，他提出：

1，暂停进攻作战，让已经连续作战七个月的红四方面军主力集结休整。

2，抽出部分作战力量，肃清根据地内部隐藏的或半公开的敌对武装。

3，把更大精力放在反围攻的准备上。

张国焘拒绝了徐向前的这些合理化建议，命令红军主力主动出击，南下夺取麻城，进而威逼武汉。

8月上旬，国民党陈继承、卫立煌两个纵队，突破外围阻击，全力向黄安七里坪攻击前进。

七里坪是鄂豫皖的核心地带，张国焘不能眼看着它落到国军手里，决定撤出围攻麻城的部队，回援黄安七里坪。

1936年12月，已经到达延安的毛泽东，写了一篇文章《中国革命战争的战略问题》，针对张国焘在"鄂豫皖第四次反围攻"中的种种失误，发了一通议论：

"1931年至1934年的'左'倾机会主义，也不相信'围剿'反复这一规律。在鄂豫皖边区根据地，则有所谓'偏师'说，那里的一些领导同志认为第三次'围剿'失败后的国民党不过是偏师了，要进攻红军，就得由帝国主义亲身出马担当主力军。在这个估计之下的战略方针，就是红军打武汉。这和江西的一些同志号召红军打南昌，反对进行使各根据地联成一片的工作，反对诱敌深入的作战，把一省胜利放在夺取省城和中心城市的基点上，以及认为'反对五次"围剿"是革命道路和殖民地道路的决战'，等等，是在原则上一致的。这个左倾机会主义，种下了鄂豫皖边区反对第四次'围剿'、江西中央区反对第五次'围剿'斗争中的错误路线的根苗，使红军在敌人的严重的'围剿'面前不得不处于无能的地位，给了中国革命以很大的损失。"

"偏师"成了中共党内的笑柄,毛泽东这一大段话,就差点张国焘的名字了。

8月中,红四方面军主力撤出麻城之围后,在冯寿二里坪、七里坪与国军进行了两次激战,战况极为惨烈,双方反复肉搏,国军死伤五千余名。战至最后,双方力疲,形成对峙局面。

国军增援部队源源不断开进,很快红军方面便支撑不住了。张国焘由过于自信,转为过于恐慌。9月13日、14日,连续两天给中央发电告急:

"今天打出一个厉害的敌人来了。红军只有打一仗,没有打二仗的力气。"

要求中共中央"紧急动员各区红军及工农群众急起策应。"

红四方面军正陷入危局,江西中央苏区的领导人周恩来、朱德以及毛泽东应该看得很清楚,毛泽东等人以中央的名义给张国焘回电:

"红十六军(属红二方面军)在通山、咸宁两次胜利,一方面军北向发展胜利的开始,均是对鄂豫皖的配合策应行动……整个形势稍同于去年,但其战略战术颇似去年三次'围剿'对付中央区之并进长追,并益以坚守据点,稳扎稳打。

"建议红四方面军目前应采取诱敌深入到群众工作基础好的、地形便于我们的地方,掩护我主力目标,严格地执行群众的坚壁清野,运用广大游击队实行四面八方之扰敌、截敌、袭敌与断绝交通等等动作,以疲劳与分散敌人力量。而不宜死守一点,以便利对敌之分进合击。这样,在运动中选择敌人薄弱部分,猛烈打击与消灭敌人一点,迅速转移至另一方,以迅速、果敢、秘密和机动,求得各个击破敌人,以完全粉碎敌人'围剿'。"

张国焘并没有采取中央给出的战略建议,提出了"出潜山、太湖打游击的计划。"这一计划正好是国军想要的,如果红四方面军转移到长江以南的话,国军就可以按照既定战略,对其实施包围,将其歼灭在长江南岸。

包括徐向前在内的多数高级将领,反对向长江南岸转移。张国焘接受建议,指挥部队,从鄂东北出发,绕过豫东南,经过皖西北，又转回到了鄂东北，兜了一个大圈子。

这么边打边跑，到10月初，鄂豫皖根据地已经损失了六分之五。大军压境，张国焘开始考虑带领主力部队，撤出鄂豫皖。

10月12日夜，红四方面军主力越过平汉线，进入大洪山区，经洛阳店、新店向璩家湾一带转移。10月14日，张国焘在河口以北的黄柴畈召开紧急会议，成仿吾回忆，他本人也参加了这次会议。在会上，张国焘表示，红军向外线转移，只是让主力跳出包围圈，目的是打击敌人，保卫根据地，而绝不是离开鄂豫皖根据地。

但跳出了包围圈，毕竟就是离开了根据地，接下来何去何从？多年之后，徐向前这样回忆当时的迷茫：

"离开鄂豫皖以后，没有讲清到哪里去，大家急得很。但是那时没有一个什么目的地，也同中央苏区出来相似的，想到什么地方也不行，也是走一步，看一步，打一仗，算一仗，就是这样的情况。"（《历史的回顾》解放军出版社，1988年）

当时张国焘的打算，是到璩家湾一带找红三军（属红一方面军），但到了之后才发现，"红三军已经走了，根据地早垮台了。没有政权，没有红军，没有游击队，没有党组织，剩下的只是一片断垣残壁的荒凉景象。"（《历史的回顾》解放军出版社，1988年）

10月15日，黄柴畈会议的第二天，张国焘命令红四方面军主力四个师越过京汉线，转到外线。

10月19日，红四方面军主力到达新集。尾追的国军迅速对其实施包围，立即发动进攻。国军的这次进攻很突然，攻势相当凌厉，张国焘的指挥部差点被攻破。他这样回忆：

"这次战斗最惊险的一幕，是敌军攻到了我和徐向前的指挥阵地不及五十码的地方。敌军似已侦知我军的总指挥所，于第二天下午集中强大兵力，向我指挥所猛扑。由于我军正面一部约三百人伤亡过重，连排班级的指挥人员均告阵亡，无法继续作战，纷纷向指挥所败逃。眼看敌军向指挥所蜂拥而来，徐向前沉着应付，立令整理队伍，指定其中精神较强健者，担任连排班级的指挥人员。我则动员所有参谋政工以及各种直属部队约二百余人，临时编组，当敌军逼近到我们指挥所的地方，徐向前一声号令，我们这几百临时编组起来的部队，便冲杀出去，手榴弹一齐向正在疯狂前进的敌军抛掷，烽烟起处，血肉横飞，敌人就这样败下去了。这最惊险的一幕，竟使我们化险为夷。"（《我的回忆》）

国民党军队持续逼迫，张国焘、徐向前、陈昌浩带领红四方面军且战且退，连续十天向西北退却。10月23日到达鄂北的南化塘，再退一步，就是河南境内了。张国焘决定：放弃打回鄂豫皖的打算，向西寻找新的根据地。

红四方面军在南化塘休整了三天，国军又尾随而至。张国焘等更加坚定了向北、向西退却的决心：向北穿越鄂陕交界的漫川关，再向西进取汉中。

当时的战场态势是：在西边挡住红四方面军的，是杨虎城的陕军，共四个团；在东面、南面和北面合围而来的，是包括胡宗南在内的五个师。红四方面军的总兵力共一万七千余人，处于绝对劣势。

张国焘和徐向前商量，决定集中兵力，突破漫川关的北山垭口。计策已定，迅速行动，红四军总政委陈昌浩率领两个团飞奔前往，经过大半天的激烈争夺，红军占领垭口，张国焘、徐向前命令全体将士丢掉辎重，轻装突围。到11月13日黄昏时分，红四方面军主力突出蒋介石调集的重兵包围圈，连夜翻越海拔1600米的野狐岭，进抵竹林关。

至此，张国焘、徐向前、陈昌浩率领的红四方面军，才算是基本摆脱了国军的围追堵截。又经过十天的连续急行军，终于在11月23日，进入关中平原。

第十节：北进南出

到达关中平原之后，张国焘决定，将鄂豫皖革命军事委员会，改名为西北革命军事委员会。

红四方面军突破重围，神速进入关中平原，直接逼进西北军把守的古城西安。这让陕军统领、十七路军总指挥、陕西省主席杨虎城大为惊慌,他调集所属的五个师,迅速合围过来,意图很明显:在关中平原和红四方面军决战,同时解除西安之危。

红四方面军进入关中平原的第二天,就和西北军展开了激战。

11月24日,王树声任师长的红七十三师首先和西北军的一个旅接仗,反复冲杀,红军获胜。

11月25日,红十师、十一师与西北军激战,对方不支,退回西安。

11月27日,张国焘、徐向前率领红十师、十一师、十二师、七十三师与敌激战,红十师代理师长曹光南阵亡。

11月28日,红四方面军主力进抵周至县南的马召镇。在这里,张国焘接到了中共中央头一天发来的指示电报,先是严厉批评张国焘,认为正是他的轻敌思想,导致了第四次反围剿的失败、鄂豫皖根据地的丢失。接着指示张国焘,红四方面军现在的任务,是在鄂豫陕边建立新的根据地,与红二军团取得联系,相互呼应。中央指示强调,"红军主力整理休息补充之后,应取向回发展的方向,造成时时威胁襄樊及武汉的形势。"(《中国工农红军第四方面军战史资料选编》解放军出版社)

此时张国焘已经率领红四方面军远离鄂豫皖根据地,他和徐向前都认为,向回发展的方向行不通:"教条主义的中央领导人,远在江西根据地,他们提出的上述任务和要求,远远脱离我军转战的实际,是行不通的。"张国焘、徐向前决定,仍然按照原定计划,指挥部队南进,攻取汉中。(《历史的回顾》)

11月29日,张国焘徐向前等率领红四方面军主力,折返南下,再次翻越秦岭。经过九天艰难跋涉,于12月7日抵达秦岭南麓的小河口。在这里,张国焘遇到了自撤离鄂豫皖以来最大的内部纷争,以曾中生为首的一部分红四方面军高级干部,公开向张国焘追责。

12月8日,张国焘在小河口召开红四方面军师以上干部会议,讨论部队接下来的战略方向。曾中生、旷继勋、余笃三、张琴秋、刘杞、王振华、朱光等高级将领先后发言,对此前仓促撤离鄂豫皖苏区、接下来不断败退的做法提出批评，希望停止退却，按照中央的指示精神，迅速在鄂陕一带创建新的根据地。

据当时参加了小河口会议的李天焕（时任十一师三十三团政治处主任）回忆：

"当时，大家的确是把张国焘当神仙，盲目的信任他个人，我自己也是曾经信仰张国焘的一个……以为张国焘是中央代表，又是中华苏维埃副主席，又是军事委员会主席，所以以为他是神仙，以为有张主席一路哪还有错呢？当时不但是我一个人如此想，恐怕四方面军的绝大多数干部也是如此。"（《中国工农红军第四方面军战史资料选编》解放军出版社，1993年）

此时的张国焘，面临着来自三个方面的巨大压力：

第一层压力，来自中共中央。红四方面军仓促撤离鄂豫皖向西进军，中共中央事前并不知情。等到看清楚红四方面军的战略方向是越过鄂豫边境向西向北行进时，中共中央开始表达不满和反对，仍然希望他们能够南下，重新占领鄂豫皖苏区。等红四方面军第一次北向翻越秦岭进占关中时，中央的担忧更深了：红四方面军距离鄂豫皖越来越远，重夺苏区的希望也就是越来越渺茫了。据张国焘回忆，当时中共中央发了这么一封既缺乏底气、又措辞严厉的电报：

"如果你们再继续向西逃跑，那我们就公开反对了。"

由此可知，中共中央对于红四方面军接下来应该如何行动，也是没有明确的思路；但总体认为，向西、向北逃跑没有出路。

张国焘回忆，对于中央越来越严厉的批评，他本人和其他领导人，既高度重视，又无法明确予以说明。因为电报往来，一旦泄密，很容易泄露红四方面军下一步的战略意图，给国民党军队以明确的指引。所以接到中共中央的批评和指示电令之后，往往以"正在寻觅新的根据地"等含糊语句作答。

第二层压力，就是来自如影随形的国民党军队的围追堵截。

第三层压力，则来自红四军内部的各级干部。

层层压力之下，张国焘最担心的，是第三层压力。多年后，他这样回忆当时的困境：

第五章：1928-1932

"由于一般高级干部不但没有机会参与决策，甚至不能完全明了决策的底蕴，大多数同志不赞成远离鄂豫皖苏区，他们宥于'坚决保卫鄂豫皖苏区'的口号，对于我们某些不得已的行动，往往不能原谅……在军事策略上，同志们也发生了或左或右的不同见解。有的低估了敌军的力量和他们追击我军的决心，反对向西急退……认为这会将红四方面军拖垮。与其拖垮，不如与敌军作孤注一掷的决战。有的同志又高估了敌人力量和决心……这些反对意见，终于汇集起来，形成不满现有领导的反对派。"（《我的回忆》）

尽管压力山大，但张国焘并没有被压垮，艰难时刻，他统筹全局的领导能力又上了一个大台阶，这为不久之后川陕根据地的大发展做好了准备。

那些胆敢公开反对张国焘的老干部们，如曾中生、余笃三、旷继勋、以及张琴秋（陈昌浩的夫人），即将付出代价。

小河口会议之后，红四方面军继续南进，渡过汉水，然后折返向西，向镇巴、西乡转移。从此之后，红四方面军完全摆脱了蒋介石数十万大军的围追堵截，进入川西，跟着张主席，开始了全新的川陕根据地时期，取得了"惊人的胜利"（中共中央的评价）。

第六章：1932-1935

第一节：我的重伤战友+川北土地革命

1932年12月，红四方面军主力进入陕南。

最初，张国焘等人决定，就在陕南扎根，在城固、西乡、镇巴、紫阳、安康一带建立新的根据地。经过一番考查，张国焘发现，陕南人烟稀少，而且因为干旱，粮食极度缺乏，这又导致土匪横行，大部队在此发展，没有物资基础，也没有回旋余地。

一个偶然的机会，张国焘从国民党发行的报纸中看到，四川省内的军阀正在发生混战，川北一带兵力极为空虚。张国焘当即决定：回师向南，进入川北，以川北为中心，开辟新的根据地。这历史的一幕，像极了1935年9月22日，发生在甘肃岷县哈达铺的情景。当时与张国焘分道扬镳的毛泽东，率领中央红军行进到这里，于思路茫然之际，从当地邮局的一张国民党发行的旧报纸上，得知陕北有红军，从而做出了直取陕北、与刘志丹会合的决定。国民党发行报纸的人，如果知道自己帮了共产党这么大的忙，会不会提前把报馆给关掉？

决心下定，马上行动。1932年12月15日，张国焘召集红四方面军团以上干部，在西乡县钟家沟召开会议，传达军委会刚刚做出的"进军川北，建立根据地"的决定。一开始干部们都有抵触情绪，因为刚刚历尽千辛万苦到达陕南，部队极需休整和补充；张国焘等耐心说服解释，告诉干部们川北比陕南更容易发展的种种有利条件。一番说服之后，大家大都接受了军委会的决定。

进军川北的主要困难，不是敌人的堵截，而是在初冬时节翻越巴山天险的困难。自古以来所说的蜀道难，指的就这条由陕入川的道路。

为了进军川北，红四方面军做了充分的准备工作：带足粮食和衣物。

12月17日，先遣队第七十三师的一个团先行出发。12月19日，主力正式开拔。

第六章：1932-1935

翻越积雪覆盖的大巴山，需要用时两天，其中一夜，需要在寒冷的山顶上度过。多年之后，张国焘回忆起当时的情景，依然满怀深情：

"第一天傍晚，我们在山顶宿营，那里只有两间破屋，容纳伤兵亦感不敷。于是我将全部重伤兵安置住在那两间破屋内，其余的人连我在内，一概露宿。谁知那些重伤兵们，认为我是全军首长，军旅倥偬，心力劳悴，他们大声呼喊，我应与他们同住屋内。我在盛情难却之下，乃第一次挤住在伤兵的行列中。那天晚上，伤兵们因要避免扰我睡眠，连呻吟声都忍扼住。今天回忆当时的情景，觉得我的战友们，对我爱护的真挚之情，仍觉得十分感动。"（《我的回忆》）

进入川北，是张国焘、徐向前、陈昌浩做出的一个及时而正确的决断。

1936年10月，张国焘失势。此后延安发动批判张国焘的浪潮，连带着也就否定了当年张国焘带领红四方面军退出苏区、北上陕南、占领关中、逼近西安、返回汉中、再翻秦岭、最后南下川北的一连串决定，将之定性为"逃跑主义"。对于张国焘蒙受的这个"冤屈"，一直到1982年，晚年徐向前还在为之申冤：

"四次反'围剿'失败了，苏区不能存在，怎么办？只有退出鄂豫皖。我回想当时召开了黄柴畈会议，有二十多人参加，我也参加了。会议临时决定离开老根据地，到平汉路以西，兜个圈子，打败敌人再回去。原来是这样计划的。结果过了平汉路以西，敌人追得很厉害，仗打得很多。我们在枣阳的新集和土桥铺一带打得很凶，损失也很大。在敌强我弱的形势下，我们也没有什么退却不退却的问题。我们是被迫撤离的。第二天早上我们冲破敌人的阻击，向西走。关于这个问题，在延安的时候陈云同志，还有康生找我谈过。他们问，你们到四川是不是有计划去的？我就把战斗的经过说了一下。我说不是有计划的，是被迫的，开始是准备兜个圈子，等打下敌人再回去。后来回不去了。回不去就往西退。起初准备在豫西建立根据地，不行；又准备进入陕南一带建立根据地，也不行。那时杨虎城已守住漫川关，胡宗南已经追来，进入陕南，我们去汉中的路被堵住了。我们在敌人追击下，越过秦岭转到西安附近。在西安附近，遇到敌人重兵堵截围追。经过激战后，我们再越秦岭，到了汉中。接着我们就到了四川。那时四川军阀混战，反动统治力量薄弱。到了四川我们站住脚了。我对陈云、康生叙述了这一过程。至于中央给张国焘有什么电报，我没有看到过，也不知道。但今天看起来，退出鄂豫皖是不是退却、逃跑？当时被围困在苏区里面，在敌强我弱的形势下，想到苏区继续战斗下去，就有被消灭的危险。所以只有在外围兜圈子，结果被迫兜到四川去了。"（《炎黄春秋》1993年第一期）

当时四川之所以会出现军阀混战的局面，给张国焘的红四方面军以发展的空间，还要追溯到自1918年即在四川实行的"防区制"。

1918年，四川靖国军总司令熊克武，为解决属下各军粮饷问题，决定按各军驻防地区，划拨地方税款，充作本军的粮饷。这就是四川军阀防区制的开端。各军除了自行征收税款之外，还干预政事、委任官员、判案决狱。从此开启了四川境内特有的军阀混战的局面。

经过十多年的兼并整合之后，到红四方面军入川之际，四川一省之内，出现了多位拥有独立武装力量的军阀：刘文辉（刘文彩的胞弟）、刘湘（刘文辉的堂侄）、田颂尧、邓锡侯、杨森、刘存厚。这些四川军阀的存在模式很独特：对外，整个四川自成一体，与周边省份壁垒森严；对内，则是互相杀伐征战，争夺地盘，混战连年。

1932年10月，四川境内爆发了"二刘战争"——年轻的堂叔刘文辉和年长的堂侄刘湘之间，为争夺省内霸权，开启战端。省内的大小军阀主动或被迫选边参战，主战场在成都和内江一带。驻防川北的是二十九军田颂尧的部队，集结在嘉陵江沿岸，川北防守相对空虚。

叔侄激战正酣，红军悄然入川。红四方面军的入川速度是惊人的，12月19日主力从陕南出发，12月21日就通过了两河口，到达了苦草坝。接着便分兵三路，迅速抢占附近的县城：通江、南江、巴中。到12月26日，红军便完全占领了通江城。

有了立足点，张国焘便开始施展他们拿手的"放手发动群众，深入开展土地革命，建立革命根据地"的工作，决定迅速建立以通南巴为中心的川陕革命根据地。

此时田颂尧才回过神来，自己的川北防区，被远道而来的红军给占据了。田颂尧赶忙派出几乎全部主力进攻红四方面军。红四方面军打田颂尧并不费力，一个月左右，占据了通、南、巴三县的大部分地区，歼敌三个团。

紧张的军事布署之余，张国焘挤出时间，深入了解川北的山川地貌、风物人情。短时间之内便得出结论：此地之前虽然没有发展出强大的共产党地方组织，但本地百姓对军阀混战的局面已失望和厌倦透顶。只要政策对头，就能在这片气候湿润、物产丰富的地区扎下根来。

12月29日，成立了川陕省临时革命委员会，旷继勋为主席。此时距离红四方面军入川，不过一周。一周左右迅速建立一个临时的"最高权力机关"——以旷继勋为主席的川陕省临时革命委员会，这体现了张国焘作为川北最高军政首脑超强的政治判断力和大局观。

紧接着，张国焘命令，从战斗部队中抽调上千名政治素质较高的基层军官和士兵，组合成数百个工作队，由师、团级的政治部主任带领，下到川北的乡镇村落，宣传中共的土地政策，组织发动群众参加革命。

工作队开展工作的最主要的抓手，就是土地和粮食。张国焘亲自主持，以红四方面军总部的名义，制定了土地分配政策。通常的做法是，以村为单位，按土地和人口总量，抽多补少，平均分配各村的土地。为了保证红军的军粮供应，每个村还需要保留一部分公田，作为军粮田。

土地分配的标准，是成人每人可分到五背土地，小孩子可分到两背土地。（"背"是当时川北的土地计量单位，一背，相当于两斗粮食的产量，约二百市斤。以粮食出产数量、而非土地实际大小来作为土地计算单位，在田亩状况复杂的川北，是符合实际的做法。）

红军来了，田多的地主就遭殃了，一旦被工作组认定为"地主豪绅"，则其名下的土地、山林、房产、牲畜以及私人财物，便都要被收归公有，重新分配给本地的贫农。富农的境遇会好一点，但要把工作组认定为"富余"的部分充公，重新分配给其他穷人。被认定为中农的，则可以暂时保证土地和财产不动。

以财产为标准，将原来人格平等的农民，强行划分为若干个不同的阶级，然后赋予各个阶级不同的道德标签，最后驱动各个阶级开展"阶级斗争"。这种做法，是中共创建根据地的最惯常的做法，也是中共掌握得越来越熟练的马列主义活的灵魂。

红四方面军初入川北，利用阶级斗争的法宝发动群众、创建根据地，速度极为惊人，成效极为显著。据时任红十军政治部宣传员、不久之后即任巴中县委书记的余洪远回忆：

"在部队和地方干部群众的共同努力下，不到一个月时间，就相继建立了赤江、红江、南江、赤北、巴中五个县的临时县委。在此基础上，于1933年2月7日至13日，在通江城召开中共川陕省第一次党员代表大会，出席代表共五百多人。"（《川陕革命根据地论丛》，四川大学出版社，1987年）

余洪远所说的这五百多名党员代表，只有少部分是原红四方面军的党员干部，大部分是刚刚在川北本地发展起来的党员。依靠本地群众，培养本地"革命骨干"，也是红四方面军在川北迅速站稳脚跟的一个原因。

仅仅过了两个月左右，成立苏维埃政府的条件便已经成熟了。1932年2月中旬，川陕省苏维埃政府宣告成立，熊国炳为主席。在省苏维埃政府之下，设有军区指挥部、政治保卫局、革命法庭，下辖监察、内务、文教、粮食、劳工、土地、交通、外交、经济、财政等若干委员会。省政府之下，还设有红江、赤江、赤北、南江、巴中等五个县，以及巴中特别市和陕南特别区，共七个县区级地方政权。县（区）级政权之下，还有乡、村两级政权。仅仅两个月左右，川北根据地辖区内人口迅速达到一百万之众。这个新建的革命根据地，像吹气球一样，速度惊人，规模庞大。

川陕省苏维埃政府之所以能够如此迅速地建立起来，跟张国焘本人的预先规划有直接关系。据他本人回忆，早在陕南暂驻、准备进入川北时，他就"决心扬弃苏维埃的公式，因为这个公式不适合于西北落后地区。我们要寻求一种革命的人民政府的新形式。"

在两河口暂驻时，张国焘就在一个茶铺里，在几页纸上草拟了《入川纲领》，主要有两部分内容：

第一部分，是"最低纲领"，有点类似当年楚汉相争时，刘邦进入咸阳之前的"约法三章"。红军所到之处，要立即废除苛捐杂税，减租减息，禁止任何人捕人、杀人，废除笞刑及一切体刑。

第二部分，便是张国焘颇为得意的"入川十大纲领"，也就是人民政府所要实行的基本政策：分配土地、职工利益、男女平等、统一税则、提倡文化考试、反对帝国主义和日本侵略、打倒蒋介石、废除防区制度、各军互不侵犯、禁绝鸦片。

现在回头看这"入川十大纲领"，能够更加清楚地看到它的高明之处：

首先，是将中共奉行的"苏维埃革命"的路线，和张国焘拟建立一个"以民权为基础的政府"的目标，结合起来。这正是张国焘所说的"扬弃苏维埃的公式"。

其次，是利用"反帝、反日、反蒋、废除防区制度"等更加宏大的目标，为中共政权和军事势力的存在，找到了合理性、合法性基础。这一点颇具国家大局意识、甚至是国际眼光。

最后，针对川北的特殊情况，提出应对之策，特别是禁绝鸦片，抓住了关键点，切中了肯綮。

张国焘的国家领导人的形象、群众眼里"真命天子"的形象，就在这些纲领中体现出来了。

中共中央无法理解、不能接受张国焘"扬弃苏维埃的公式"，他将《入川纲领》上报中共中央之后，遭到了批评和反对，要求他立即重新打起苏维埃的旗帜：

"（中共中央）最后并严重警告，如果我们能改正这个错误政策，中央仍任张国焘同志为中央全权代表。否则将考虑撤换领导的必要措施。"（《我的回忆》）

中共中央并没有撤换张国焘这位川北苏区的领导，主要是因为川北的局势发展太快了，快到了让中共中央感到"惊人"的地步。

"川北建政"的这段时间，也是张国焘人生中最为高光的时刻。据他本人回忆，当时他作为川北党政军的最高领导人，完全是争分夺秒、日理万机的状态：

"为了争取时间，遇事都是迅速进行，工作自欠精细，我们很迅速的组成中共省委机构，开始在各地征求党员，并成立分支机构。在这时还没有中央分局的组织，由我个人以军委会主席的身份指挥军队，以中共中央代表的名义指导省委工作。党政军事务，纷集一身，殊感忙迫。所以有很多事，我都酌交各方负责同志相机处理，以不失时机为第一要义。"（《我的回忆》）

在所有急如星火的党政军事务中，张国焘将"土地革命"摆在了头等重要的位置上。他亲自指导川北的土地运动，让红四方面军总政治部编印一个专门用于指导土地革命的小册子《怎样分配土地》，分为四个篇章：为什么要分配土地？怎么分配法？农村阶级的说明；土地问题解答。这四个问题，是每一个基层工作人员都必将面对的问题，针对性非常强。

农民有了土地，中共就有了群众基础。

一旦将农村中的寻常百姓划分为不同的、对立的阶级，中共的基层政权就可以放手大干一番了，张主席给出的"土地革命路线"是：依靠雇农、贫农，联合中农，反对富农，消灭地主阶级，发展农业生产。

要建立更加强大的中共基层组织，需要发展更多的中共党员。据徐向前回忆，当时发展党员的速度，也和根据地规模扩大的速度一样快：

"通南巴过去党的基础很薄弱，群众对共产党性质、任务知之甚少。但根据当时的斗争形势，发展一批党员作为领导和团结群众的骨干，又是刻不容缓的事。怎么办？部队政治机关和工作队除个别考察考试吸收外（一般是给红军带路、送情报和打土豪中的积极分子），还采取了召开群众大会，宣传党的性质和主张，让群众自愿报名的办法。像扩大红军一样，会场上放一块大门板，上面写着'加入中国共产党报名'。开完大会后，将报名入党的人登记下来，进行谈话和调查，经政治机关审查批准，即履行入党手续，宣誓入党。这是一种不得已而为之的发展方式，所以当时发展的二百多名党员质量不高，后来逐步淘汰了一些。"（《历史的回顾》）

批量发展党员，这是违反中共党章的行为。中共自建党以来，就坚持个别发展党员的方式。为了让这些批量入党的党员，尽快达到"革命工作"所需的最基本的工作能力和政策水平，张国焘亲自动手撰写文章，深入浅出地向这些文盲、半文盲的新党员，讲解中共的基本政策路线、方针政策。这期间他撰写的一篇《共产党、苏维埃、红军》的短文，短短六百字，就把中共的政治主张、阶级斗争理认、政权建设思路、党组织的领导地位、红军的任务和作用，讲得很清楚。

张国焘主持之下，仅用两三个月的时间，就建立起一个拥有百万人口的根据地，而且各级政权组织健全，指挥有效。这样的建政能力和推进速度，在所有中共之前和之后建立的根据地中，是绝无仅有的。

禁烟运动，是张国焘在川北建政时的一个得意之作。

1930年代之初，川北民众普遍吸食鸦片，成年男子中，九成吸食鸦片，成年女子中，七成吸食鸦片，十岁左右的小孩子中，也有两成吸食鸦片。造成这种状况的原因，是驻防此地的军阀田颂尧勒令本地民众种鸦片，鼓励他们吸鸦片。

到达川北不久，张国焘即看到鸦片危害之重，如果任其发展，红军在本地将无兵可征。禁烟运动，成了另一件重要工作。

张国焘的"禁烟运动"开展得很有章法。

首先在苏维埃省政府内成立戒烟局，领导全苏区的戒烟工作。然后组织政工干部们广泛宣传禁烟的必要性和迫切性。同时寻找本地中医、配制戒烟丸，在县城内设置戒烟所。一系列举措之后，戒烟成效便显现出来了。

但戒烟又是一个漫长的过程，在本地半数民众染毒的情况，无法再坚持之前"绝对不招烟鬼当红军"的禁令。张国焘同意采取过渡措施，允许烟鬼们"先入伍，后戒烟"。

第二节：通南巴出了一个真命天子

红四方面军全伙儿入川，占据田颂尧的川北防区。一开始这位正坐镇成都打内战的国民革命军第二十九军军长并未太放在心上，以为只是小股流窜的红军，在陕南被打散了，不得已流窜到川北暂时安身。不到两个月的时间，田军长惊奇地发现，这股"流窜"的红军，不打算走了，而且差不多快把他的地盘给蚕食尽净了。

1933年1月28日，如梦初醒的田军长宣布就任"川陕边区剿匪办总司令"，将正在川西内斗的部队拉回川北，分左、中、右三路，回师本地防区，他要先解决外部匪患。

田颂尧的二十九军共有五个师，加上附属的独立旅，共有六十个团的兵力。他拿出一半的兵力，约三万人回师川北，由此可见他对当时的川北局势，是相当重视的。

蒋介石对田军长"深明大义"的举动很是高兴，他进一步指示：为防止红军继续西窜，田军长应以左路纵队为主攻部队，中央纵队和右路纵队为助攻部队。蒋总司令和田军长做出决断：在二月上旬，对盘距在通江、巴中的红四方面军发起总攻。

此时四川内部其他军阀，如杨森等，也已经认识到了，迅速发展的红军才是他们的心腹大患。杨森的第二十军和刘存厚的第二十三军，也准备相机而动，配合田颂尧。

2月12日，田颂尧下令所属部队向红军发起总攻。

此时正值春节前后，张国焘的这个年，是在极度紧张而繁忙的备战中度过的。为了打破田颂尧的"三路围攻"，张国焘、徐向前日夜值守在通江县城小公园内的指挥部里。

红四方面军带有四部电台，负责电台的技术人员对破译田颂尧的往来电报很有一套，只要田颂尧以"通密"的方式发电报，红军译报员就能把田军长的命令，直接读给张主席和徐总指挥听。田颂尧的进军路线，在张国焘和徐向前眼里，几乎是公开的信息。

虽然田颂尧、杨森、刘存厚都停止了内斗，一致对付红军，但他们之间长期积累下来的矛盾不可能在朝夕之间消失。纵然有蒋总司令统一指挥，但要形成有效的配合，那也是难上加难。

针对川军各自为战的特点，红四方面军总指挥徐向前提出了一个很有针对性的战略部署的思路：

在分兵把口的基础上，以收紧阵地、节节御敌为战略方针。

徐总指挥的这个战略思路是：从整个防御战线上看，红军的兵力要分散布置；从每一个防御方向上看，红军的兵力要集中。

经过长时间的配合，张国焘和徐向前之间的默契程度已经很高了。张国焘很欣赏徐向前的这个战略部署，他还对此作了进一步的解释：

"我们暂避与田部决战，但在每一道防线上，都给敌军一些挫折，然后再缓缓向后撤退。我们这样做，目的是逐渐消耗敌军的实力，战事愈拖得长久，敌军的创痕愈深，而且敌军的补给线也愈拖愈长，然后在一个适当的时机和地点，再行反攻……表面上看，我军是在退却，但实际上，我军驻地愈小，便愈能集结更多的兵力来反攻。"（《历史的回顾》，《我的回忆》）

张国焘拍板决定：军事指挥由徐向前总指挥负责；政治动员、后方支援、肃反工作由张国焘、陈昌浩、周纯全负责。

2月12日的总攻开始了，田颂尧的军队为主攻力量，其他各路川军在一旁边观战打气。一开始，田军的攻势相当凌厉，并没有把红军放在眼里。

双方接战，田军才发现碰上了硬茬子。反复对攻了一个多月，至3月18日，田军才占领了巴中、南江两座县城，但却付出了极为惨重的代价，伤亡八千余人，损失了近三分之一战斗人员。

3月中旬以后，田军的攻势停滞下来。红军主力占据有利地形，构筑起一道连续的防线。

双方断断续续又打了一个月，到 4 月下旬，田军和红军之间呈现对峙和胶着状态。这正是徐向前预先设想的局面，田军越拖到最后，士气越低沉，战斗力越弱，后勤配合越差；而红军则正好相反，越坚持下去，士气越高涨，后勤补给越充分。

徐向前的军事指挥得力，张国焘等人的政治鼓动、后方支援、群众动员也很出色。对峙的同时，红军部队也得到了休整和训练。

4 月 26 日，田军再次发起强大攻势，红军则继续以少部分兵力予以抵抗，以消耗敌军的战斗力为主要目的。一番对峙之后，红军放弃了通江县城。

田颂尧占领通江县城之后，对战场局势做出了严重误判，认为红军主力已经被打残，有必要乘胜追击，南北夹击，一举消灭这支强占自己防区的不速之客。

此时徐向前做出明确判断：红军和田军之间的力量对比已经发生了变化，红军有能力发起反击了。

5 月 17 日，徐向前在大巴山南麓的空山坝主持召开军事会议，张国焘、陈昌浩、曾中生以及各师主要将领参加。徐向前做出决定：不再收紧阵地，而是转守为攻。反攻的第一个目标，是孤军冒进到空山坝西南的田军左翼纵队的十三个团。

5 月 20 日晚间，红四方面军各师发起全线反攻。用时大约十天，将之前有意放弃给田颂尧的地区全部收回，毙、伤了大约一万四千余名田军，俘虏了包括旅参谋长李汉城在内的一万余名田军。缴获长短枪八千余支、机枪两百余挺，迫击炮五十余门。田颂尧的军队损失了一半，几乎被打残。余部退守到了嘉陵江沿岸。

田颂尧的惨败，让一直观望的川军胆战心惊。从这时开始，各路川军都不再像田颂尧那么冒失和轻敌了，都知道红军难打，能躲则躲、消极避战成了主流。红四方面军借此一仗，打出了威风。

更有甚者，杨森看到田颂尧的惨败之后，马上想出了新的自保招数，主动派出代表，到江口与红军接触，建立联系，提出"互相支持，互不侵犯"的谈判条件。为了体现诚意，杨森还派人给红军送来军用地图和一部分药品。这正合红军的心意。

杨森主动向红军示好，其他军阀也有样学样，与红军根据地接境的、驻防陕南的西北军孙蔚如，与红军谈判，达成了互不侵犯的默契。

与红军接境的几路军阀，都与红军暂时达成了"维持现状，互不侵犯"的协议。蒋介石借助川军打击红军、同时削弱川军的美梦，做不下去了。蒋介石此人的格局之小，在红军与川军的最初一仗中，可见一斑。如果最开始就派出最为得力的嫡系部队参战的话，红四方面军在川北坐大的可能性就小多了。

打残了田颂尧部，红四方面军的地盘也扩大了一倍以上。现在的地盘，可以正式称为川陕根据地了：北起陕南的镇巴、西乡，南至四川的仪陇、江口，东到万源，西抵广元，南北一百公里，东西一百五十公里，近三万平方公里土地，超过二百万人口。至此，张国焘统率的红四方面军，在川北彻底站住了脚跟；他本人的领导权威也得到了极大的加强，再次被部下视为神仙。他本人事必躬亲，政治、经济、军事、教育、文化、土地革命、政治动员、社会改造、禁止鸦片，种种工作，他全都是最高领导，他指挥一切，调动一切，决定一切。事实也证明，张国焘的这种"定于一尊"的地位，这种指挥一切的能力，是有利于川陕根据地的巩固、稳定、扩大、发展的。

中共中央接到"红四方面军彻底打破田颂尧三路围攻"的报告之后，一改此前不断指责的口气，开始毫不吝啬地猛夸起来。8月25日，中共中央在给红四方面军的指示信中，这样写道：

"这种惊人的胜利，给整个西北的革命运动，奠定了一个最强固的基础，在征服中国各省革命发展之不平衡上，前进了一大步……你们在整个苏维埃运动中所处的地位，是非常重要的，你们在执行这些任务中每一成绩，都将增加革命势力的比重……你们有伟大的前途，全党都在注视你们，你们应该采取积极进攻的路线，在巩固原有阵地的基础上，来迫切地争取苏维埃

首先在四川全省的胜利。"(《中国工农红军第四方面军战史资料选编》(川陕时期，上) 解放军出版社，1993 年)

多年之后，回忆起这段人生中最为成功的时期，他这样写道：

"我这个领导人自然是一般乡下人所注目的，对我有许多牵强附会的解释……一般人觉得，通南巴出了一个真命天子。"（《我的回忆》）

第三节：杨虎城该杀

1933 年 6 月 23 日，在通江县新场坝，张国焘主持召开了中共川陕省第二次党员代表大会，通过了《关于目前政治形势与党的任务的决议案》，对刚刚取得的成绩，做了一番夸耀：

"川陕赤区广大工农群众和红军几个月激烈战争的结果，已消灭田颂尧部。这一伟大胜利，树立了川陕赤区的真根基，赤区大大的扩展和巩固，红军百倍加强，群众中的阶级分化愈见显明……整个西北将卷入苏维埃革命的巨浪中去。"（《中国工农红军第四方面军战史资料选编》川陕时期，上，解放军出版社，1993 年）

这个决议案中，特别提到"群众中的阶级分化愈见显明"，张国焘一定感觉到了，一旦在农村中划分出阶级，则"阶级斗争"，还真的是"一抓就灵"。

6 月底，张国焘在旺苍县木门镇主持召开军事会议，对红四方面军进行大规模的整顿扩编，同时，决定正式停止军队内部的"肃反"（关于张国焘在川北的肃反，后文有详细叙述）。红四方面军这次整扩之后，形成了更加庞大的、张国焘直属的高级将领群体：

最高领导机构：西北革命军事委员会。
主席：张国焘；
副主席：陈昌浩、徐向前；
参谋长：曾中生；
在西北军委会之下，设红四方面军总指挥部、总政治部：

总指挥：徐向前；

总政委：陈昌浩；

副总指挥：王树声；

总政治部主任：陈昌浩兼；

总政治部副主任：傅钟、曾传六；

下辖四个军：

第四军：军长王宏坤，政委周纯全，下辖第十师、第十一师、第十二师；

第三十军：军长余天云，政委李先念，下辖第八十八师、第八十九师、第九十师；

第九军：军长何畏，政委詹才芳，副军长许世友，下辖第二十五师、第二十七师；

第三十一军：军长王树声，政委张广才，下辖第九十一师、第九十二师、第九十三师。

共四万余人。

张国焘"真命天子"的绰号，还真不是浪得虚名。四个军的军政干部体系搭建起来之后，他马上亲自率领高级干部们，对全军开展以政治教育为核心内容的整训工作。

首先，建立健全基层党组织。

第二，以军为单位，开办政训班；以师和团为单位，培训政治骨干。

第三，要求并鼓励各级政治机关编印大量政治宣传小册子。这一措施具有鲜明的张国焘特色，他本人从五四运动时期起，就热衷于利用宣传品扩大影响力。

第四，鼓励各军出版小报，这也是张国焘擅长的事情。

张国焘很善于搞政治教育运动，他通过彭杨军校（1929年起，中共各根据地相继创办军校，多以被国民党杀害的彭湃、杨殷的名字命名），以及随军党校、地方苏维埃学校，对党政军的基层干部进行轮训。

搞政治教育就得经常开会，共产国际历任代表都是开会的老手，张国焘等中共早期领导人，跟他们学到了精髓，也非常热

衷于开会,无论多么紧急的情况下,都不耽误开会。张国焘要求:

"首先要提高领导干部对会议的兴趣和积极性……使每次会议都是一次好的训练班……使这种会议,不是说空话的,不是叙述历史上零细的事件的,不是干燥无味的,而是根据实际材料和党的路线讨论如何进行工作的。

对于俘虏问题,张国焘也很重视,他专门写了《俘虏兵工作》,指导属下照此执行:

"应当百倍加紧白色士兵工作和俘虏兵工作,将来消灭敌人,就可更节省气力……在政治工作会议上,须经常讨论白色士兵和俘虏兵工作。"(《川陕苏区报刊资料选编》四川省社会科学院出版社,1987年)

在高度重视政治教育的同时,对军事训练也抓得非常紧:

1. 抓紧一切战斗间隙,组织部队开展军事训练,如射击、投弹、劈刺,以及土工作业。针对川军害怕夜战的特点,专业开展红军的夜战训练。针对川北多山多水的地形特点,加强河川战术和山地战术的训练。
2. 组织撰写《连、排、班长须知》,从基层军官开始,进行正规化训练。
3. 每次战斗之后,都要召开"战后检讨会"、"军事研究会"等,在实战中改进战术。
4. 高级将领亲自撰写军事训练小册子,如陈昌浩写了《与川军作战的要点》,曾中生写了《游击战争的要诀》、《与"剿赤军"作战要诀》、《与川军作战要点》,舒玉章(辽宁人,满族,早年留日,黄埔军校教官,时任红四方面军参谋处主任)写了《追击要点》、《军事知识研究》。

张国焘作为军委主席,虽然每次大战都放手让徐向前指挥,但他本人对军事也颇有研究,也勤于总结。他在红四方面军总政治部的机关刊物《干部必读》上,发表了一篇短文《军事上应注意的几点》,很难得地展示了张国焘对军事理论和实践的思考:

一、加强射击技能训练。

二、 学习蒋介石，创办爬山学校——当时国民党军队训练下级军官爬山，张国焘提出，爬山是红军的特长，现在部队仍要学习爬山，"每日的早起以爬山代替跑步的操演，务使反动军队爬山爬不过我们"。

三、 学习杨森，训练抛石头。当时杨森军队的训练科目里，有抛石头的内容，张国焘强调这一点，是要红军"有计划的学习抛掷炸弹"。

四、 学习日本军队，养军犬，"日本狗有大战功"，张国焘要求，红军各连队都要喂一到两只狗，作为侦察和运送弹药的助手。

五、 学习对付飞机。

红军在川北站稳脚跟之后，驻守陕南的西北军（十七路军）杨虎城部也开始考虑与之"和平相处"。1933 年 5 月上旬，潜伏在杨虎城部内部的中共地下党员武志平，通过西北军第三十八军军长孙蔚如，取得了杨虎城的信任，杨虎城指令武志平，前往川北与红四方面军建立联系。

武志平带着军用地图和一些情报作为见面礼，到达川北之后，见到了张国焘、陈昌浩。

张国焘很重视武志平的到来，认为和杨虎城的十七路军建立联系，好处多多：

一， 可以解除川北根据地的后顾之忧。再往北一点、翻过大巴山就是十七路军的防区领地；约定互不侵犯之后，便可解除北面的隐忧，专心对付南面的川军各部。

二， 可以打通与外界的联络通道。面对南面、东面的"铁桶合围"，红四方面军可以绕道北面，与物产丰富的中原地区建立物资供应通道，同时还可以与其他苏区建立联系。

红四方面军的这些"便利之处"，正是国民政府的祸患之薮。从蒋介石的角度看，杨虎城早就该杀了。

武志平离开之后，张国焘决定，派出本部更高级别的全权谈判代表徐以新（浙江人，曾留学莫斯科中山大学，是"二十八个半布尔什维克"的半个），前往汉中，与孙蔚如谈判。张国焘等给徐以新布置了三大任务：

一、 了解对方真实意图；

二、 了解杨虎城十七路军内部真实情况；

三、 在十七路军内部，寻找可以争取的人。

6月初，徐以新带着指示前往孙蔚如部。一开始，孙蔚如建议红四方面军放弃川北，转向甘肃。很显然这是要礼送出境，想把祸水引向更西北的马家军防区。孙军长表示：如果红军真的西进的话，他们会以追击的姿式，对红四军进行掩护；同时还会赠送弹药和药品。

徐以新拒绝了孙军长的建议，表明红四方面军就在川北扎下根了，哪儿也不去了。徐以新要求西北军接受中共发布的"一一七宣言"（中共中央在1933年1月17日，以中华苏维埃中央政府、工农红军革命军事委员会的名义发表《为反对日本帝国主义侵入华北原在三个条件下与全国各军队共同抗日宣言》，俗称"一一七宣言"。这三个条件是：一，立即停止进攻苏维埃区域；二，立即保证民众的民主权力，集会结社言论罢工出版之自由；三，立即武装民众，创立武装的义勇军，以保卫中国及争取中国的独立统一与领土完整。），孙军长不置可否。

第一次会谈，徐以新代表的红四方面军，和孙蔚如代表的西北军，达成了两点共识：

一、 双方以巴山为界，互不侵犯。

二、 与红军之间建立一条经常来往的交通线，为红军提供物资。

不久之后，徐以新再次"出使"西北军，达成如下正式协定：

1. 双方互不侵犯；
2. 配合打胡宗南；
3. 红军可以设立交通线，十七路军提供给红军一定物资；在赤白交界地带，设立一个联络点，由武志平本人负全责。

张国焘的红四方面军和杨虎城的十七路军之间达成的停战协定，给双方带来了巨大的利益。张国焘暂时解除了腹背受敌的危险，可以腾出手来专心对付各自为战的川军；同时还拓宽了物资供给渠道，扩大了情报获取来源。蒋介石想要在川北困死红四方面军的打算，更不可能实现了。在红四方面军与刘湘军对战期间，西北军基本遵守了"中立"的约定，双方没有发生大规模战斗。

与西北军的停战协定让张国焘尝到了甜头，他还想如法炮制，统战南面川军中最强的杨森部。杨森与杨虎城不同，他对中共、对红军一向持敌视态度，但在川军内部互相争斗的局面下，杨森也要考虑生存问题。

于是就出现了一种有趣的现象，张国焘和杨森之间，是打打谈谈，时打时谈。在其他川军与红四方面军开战时，杨森也会趁机上前捞一把；其他川军失败之后，杨森会马上向红四方面军发出信号，希望和谈。张国焘对杨森的策略是将计就计，要谈就谈，要打就打，而一旦开战，杨森是败多胜少。

在农村地区建立政权，土地问题、粮食生产问题是一切的基础。张国焘亲自建立、领导的党政系统，在调动农民种粮积极性方面成效斐然，进入川北当年，就获得了历史上少有的大丰收。有了粮食，就能急剧扩大红军规模；有了军队，就更能站稳脚跟了。

川北自古以来缺盐。张国焘号召民众开挖盐井，自行煮盐，基本解决了苏区的缺盐问题。

更让人惊奇的是，张国焘治下的川北，在半年之内，发动当地民众，疏浚、开挖出了一条从巴中到江口、长达一百五十公里的运河。之前沿河一带水患不断，现在可以行船、浇灌了。这确实是一个政权建设和社会治理上的奇迹，如果张国焘最后成了"红太阳"，这条于严酷的战争年代建成的运河，其历史意义会被吹捧到天上。

在川北，张国焘是照亮一切的小号红太阳，他把川北当成一个国家来治理，半年之间，相继建立了工农银行、造币厂，在苏区内部发行银币和布币。

在文化教育方面，张国焘也有建树，他在所属的各县区，都建立了列宁小学，在几个大县，建立了列宁中学。川北的"列宁学校"，不同于党校、军校，具有公民教育、普遍教育性质。如果历史给予张国焘建国立政的机会，北京大学学生出身的他，应该比北大图书馆临时助理员更注重文教事业。历史虽不能假设，想像一下是可以的。

第四节：镇反、肃反、万人坑

红四方面军到达川北之后，继续搞了一段时间的肃反。跟鄂豫皖时期相比，这一时期的肃反，更注重肃清外部敌人，内部错杀的情况大为减少。

因为是"强行进入"，红四方面军面临的反对势力相当强大、也相当复杂。当时仅南江、长赤（现为南江县长赤镇）两县，反红军的地方武装就有 140 股，超过一万人，他们忠于国民党，游击战术、暗杀水平相当高，先后杀掉中共任命的县、乡、村各级干部共 674 人、红军官兵 737 名、心向红军的普通百姓 1590 名，总数约 3000 人。

需要强调的是，3000 这个数字，仅只是红军进入初期的统计；随着时间的推移，统计数字还在增高。从红军进入到红军撤离，南江、长赤两县的非正常死亡人数，高达两万人。国民党方面屠杀中共、红军和亲共百姓，手段更加残忍，1935 年 4 月上旬，红四方面军撤出南江、长赤两县，国民党军队"反攻倒算"，仅在南江县，就杀掉未及撤退的红军官兵 1560 人、红军家属 210 人、亲共百姓 1100 人。

在如此严峻的局面之下，红四方面军的镇反（对外）、肃反（对内），从一到达川北就开始了。虽然执行镇反、肃反的机构是政治保卫局，制订了相应的规程和办法，但在具体执行中，措施和手段就五花八门了。

比如，1933 年 5 月，红七十三师的一个团，在旺苍县吴家垭召开群众斗争大会。先是当场处决了一名反动地主任老武，然后，一名国军团总的儿子何仕义被押上台，主持会议的红军军官问台下的群众："何仕义该杀不该杀？"台下群众齐声怒吼：该杀！于是就把何仕义当场给杀了。

群众用怒吼杀掉何仕义，至少还算是某种形式的公开审判，更多的镇反、肃反行为，是随时随地、就地处决。

张国焘本人高度重视镇反和肃反，反复强调："根据地内只有坚决镇压反革命，才能战胜敌人，工农群众才能获得土地，苏维埃政权才能巩固。"（《川陕苏区报刊资料选编》四川社科院出版社，1987年）

大规模的镇反，稳定了红军的大后方，但也枉杀和冤杀众多无辜。根据李天焕（时任第九十师政治部主任）的回忆：

"国民党员、区正、团正、甲长、侦探、坐探，要一律斩尽杀绝……只要当过牌长、保长、甲长的，一律采取镇压政策……甚至巫师、妓女也被杀不少……连反动的亲戚朋友、小男幼女都被牵连到反动身上去而遭残杀。"（《中国工农红军第四方面军战史资料选编》）

对于镇反、肃反过程中出现的偏差，张国焘等也曾试图纠正。8月至9月，川陕省苏维埃政府出台了一系列条例，规范、限制地方机关滥杀、妄杀的行为：《川陕省苏维埃政府"肃反"执行条例》、《川陕省苏维埃政府关于反革命自首条例》、《川陕省革命法庭条例》，以及《川陕省革命法庭联席会议的总结》，明确规定：

"地方各机关无杀人之权，如是反动分子，得由群众大会或经革命法庭或保卫局交群众大会处决……必须根据阶级路线，分别成分、首从……坚决处置反革命头目，设法挽救被欺骗被压迫而加入了反革命的工农分子。"

1938年张国焘叛党之后，有关川陕根据地"万人坑"的传闻，流传很广泛。传到最后，一般都将之认定为张国焘肃反扩大化的"铁证"。细究起来，恐怕还不能把这个账算到张国焘头上。

川陕苏区存在的两年半时间里，一轮接一轮的仇杀不断，国军杀共军，共军杀国军，一轮接一轮的杀人，都需要集中处理尸体，在那些相对固定的尸体掩埋场所，新旧尸体陈陈相因，慢慢就形成了所谓的"万人坑"。

之所以出现多轮屠杀，跟川北根据地在军事作战中、采取徐向前的"收缩阵地"战法有很大关系。徐向前提出的这个创新战法，是先把红军兵力铺开，然后边打边收缩，有效消耗敌方的有生力量；等收缩到一定程度之后，再集中力量突然发起反攻，顺便也就把之前放弃的地盘收回来了。

这种反复拉锯式的战争形态，并不是在真空中进行的，战争就在川北百姓的田园屋宇之间展开，任何一方占据了地盘之后，地盘上的民众都必须倒向占领方，否则就会被杀掉；而之前效忠对方的官长和民众，也都有可能被占领者报复性地屠杀掉。这样反复收缩、反攻、占领之下，川北百姓生存的机会就更小了，被敌对双方杀掉的可能性就更大了。

还是以南江、长赤两县为例，目前已知，在这两个县域之内，万人坑不是一处两外，也不是十处八处，而是多达150余处。在长赤县的一处万人坑里，埋有310名受害者，其中既有被反共武装杀害的革命人士，也有被红军镇反的反革命人士。这种情况并非个案。即便在地下，他们也是分属不同的阵营。

对外镇反有必要性，对内肃反也有必然性。

川北肃反的对象之一，是混入队伍中的反对分子。红四方面军强行入川之后，迅速建立基层政权，因为速度过快，难以甄别，按照中共官方党史的说法，"混进了相当比例的反动分子"。江口县的高峰、六门、录山等十个乡级苏维埃中，"反共"人士占到了两成左右；六门乡苏维埃，七个干部中，三个是"反共人士"。

川北肃反的对象之二，是"托陈取消派"。此前张国焘在鄂豫皖时，对内肃反的对象，是改组派、AB团、第三党；在川北肃反时，中共中央正号召全党反对"托陈取消派"：以苏联的托洛茨基和中国的陈独秀为代表的"取消无产阶级革命派"。

1929年12月，陈独秀为首，彭述之参与，成立了"中国共产党左派反对派"，这是一个中国本土的托派组织，陈独秀制订了组织政纲，要义是：中国资产阶级已经取得了胜利，无产阶级只有等到将来才有可能进行社会主义革命，目前只能进行以"国民会议"为中心的合法运动，故而有"取消无产阶级革命"。这就"托陈取消派"名称的由来。

此时张国焘的领导地位稳固，权威和声望超过了鄂豫皖时期。对于此前反对过、怀疑过他的高中级干部，一概归入"托陈取消派"之列，秋后算账，予以打倒、消灭。他公开发表讲话：

"现在是托陈取消派起主要的反革命作用了……红四方面军中托陈派的主要领袖，也就是整个反革命的领袖，就是余笃三、赵箴吾、王振华、徐永华、王振亚、杨白等。"（《中国工农红军第四方面军战史资料选编》）

陈昌浩是张国焘最为忠实的副手和干将，张主席有指示，陈政委有落实，他写了《反对托陈取消派与右派》一文，为上述"反革命的领袖"罗列出十三条罪行，其中第八条，罪行的实质就是反对张主席：

"托陈派和右派运用托洛茨基组织阴谋斗争手腕，以反对个人来掩饰其反对革命，到处活动宣传党的领导不正确，所谓'个人独裁'、'军阀投机'、'家长制度'，企图以推翻党的领导来间接推翻红军。"

循着这条思路，参与创建鄂豫皖的高级干部余笃三被杀，其他师、团级将领如吴展、赵箴吾、杨白、闻盛世等，也都被判死刑，予以处决。6月，原川陕省革委会主席、红四军军长旷继勋，也被以"通敌"的罪名秘密杀掉了。（《中国工农红军第四方面军战史》）

张国焘做得最为决绝的，是对投诚过来的红四方面军独立师的肃反。

这个独立师的底子，原来是杨森的一个旅，旅长任玮璋在中共地下党的策动下，于1932年7月率部起义，建立了一支"川北民众救国义勇军"，有亲共倾向；1932年底红四方面军进入川北之后，任玮璋率所部向红军投诚，被改编为红四方面军独立师，任玮璋任师长、李载溥任政委。此后，独立师参与红四方面军的多次战斗，表现都不错。

针对独立师出身于杨森部的"前科"，国民方面施行了一系列的"策反"、"反间"措施；"策反"任玮璋的密信，接连摆到了张国焘的办公桌上。

敌情紧张、战局瞬息万变的情况下，张国焘本着宁信其有的信念，先是将独立师师长任玮璋拘捕、杀掉，然后将全师人马拆散，混编到其他师团之中，最后将包括政委李载溥在内的数十名团营级官官，全部予以逮捕、杀掉。独立师从此不复存在。

对于王维舟任军长、由地方部队改编而来的红三十三军，张国焘同样采取了激烈的肃反行动。王维舟回忆，改编为红三十三军之后，处处受歧视，武器弹药严重不足。军内肃反开始之后，三百余名骨干中青年军官被以各种罪名予以杀害，其中包括两个师长、三个团长，军政委杨克明也被撤职。

晚年徐向前站在自己的角度，回顾了川陕根据的肃反经历：
"反三路围攻开始不久，张国焘即借口部队'不纯'，令陈昌浩和保卫局'肃反'。老一套的办法，单线领导，搞逼供信、'自首'运动，任意捕人杀人，军委主席（张国焘）和政治委员（陈昌浩）说了算。罪名无非是什么'托陈取消派'、'右派'、'通敌'、'AB团'、'改组派'等，天晓得！当时，战争异常紧张，部队整天和敌人拼杀，一个人顶好几个人用，有生力量宝贵得很。我在前线听说一些干部、战士被捕的消息，真是恼火极了。九军七十三团政委陈海松，年仅二十岁，很能打仗，被列为'审查'对象，要抓起来。军长何畏跑来找我，我说：他是个小孩子，有什么问题呀，不能抓！我打电话问陈昌浩：'同志，你们想干什么？我们的部队鄂豫皖打到四川，是拼命拼过来的，哪来那么多"反革命"嘛！现在弄得人心惶惶，仗还打不打呀？命还要不要呀？'陈昌浩有张国焘撑腰，'奉命行事'，我的话他当然听不进去。电话里应付了我几句，实际上仍在坚持'肃反'。部队意见很大，层层进行抵制。李先念同志在十一师，就没有照保卫局列的黑名单抓人，说：'打完了仗再说！'保护了一些干部。"（《历史的回顾》）

军内肃反运动不断，抵制的力度越来越大。

6月底至7月初，在四川旺苍县木门镇，张国焘主持召开了红四方面军高级干部会议，陈昌浩、徐向前、王树声、李先念等共一百余人参加。

木门会议的议题是总结反三路围攻的作战经验，但与会的高中级将领，对当时扩大的肃反极度不满，强烈要求停止肃反。陈昌浩作为红四军的总政委，直接领导肃反工作，迫于军队内部的巨大压力，他在会上表态，承认抓错人的情况比较普遍，愿意把错抓的人放回去。

陈昌浩态度转变，张国焘一锤定音，向全军宣布：停止军内肃反。

晚年徐向前回忆：

"木门会议，在抵制张国焘的罪恶'肃反'上，取得了胜利，意义非同小可。"（《历史的回顾》）

第五节：三大战役和六路进攻

在社会治理、镇反、肃反之外，军事斗争才是张国焘面对的最紧急的事务。

从1933年8月开始，红四方面军反守为攻。张国焘、徐向前、陈昌浩指挥主力部队，向三个方向发起攻击，发起仪南战役（仪陇南部）、营渠战役（营山和渠县）、宣达战役（宣汉和达县），战果辉煌，歼敌两万人，缴枪一万两千支。

在进攻宣汉和达县时，中共的另一支地方武装、王维舟领导的川东游击军配合红四方面军行动。战后，张国焘将这支一万余人的游击军，改编成了红四方面军第三十三军，军长王维舟、政委杨克明，下辖三个师。

发起"三大战役"，首先是张国焘本人的战略设想。在战役进行过程中，他本人也在随时调整和修正战略目标。张国焘作为战略家，他的风采在"川北三大战役"中得到了很好的体现。

仪南战役是第一仗。战役刚结束，张国焘就在《干部必读》上发表文章，总结经验，提升意义：

"（仪陇县城的占领）取得了进攻南部与阆中的门户，并威胁杨森之营山、蓬安与联军之顺庆，同时威胁到刘湘防地……是乘敌之新进攻未布置就绪前而突破了其包围弧线，定下了消灭以刘湘为首的新进攻中之胜利基础……有力推动了川北及全川的群众斗争。"

随后，张国焘又发表了《战胜杨森的意义——消灭杨森即是对刘湘进攻的回答》，提醒红四方面军各级干部，此战胜利之后，已经引起全川震动，有可能导致"四川军阀的联合行动……不要骄矜，不要懈惰，要红军做好充分的应战准备。"

10月，张国焘在《干部必读》上发表《消灭刘湘》一文，直入主题：

"消灭刘湘是目前最中心最紧迫的任务。第一，须向全体红军干部和战士进行有系统的政治工作和军事训练，以大大提高战斗的坚决精神。第二，须对当前的敌情、地形有系统的较远大和仔细的研究，各级干部必须学会看地图，了解四川军阀的整个情况。第三，须经常向敌军士兵和白区群众做细密而有效的工作。第四，要好好帮助地方武装独立团、游击队、赤卫军、少先队等，经常在自己阵地前布置以地方武装为中心的游击战争网。同时加紧扩大红军。第五，反对害怕敌人，消极怠工，悲观失望等右倾危险，同时也要反对胜利冲昏头脑，放松消灭敌人的准备的左倾，经常清洗成分、深入肃反来严密我们自己的队伍。"（《中国工农红军第四方面军战史资料选编》川陕时期，解放军出版社）

晚年徐向前回忆起"川北三大进攻战役"，依然是豪情满怀：

"我军的三次进攻战役，势如破竹，锐不可挡，不仅打得田颂尧、杨森、刘存厚焦头烂额，溃不成军，而且造成了'赤化全川'的战略态势。红军西抵嘉陵江东岸，如跨江而进，可横扫岷嘉流域、两开地区，进而可据下东江的万县、夔门，端掉刘湘老巢，扼住全川咽喉；沿长江而上，则涪陵、重庆亦岌岌可危。因而各路军阀如坐针毡，成都和重庆的豪绅巨商、达官贵人，纷纷转移资财，逃往武汉，全川为之震动。"（《历史的回顾》）

"川北三大战役"之后，红军的威名更大了，报名参军的更加踊跃。很快，红四方面军发展到了五个军，八万余人。川陕根据地的地盘也急剧扩大，东起城口、西抵嘉陵江沿岸、南到营山、达县，北至陕南的镇巴、宁羌，总面积达到了四万两千平方

第六章：1932-1935

公里，总人口接近五百万，区域内共有八座墙高沟深的县城，二十三个县区一级苏维埃政权。到1933年底，川陕苏区达到了鼎盛状态。

川陕苏区的惊人发展，让远在数千里之外的中央苏区都大感意外和震惊。1934年1月下旬，在江西瑞金，召开了全国苏维埃第二次代表大会，中华苏维埃共和国主席毛泽东在大会报告中，这样赞扬川陕苏区：

"川陕苏区是中华苏维埃共和国第二大区域，川陕苏区有一地理上、富源上、战略上和社会条件上的许多优势，川陕苏区是扬子江南北两岸和中国南北两部间苏维埃革命发展的桥梁，川陕苏区在争取苏维埃新中国伟大战斗中具有非常巨大的作用和意义。这使蒋介石与四川军阀都不得不在红四方面军伟大的胜利面前发抖起来。"（《中国工农红军第四方面军战史资料选编》川陕时期，解放军出版社，1993年）

此时的毛泽东应该已经意识到，主持川陕苏区的张国焘，将要成为他本人最为强劲的党内对手。

1933年10月，刘湘的"六路围攻"正在逼近。张国焘主持召开了"中共川陕省第三次代表大会"，会议的唯一重点，就是消灭刘湘。大会决议称：

"大会一致接受了国焘同志的报告，指出目前川陕赤区正处在异常紧张的环境当中，我们和刘湘的残酷战争已经开始，川陕全党目前唯一的紧急斗争任务，便是从组织上转变党的全部工作，深入到群众中去，动员和组织川陕千万群众，扩大五万红军主力，参加革命战争，组织大规模游击运动，配合红军主力作战，以最大决心，用一切力量来促进巩固苏区，彻底消灭刘湘，争取全川苏维埃胜利，消灭五次'围剿'，争取苏维埃中国。"（《中国工农红军第四方面军战史资料选编》）

四川军阀之间的战争，从1932年底开始，至1933年9月，终于见了分晓：幺爸刘文辉战败，大侄刘湘获胜，成为川内诸军的盟主、老大。

9月10日，蒋介石电令刘湘：集中兵力，大举进剿红军，三个月之内将红军彻底肃清。

9月12日，刘湘召集川内诸军，在成都召开军事会议，布署剿匪事宜。

10月4日，刘湘就任四川剿匪总司令，调动全川国民党系军队，分六路合围川北苏区。具体布署是：

第一路，邓锡侯的第二十八军，共十八个团，由广元、昭化向木门、南江进攻；

第二路，田颂尧的第二十九军，共二十四个团，由阆中向巴中进攻；

第三路，李家钰的新编第六师和罗泽洲的第二十三师，共十五个团，由南充向仪陇、巴中东南的曾口场进攻；

第四路，杨森的第二十军，共十二个团，由蓬安向鼎山场、通江进攻；

第五路，剿匪总司令刘湘亲自率领的第二十一军，共二十四个团，由开江、开县向宣汉、达县进攻；

第六路，刘存厚的第二十三军，共十八个团，由开县、城口向万源进攻。

这六路大军，总共一百一十个团，共二十万人，四川内部的"百团大战"就要开始了。

地面部队之外，还有两队空军，共十八架飞机。

刘湘指挥的这次六路合围，西起广元，东到城口，形成了一个绵延一千里的弧线，对川陕根据地形成半包围态势。

刘湘给这次六路合围订立了一个总的指导思想：

"分进合击，步步为营，稳扎稳打，务必将红军围歼于川陕边界。"

针对来势汹汹的六路合围，张国焘、徐向前、陈昌浩等立即启动应对措施：

首先，直接针对对方的总司令，发起了一个"消灭刘湘运动周"，先消灭对方主帅的气势。这一招后来被用在了更大范围之内："打倒蒋介石，解放全中国"，有异曲同工之妙。

其次，广泛开展战前动员，各级党政组织都行动起来，每一级都成立了"战斗委员会",短时间之内,根据地全体干部战士、普通百姓都被动员起来了。

第三,先下手为强,在刘湘正式下达总攻击令之前,徐向前就指挥第十师与刘湘直接指挥的第五路第二十一军第三师接仗了,该师师长是王陵基。

这个王陵基,在张国焘指挥八万大军与刘湘的二十万大军对阵时,他还是个师长;后来却戏剧性地成了叛党之后的张国焘的上级,彼时的张国焘,被他羞辱得颜面扫地。王陵基后来参加抗战,战绩可称辉煌,官拜第三十集团军总司令,获授上将衔。再后来国共内战,王陵基成了俘虏。一直挨到文革兴起,王上将死于红卫兵的皮带棍棒之下。

针对刘湘的六路合围,红四方面军的弱势很明显:虽然战斗人员已近十万之众,但新战士太多,新干部也多,没有经受过系统的政治、军事训练,战斗力不强。

两相对比,红军的有利因素也很突出,上下齐心,众志成城,指挥高效,纪律严明。刘湘大军虽然都在蒋介石的统一领导和指挥之下,但仍然是各怀鬼胎,各自为战。这种态势之下,极有利于红军实施"各个击破"。

红军另一个有利因素,就是后勤保障能力大大增强,苏区面积扩大了一倍,支前民众接近一百万;再加上当年川北获得了多年未见的大丰收,军粮储备丰富。

10月初,张国焘在通江召开军事会议,决定继续采纳徐向前总指挥的方案,依据反三路围攻的经验,仍采取收紧阵地、积极防御的战略方针,在节节抗击的过程中,大量消耗、疲惫敌人,在适当时机,转守为攻,反攻破敌。

总体战略方针确定,接下来是排兵布阵:

以东线为主要防御方向,刘湘的精锐部队所在的东线为主要防御方向,由红四军、红三十三军全部,会同红九军和红三十军各两个师,共二十个团,布置在万源至宣汉、达县的东线地区,由徐向前总指挥亲自指挥,对付第五、第六两路。

以西线为牵制方向,以红三十一军为主力,红三十九军之第九十师、红九军之第二十七师，共十个团，配置在广元、营山、渠县一带，沿嘉陵江以东布署，由副总指挥王树声和红三十军政委李先念统一指挥，对敌人的第一、第二、第三、第四路进攻部队，做出牵制。

设立监视部队，以红三十一军的两个团，在通江县北境的碑坝和旺苍坝以北的三道河一带，监视陕南敌军，防止其违背"互不侵犯协定"，趁乱进攻。

总指挥部由四人组成：徐向前去东线，王树声去西线，陈昌浩居中调度，张国焘坐镇大后方。

11月16日，刘湘总司令下达总攻命令，同时下令，封锁"匪区"。

命令下达之后，六路大军开始慢速起动，边走边看，生怕自己走在了前头，被善于运动战的红军截断了率先消灭。

只有第四路进军速度较快，这是杨森的嫡系部队。不久前红军抢占了杨森的大片地盘，他急于利用这次合围之机，收复自己的防区失地。

不出所料，杨森的急进遭到了红军的率先打击。11月下旬，杨森属下的三个旅在营山与红九军发生遭遇战，遭到沉重打击。

直到12月上旬，六路大军才陆续到达指定地点。红四方面军早已布置妥当，以逸待劳。12月中旬，国共两方的部队开始全线接仗，在长达千余里的战线上，发起攻击与反攻击。

12月15日凌晨，刘湘命令第五路和第六路抢先行动，利用浓得化不开的大雾，强渡州河（嘉陵江支流），左右并进，向红四军和红九军发起攻击。红军乘其半渡之时，发起反冲锋，当天歼敌达三千余人。

但国军的兵力实在是太充足了，源源不断地向前线补充、推进，攻势并未减缓。两天激战之后，红军主动向后撤退，17日放弃宣汉，18日放弃达县，有步骤地逐步收缩阵地，以大量杀伤敌人有生力量为目标，撤退期间还打下了一架飞机。

从1933年11月中旬刘湘发布总攻击令开始，到1934年1月中旬，红军在东、西两线，毙伤国军一万三千余人。刘湘总指挥设想的第一阶段攻势目标没有完成，国军的锐气大挫。

徐向前和王树声能够在东西两线直接指挥，大显身手，离不开张国焘的充分放权，他放手让徐向前和王树声指挥前线的战斗，自己在后方发动地方支援前线。1933年11月底，短短十天之内，就扩大红军数千人。这样的统帅，这样的胸襟，比蒋介石要高明太多。

当然，过度放手，也容易让自己本钱尽失。后来西路军西征之时，失势的张国焘为了自证清白，完全放手，不闻不问，任由西路军自生自灭，最后自己也落得个光杆司令、任人宰割的命运。此是后话，请耐心阅读，下文有述。

第六节：活神仙刘从云

四川军阀联军第一阶段攻势凌厉，虽然没有达成既定目标，但也给红军部队以极大的压力。1934年2月初，刘湘在成都召集各路将领，会商第二阶段的剿匪计划，决定在一个月之内，将西线红军压至通江和巴中以北、木门以东地区；将东线红军逼至石盘关到竹峪关一线，同时截断川陕边界，在川陕交界之处消灭红军。

3月3日，刘湘下达第二期剿匪总攻命令。西线一、二、三、四路共四路大军首先向红军发起攻击，鉴于第一次全面进攻效果不佳，这次改为重点进攻。

3月5日，第五路总指挥由刘湘改为唐式遵，新官上任三把火，他命令麾下师旅轮番进攻，但效果不佳。

到3月22日，刘湘统一指挥的"重点进攻"宣告失败，红军的阵地、战线基本没有被攻破。

二期进攻暂停之后，刘湘首先看低了红军的实力，认为经过两轮打击之后，已经是疲弱之师，伤亡很大，子弹很缺；然后又看错了红军的动向，认为红军不太可能向陕南发展，因为此时西北军孙蔚如，已经在蒋介石的严令之下，撕毁与红军互不侵犯的协定，出兵攻击红军了。刘总司令判断，接下来红军最大的可能，是集中主力突破下川东，进入川鄂边界，与万县、奉节一带的红二军团会合。

刘湘的判断是错误的，此时红军的主力集中在西线，由徐向前亲自指挥。为了在保存实力的同时大量杀伤敌军，每次接仗之后，红军总是退却和收缩；一边退缩，一边猛烈打击尾追之敌。这正是徐向前擅长的打法：诱敌深入，化整为零，聚而歼之。

东线是红军的偏师，由王树声统一指挥，与国军之间的战斗同样激烈，也是且战且退，以杀伤敌人为主要目标。刘湘把偏师错断为主力，把大军调集到了东线，命令刚刚接替他本人上任的第五路军总指挥唐式遵，调集了二十个团的庞大兵力，云集在川鄂边界，防止红军南下川东，突入鄂西。

3月26日，草包总司令刘湘发布第三期"剿匪计划"，他要在东线夺取万源，在西线进占南江、通江，然后东西合围，消灭红军。4月3日，刘湘下达第三期总攻击令，命令各路大军，限期会师通江和南江。

刘湘的这一作战计划，正合红四方面军的意图。为了更大限度地消灭川军的有生力量，徐向前指挥部队，逐步收紧阵地，猛烈打击敌军。

4月23日，刘湘迎来了第三期围攻的最后一场惨败。刘湘属下的第三师师长许绍宗指挥全师及另外三个旅，连续向镇龙关一带的红军猛攻，红军以守为攻，迎头痛击，经过六天激战，国军伤亡八千多人，始终没能攻破红军的阵地。第三期总攻，至此宣告失败。

这个败军之将、第三师师长许绍宗，此次大败之后，并没有受到太大影响，此后一直在军长、师长、集团军副总指挥的任上折腾。抗战时期曾率领川军出川抗战。1949年12月，在川陕甘绥靖公署总指挥的任上，率部起义，归降了共军。此时中共已经建政，显然是起义得太迟了，不久之后奉命复员。最后于1967年，死在重庆沙坪坝区政协委员的任上，幸运躲过了"艰辛探索"（文革），享年七十一岁。

从第一期围攻到第三期围攻，以川军为主力的国军，损失兵员高达三万五千人，却远远没有达到最基本的战略目标。兵员

第六章：1932-1935

的大量损失，让这些拥兵自重的川军军阀心痛不已，内部矛盾由此而再度爆发，虽然大敌当前、没有内战，但互相指责、互相怨怼的情绪高涨。

1934年5月15日，四川剿总在成都召开第三次剿匪会议，布置"第四期围攻"之事。为了安抚军心，刘湘总司令自愿出资三百万元军费和三百万发子弹，分发给各路军阀。

在这次剿匪会议上，演出了一幕在当代人看来有些匪夷所思的丑剧。为了安抚和笼络各怀异心的各路川军，刘湘抬出了一个"全川共主"——活神仙刘从云。这个刘从云原是一位乡间术士，读过几年书，算是个半通不通的潦倒文人，因为会打卦算命，又颇有一些组织动员能力，创立了号称融合儒释道三家的"一贯道"，经过数年经营，把全川百分之九十的大小军阀都纳为弟子。四川省内军阀之间连年混战，但奇怪的是，军阀们对刘从云这位活神仙都敬若天神。

经过三期围攻的失败，各路军阀对刘湘的指挥能力失望透顶，刘湘本人也明白，全川军阀除了共戴蒋介石为党和国家的领袖之外，还需要一个能够统一大家意志的精神领袖。刘从云这位善于装神弄鬼的民间人士，一跃而成为全川大小军阀的教父，经蒋介石默许，刘湘任命刘从云为"剿匪前方军事委员会委员长"。

如此儿戏，如此胡闹的川军，怎么能跟拥有一整套革命理论的中共军队相抗衡？自刘从云上任"委员长"的那一天起，就注定了川军必将遭遇更大规模的溃败。

刘湘宣布了第四期围攻的战略目标：夺取通江、万源之后，从西向东横扫，将红军消灭在川鄂边界。川军各部拿出一百四十个团的庞大兵力，参加此次围攻。

第四次围攻急如星火，距离第三次围攻结束不过一个月。张国焘、徐向前、陈昌浩决定，从红军主力集中的西线进行反击，首先打击第一路邓锡侯的部队；成功之后，马上转入全线反攻，由北向南横扫西线国军；成功之后，转而由西向东横扫东线国军。

为了让更多的国军进入红军设下的"反包围圈"，红四方面军总部命令主力继续后撤，放弃通江阵地，撤出通江县城，继续给刘从云的大弟子刘湘制造红军意图向北退却、试图进入陕南的假像。

为了把"假像"做得更逼真，徐向前命令红三十三军的一个团向东出击，攻占城口，刘湘等更坚定地判断：红军是要出城口，向巫溪、奉节突围，进入云阳、万县，与川鄂边的红三军团会师。他命令第五路和第六路东移，截断红军的"退路"。刘湘的这个误判，将要断送数万四川子弟的性命。

此时刘从云委员长也亲自来到前线，各路大军到达指定地点之后，刘委员长发出了总攻命令。或许是为了鼓舞士气，又或者是要提前印证自己的料事如神，他公开向川军将领兼入室弟子宣告：根据占卜结果，三十六天之内就能全部消灭赤匪。

为了让占卜预言变成现实，刘从云显露出超级赌徒的本色，他命令麾下川军全伙儿出动，甚至将总预备队都投入到了前线，集中东线全部五十个团，向万源至通江一线的红军阵地猛攻，目标是占领万源，围歼红军于此地。

红四方面军总部看到刘湘极为配合地将国军主力调往东线，聚歼西线之敌的条件正在成熟，马上命令主力部队向西线集结，准备在分水岭一带开始反击。

但红军的反击并没有马上奏效，邓锡侯的部队战斗很强，加上天降大雨，红军的后勤补济和后续部队都受到阻滞。徐向前决定，暂停反击，另寻战机。

此时，东线红军面临的压力骤增，西线能否成功反击，关键点是东线必须抵抗住国军的压力。刘湘也看到了这一点：国军一旦突破红军的东线阵地，就可以将红军向西压迫，近而将红军逼到川陕边界，或者直接将红军消灭在川北。他有些孤注一掷，派出总兵力的八成，也就是八十多个团，共十余万人，集中在这一狭长区域，拉开了与红军决战的态势。

7月中旬，张国焘在战场所在地万源县城召开军事会议，徐向前、陈昌浩、王树声，以及师团以上干部参加，徐向前明确否定了一些干部提出的"放弃川陕根据地、北进汉中、另找出路"的主张，认为应该吸取之前放弃鄂豫皖根据地的教训，绝不轻易放弃川陕根据地，而且这次的敌我军事力量对比，已经比当初鄂豫皖时期更有利，内部矛盾重重的川军，应该能够战胜。陈昌浩支持徐向前的判断。

张国焘对徐向前、陈昌浩的判断和必胜气概很是赞赏，完全同意徐、陈的意见。主要领导抱定必胜的决心，其他高级、中级将也都深受鼓舞，磨拳擦掌准备决一死战。

会议决定：从东线开始反攻，在西线钳制住敌人。首先在万源县城附近，大量损耗敌军的有生力量。

万源县城地处巴山腹地，是四川东北的门户，县城四周群山环抱，地势险要，易守难攻。徐向前以万源县城为中心，梯次布置兵力，在周边布署了大量的后备部队。

七月上旬，国军第五、六两路部队共十五个旅，集中压向万源。在南充坐镇指挥的活神仙、委员长刘从云通过占卦，算出7月11日是发起总攻的黄道吉日，他用黄锻子包裹好总攻命令，分送各路部队，要求统一在这一天发起总攻。

以后如果把这一段历史拍成电影，"刘神仙黄锻子包裹命令"的细节一定不能漏掉。

7月11日，接到了黄锻子命令的各路国军，统一向万源方向发起猛攻，红军战史上有名的"万源保卫战"就此打响了。

多年之后，徐向前回忆起这场战争，是这样说的：

"万源保卫战，是积极防御中的一个决战防御，打得极其艰苦，敌人筋疲力尽，我们也是筋疲力尽。"（《川陕革命根据地史料选辑》，人民出版社，1986年）

7月16日，是国共两军正面决战的第一天，唐式遵以八个旅的重兵力，攻击万源的孔家山和南天门，在猛烈的炮火掩护下，整队的国军向红军阵地发起波浪式冲锋，但此时红军的火力也很猛烈，双方激战了十余天，到了8月初，唐式遵的部队仍然无法突破红军的阵地。

刘湘心急如焚，宣布更高的赏额，以及更严厉的惩罚措施，规定师长、旅长必须亲自上前线指挥，否则直接枪毙。

国军攻势不减，但始终无法突破红军阵地。

张国焘作为红军主帅，和刘湘一样牵挂着万源的战斗。据许世友回忆，当时他正在前线指挥作战，张国焘打来电话：

"大面山能不能守住啊？"

许世友回答：

"刘湘就那么两下子，没什么了不起。他们人多，我们也不少，就是不还手让他杀，也够他杀几个钟头的。你放心，我们保证人在阵地在就是了。"（许世友《我在红军十年》，战士出版社，1983年）

国共两军在万源一地，从7月中旬，一直打到8月下旬，国军先后发动了五次大规模的攻击，伤亡了一万余人，始终没能突破红军在万源的防线和阵地。活神仙、委员长刘从云一次次地占卦，一次次地选定黄道吉日发起攻击，一次次板上钉钉预言国军必胜，结果却是一次次地损兵折将，铩羽而归。

8月下旬已经是炎炎夏日，死伤惨重的国军，倍受打击的部队，士气低落到了极点，士兵逃亡的现象极为普遍。从普通士兵到各级军官，越来越对刘神仙恨之入骨，指责他妖道害人。

红军则越战越勇，而且政治攻势也越来越奏效，对国军士兵的瓦解作用更加明显。

张国焘、徐向前及时做出判断：现在是发起总反攻的时候了。选在何处作为总反攻的突破口，这需要秘密确定，需要既出乎敌人意料，又有利于发挥红军的优势兵力。

经过一番讨论，徐向前接受了张国焘的建议，把总反攻的突破口，选在了青龙观，这是第五路刘存厚部队的阵地，有一个旅的国军把守。（《历史的回顾》）

8月9日夜，徐向前派出一个突击营，披荆斩棘，攀岩附壁，神不知鬼不觉地来到敌军旅部所在地，迅速发起冲锋，竟然直接占领了旅指挥所，旅长周绍武差点成了俘虏。

8月10日，增援部队赶到，一番激战之后，歼灭了该旅的大部分敌人，全部占领了青龙观主阵地。这一场奇袭意义重大，在国军五百多里的防线中间，硬生生地撕开了一个口子，截断了东西线国军的联系，为总反攻创造了极为有利的条件。徐向前善

第六章：1932-1935

于打条件恶劣之仗的能力，在川陕根据地时就体现出来了。

突破青龙观，是红四方面军由防御转为总反攻的关键点。自此，徐向前指挥各种东线主力勇猛攻击，各路国军如惊弓之鸟，纷纷溃逃。

这期间，张国焘和徐向前在是否采取大纵深迂回包抄东线国军范绍增师的问题上，发生了争执，张国焘论断应该先消灭范师，再进行迂回大包抄；徐向前和陈昌浩等则认为，应该着眼于更大规模和更大范围内的包抄，不必纠结于范师一部敌人是否要消灭。争来争去，最后徐向前和陈昌浩同意了张国焘的意见，但战果却很不理想，范师大部分跑掉了。

这次争执之后，张国焘对徐向前的指挥能力更加尊重了。

东线第五、第六两路国军的全线溃退，让西线的各路国军惊恐万状，第四路和第三路率先撤退，第一路和第二路原地坚守，构筑工事，加强防御。

第四次围攻败得更彻底、更难看。前线溃败的消息传来，后方一片惊慌失措，锦官城内的锦衣华服的官儿们害怕城池失守，纷纷携眷东逃。

8月23日，一败涂地的刘湘致电蒋介石，请求辞去四川剿总的职务。随后，他乘车由成都赴重庆，车行到江边，看着滚滚东逝的江水，刘湘悲从中来，打开车门，紧走几步，要跳入江中，了此一生。幸被部下抱住，才又多活了几年。

8月27日，蒋介石致电刘湘，一边给予严厉批评，一边略作劝慰。刘湘顺水推舟，不再寻死觅活，也不再提辞职一事。

8月下旬，红四方面军做出新的部署，以聚歼西线国军主力为战略目标，留一部兵力在东线，牵制国军；将大部分红军主力迅速转往西线。

西线国军已经觉察到了红军主力的动向，各路开始全线溃退；各路红军则昼夜兼程，向川西北聚拢。

这时，张国焘和徐向前又发生了争执，徐向前主张更大范围的纵深和包围，张国焘则主张就近消灭敌人。在相隔二百里的电话里，经过一番讨论和争论，徐向前决定自作主张，采取更大范围的纵深包抄，以便消灭更多的国军。晚年徐向前这样回忆：

"（张国焘的命令）那是抓兔子尾巴，抓不住的，这回就是犯错误也不听他的，打完仗再说，我负责。李先念也说，对呀，将在外，君命有所不受嘛，我们听总指挥的命令。我说，好，我们来个机断专行，搞大纵深迂回。"（《历史的回顾》）

命令下达，红军全速前进，在黄猫垭截住了退却的国军，经过一天一夜激战，消灭了十个团的国军，共一万余人，缴枪七千余支，取得了总反攻以来的最大的胜利。徐向前对这一仗也很满意，他在回忆录里这样写道：

"（黄猫垭）这一仗打得不错，证明纵深迂回是正确的。迂回问题，该迂回哪部分敌人？哪个方向？迂深迂浅？看来是个战术问题，但对战斗能起决定性的作用……战绩摆在那里，张国焘自然无话可说。"（《历史的回顾》）

9月16日，蒋介石下令川军全线死守，不准后退。但大势已去，六路川军都已成惊弓之鸟，溃退已经无法避免。

其他各路红军也都进展顺利，相继收复了此前主动或被动放弃的地盘。到9月22日，红军收复了北起广元、南至阆中的全部失地，还扩展了一些新区。从1933年12月打到1934年9月，前后历时十个月，红军毙伤国军共六万余人，俘敌两万余人，缴枪三万余支，大炮百余门，还击落了一架飞机。这一仗，彻底打出了红军的威风，"赤化全川"从此成了一个现实的目标。

活神仙刘从云挂帅、刘湘指挥的"六路合围"取得了完败的战绩。刘从云委员长通电辞职。四川各路军阀不敢公开指责刘湘，都把失败的责任推到刘从云的头上，强烈要求把刘神仙砍头示众。结果活神仙也怕被砍头，他躲了起来。

红军取得大胜，但付出的代价也非常大。据徐向前回忆：

"十个月的反六路围攻，固然以我军的胜利和敌人的失败而告终，但川陕根据地的元气，却受到了严重损伤。我们的面前，废墟一片，困难重重。战役结束后，我从前线回到后方。沿途所见，皆为战争破坏带来的灾难景象。良田久荒，十室半毁，新冢满目，哀鸿遍野，令人惊心悚目。"（《历史的回忆》）

为了医治战争创伤，红四方面军向苏区各地派出工作组，着力恢复和发展生产，重建地方党政组织。经过三个多月的紧张努力，川陕苏区的元气得到很大恢复，到1935年1月，红四方面军又扩军两万人。

第七节：博古、李德、阵地战

与红四方面军的迅猛发展相对应的，是四川省内各路军阀的穷途末路。六路反攻完败之后，川内军阀之间有一个非常流行的说法：四川正在成为"江西第二"，川内有钱人开始"移民"，将人和财物向上海转移。武汉已经不安全了，最安全的地方，似乎只剩下了上海一地。

1934年10月27日，蒋介石默许之下，仍然掌握着四川境内最大军力的刘湘，通电复职，向全国民众宣誓：即日赴前方督师，誓与红军决一死战。

11月20日，蒋介石命令刘湘前往南京，与他所代表的川内诸军讨价还价。蒋介石答应，继续全力支持川内军队剿匪，刘湘就任四川省政府主席，统一指挥全川军队，南京国民政府拨付两百四十万元军费和一部分武器弹药，作为对川军剿匪损耗的补助。刘湘代表全川军头向蒋总司令表态：同意蒋介石将嫡系部队胡宗南的五个师进驻四川，接管之前由川内诸军负责的防务。

刘湘在南京一直呆到12月中旬，返回四川之后，马上以四川省政府主席的身份，电令各地方军政长官，采取蒋总司令认可的战略：北守南拒，坚决防止红军从川北逃往陕南，坚决把红军消灭在四川境内。

但各路川军已经被红军打怕了，刘主席还得再费一番心力，才能把他们聚拢到蒋介石的旗帜之下。此时蒋介石的主要精力正集中在会剿中央红军上面，四川境内"再次会剿红四方面军"的事情，暂时被搁置下来了。

刘湘那边暂无足虑，中央红军的意外撤退，却让张国焘陷入了同病相怜、兔死狐悲的焦虑之中。他甚至产生了向陕南撤退的打算，多次向徐向前等人提到，川北根据地是"挤掉了汁的柠檬，单凭这里要求发展是不易的。"

中央红军被迫战略撤退，跟时任中共中央总书记博古的战略失误有直接关系。

博古原名秦邦宪，是江苏无锡人，生于1907年，父亲是前清举人，但英年早逝，秦邦宪幼年失怙，养成了沉默寡言的性格。1925年考入上海大学社会学系，当时的系主任，就是后来的中共中央最高领导人瞿秋白。1926年赴莫斯科中山大学学习，化名博古，成为二十八个布尔什维克之一。1930年回国，在年轻的老校长、共产国际驻中国代表米夫的提携之下，担任中国共青团中央宣传部长。1931年3月，团中央书记温裕成因贪污被撤职，博古升任团中央书记。4月，顾顺章叛变，总书记向忠发被捕后也叛变，上海的中共中央机关被彻底摧毁。9月，中共中央负责人陈绍禹（王明）、周恩来找到博古，告诉他周恩来将赴中央苏区任书记，陈绍禹将赴苏联任驻共产国际代表团团长，上海的中共中央，就由这位团中央书记来"总负责"了。一系列的意外之后，时年24岁的博古，就成了中共中央的"总负责"。博古在上海"总负责"了一年多，到1932年12月，中共高层领导人相继被捕叛变，中共中央在上海实在呆不下去了，经请示共产国际批准同意，于1933年1月，中共中央整体迁入江西中央苏区。1934年1月，中共六届五中全会上，27岁的博古被正式推选为中共中央总书记。1935年2月，遵义会议之后一个月左右，博古交出中共中央总负责的印信，张闻天继任"中共中央总书记"。

六届五中全会召开之际，共产国际刚刚召开了第十二次执委会，在决议中认定，"中国革命的危机已到了新的尖锐阶段——国民党的统治正在急剧崩溃，革命形势正在急剧高涨。"根据共产国际的这一判断，博古主持的六届五中全会通过决议，宣称：

"中央苏区正在进行的第五次"反围剿"的斗争，将决定中国苏维埃道路与殖民地道路之间谁战胜谁的问题；而且这个问题将会在最短的历史时期内得到解决。"

在博古领导下，在六届五中全会精神指导下，对内，中共中央号召全党，继续集中火力猛批"中间派别"，"反对对右倾机会主义的调和态度"；对外，则要求红军全线出击，与国军展开阵地战。

之所以敢于跟国军展开阵地战，是因为此时的中央苏区，下凡了一位会打仗的德国神仙。1933年9月，共产国际派时年33岁的德国共产党员李德，到中央苏区任军事顾问。李德幼年在孤儿院长大，成年后曾参加过第一次世界大战，后在苏联伏龙芝军事学院学习。共产国际给李德的定位，是没有决策权的顾问角色；但急于培植自己权力根基的博古，却主动赋予李德参与重大军事决策的权力。于是，李德在伏龙芝军事学院学到的"阵地战"理论，就被落实到了中央苏区红军与国军对峙的战场上。

1934年10月，正是川陕苏区取得反六路围攻取得辉煌胜利不久，中央苏区却遭到了第五次反围剿的彻底失败。国军已经推进到了中央苏区的腹地，兴国、宁都、石城等相继失守。中央红军已经退无可退，中共中央和中央军委决定，率领全体红军进行战略撤退，举世闻名的"长征"就在这种窘迫而紧急的状况下开始了。10月10日晚，五个主力军团，以及中央机关和直属部队，共八万六千余人，分别从瑞金、雩都等地出发，踏上了未知的艰难旅途。

此时张国焘、徐向前、陈昌浩等川陕根据地领导人，对中央根据地的情况也是极为关注和关心。徐向前的回忆：

"中央红军的动向，一直是我们急地关注的问题。我记得除了由四方面军电台不断将情况向中央提供外，陈昌浩还经常想办法搜罗这方面的消息，私下里同我研究、讨论。中央的命运，谁不关心呀！因为情况不大好，也不便向下面去讲，反正大家心里都很着急就是了。"（《历史的回顾》）

张国焘的回忆是这样的：

"到了八九月间，我们将敌军先后击溃，中央来电表示十分欣慰。从这些电报的字里行间，我们就感觉到了中央苏区的处境不佳。"（《我的回忆》）

虽然张国焘等人对中央苏区的处境艰难早有感觉和预判，但对于中央红军撤离根据地，开始战略大转移，仍然感觉到极为震惊。

或许是刚刚完成了与徐向前、陈昌浩等一起指挥的大迂回、大包抄、大胜利,所以张国焘希望中央红军也能重演类似的辉煌胜利。在给红四方面军干部们做报告时,他站在川陕根据地的立场上,认为中央红军的战略大撤退,是对川陕根据的强大支持,这样川陕红军不但在东面有贺龙、萧克的红二方面军的配合,而且还有了中央红军从西面和南面的配合,能对刘湘形成夹击之势——"这样消灭刘湘、截断长江、会师渝万的目的就更易达到了。"(《中国工农红军第四方面军战史资料选编》)

跟张国焘设想的差不多,中央红军刚从江西苏区出发时,的确是有意向湘西转移,与红二、六军团会合。但蒋介石布置了四道封锁线,围追堵截,中央红军付出了极为惨重的代价,才突破了四道封锁线。但后面的尾追和前面的堵截并没有消失。毛泽东等建议,中央红军放弃进军湘西与红二、六军团会合的方案,改向敌军力量薄弱的贵州转移。

中央红军的战略撤退,让张国焘等人都产生了撤出川北的念头。他多次向徐向前等人表示,反六路围攻之后,川北根据地损耗太大,"就像是被挤掉了汁水的柠檬"。张国焘的回忆:

"(中央红军)他们这次行动,我们事先毫无所知,根据我们直接获得的资料,认为中央红军这次行动是在敌人的压力之下,不得已的退却行为。我们不敢断定他们是否能阻止敌人的追击,是否能在西南地区立足,但确认中央红军不能在江西立足,是整个苏维埃运动受着严重打击的表现……根据这些估计检讨红四方面军今后的方针,我们都主张今后应配合中央红军的行动。力求向外发展,不必死死守住这个川北苏区。"(《我的回忆》)

正好这个时候,中央军委于12月19日,给红四方面军发来了一个《关于执行中央政治局十二月十八日的决议》,要求"四方面军重新准备进攻,以便当野战军继续向西北前进时,四方面军能钳制四川全部的军队。"

中央军委的这个命令讲得很清楚:一,中央红军准备向西北前进了。二,四方面军要拖住四川的全部国军。三,中央红军有可能绕开四川，转道进军西北。

既要执行中央军委的命令，又考虑到向川陕之外的区域发展，张国焘等决定：今后一段时间之内，红四方面军的主要任务，是配合中央红军行动。这一战略之下，第一个战术动作，是组织发起'广（元）昭（化）战役"，歼灭驻守在此的胡宗南主力，缓解中央红军正在经受的巨大的军事压力。

第八节：西渡嘉陵

1935年1月下旬，张国焘、徐向前等命令红四方面四个军共十八个团的兵力，向广元、昭化地区集结。驻守广元和昭化的，是胡宗南的一个独立旅，旅长丁德隆。红军的作战意图是，先清扫外围敌军，再相机围城，吸引敌军增援之后，再伏击和包围援军，予以消灭。

1月22日，广昭战役正式开始。红军攻势凌厉，消灭了胡宗南属下的两支游击队。第二天，扫清了广元和昭化外围的敌人。

但接下来的围城打援计划却没能实现，一方面是胡宗南派驻在两城中的驻军守城意志坚决，红军连日攻击，进展不大；另一方面胡宗南的指挥经验也很丰富，坚决不派援军前去增援，甚至还把外围阵地上的一个主力团也调了回去。这样红军就无援可打了。

与此同时，蒋介石也在调兵遣将，川军中最能打的部队之一、邓锡侯的第二十八军已经逼近广元和昭化，红军如果再不撤离，有可能会被里外夹击，被反包围。鉴于战机已失，徐向前和陈昌浩请示张国焘之后，决定不再屯兵于坚城之下，迅速撤出广元和昭化的红军，准备强渡嘉陵江，策应中央红军。

广昭战役打响的同一天，刚刚开完会、离开遵义城的中共中央和中央军委，给红四方面军总部发来一份电令：

"中央红军决定进入川西，为使四方面军与野战军乘蒋敌尚未完全入川实施'围剿'以前，密切的协同作战，先击破川敌起见。我们建议：你们应以群众武装与独立师、团向东线积极活动，钳制刘（湘）敌，而集中红军全力向西线进攻……于最近时

期，实行向嘉陵江以西进攻。"（《中国工农红军第四方面军战史资料选编》）

这封电令的意图很明显，就是要求红四方面军收缩东线，向西线进军，配合中央红军穿过四川西部，进入西北。张国焘接令，马上在旺苍坝召开紧急军事会议，研究如何落实。据徐向前回忆：

"中央发出这个电报时，红一方面军已离开遵义，向川黔边的赤水方向前进，形势紧迫，不容我们犹豫不决。我从前线匆忙赶回旺苍坝，出席举行的紧急会议，讨论这一牵动全局的作战方针……中央要求红四方面军集中全力西渡嘉陵江，突入敌后，运动歼敌，策应红一方面军渡江北进。这就是说，红四方面军的主力，将离开川陕根据地，向嘉陵江以西发展。大家认为，如果不是中央红军的处境相当艰难，中央不会作出这样的决定，因而西进策应中央红军作战，是头等紧要的事。会议决定，第一，暂时停止与胡宗南的角逐。第二，由三十一军和总部工兵营，火速搜集造船材料，隐蔽造船，解决渡江工具问题。第三，适当收缩东线兵力，准备放弃城口、万源一带地区。第四，即以主力一部出击陕南，调动沿江敌人北向，为在苍溪、阆中一线渡江创造战机，并接应已经进入陕南商县一带的红二十五军。"（《历史的回顾》）

徐向前的回忆表明，旺苍坝会议期间，张国焘作为红四方面军最高领导，决策是清晰而坚定的，收缩东线，向西进攻，策应红一方面军。

2月上旬，红四方面军发动了陕南战役，为西渡嘉陵江扫清障碍，十多天的战斗，消灭了四个团，俘敌四千余人，缴枪五千余支，占领了宁羌、沔县和阳平关。红四方面军西渡嘉陵江、策应中央红军入川的障碍基本清除了。

障碍清除了，中央红军却来不了了。2月16日，中央军委来电，称由于中央红军没有完成渡过长江的计划，决定改变战略计划，不再向四川西部进军，决定在川滇黔边区创建新的苏区。

中央红军的这个临时决定，对红四方面军影响巨大。此时红四方面军已经基本放弃了东线的防御，主力也已经大部集结在了西路，而根据地的本土防御也大大减弱了。相应的，川军各部也跟在红四方面军收缩和退却的路线后面，步步紧逼。根据地的核心区域如万源、巴中、通江、仪陇、苍溪等地，相继失守。红四方面军的后方机关，被迫一再转场，最后转到了南江地区。即便不再承担配合和策应中央红军的使命，红四方面军也必须西渡嘉陵江了，否则退无可退。张国焘等当机立断，决定按照原定的战略方向，向川甘边界发展，仍在苍溪、阆中之间的狭窄区域，强渡嘉陵江。

西渡嘉陵江，最大的考验是渡江工具，也就是船。张国焘发挥自打在北大搞学潮时练就的"发动群众"的能力，亲自主持秘密进行的造船工作，经过一个多月的紧张工作，造出了大小船只共一百多艘，其中的三十余只规模还比较大。

3月28日夜，红四方面军的渡江战役正式开始。正是初春之际，嘉陵江水深流急。红军先是采用奇袭的战术，突击队员悄悄地乘船划向对岸，在守敌还没有反应的时候，就占领了岸边阵地。等守敌开始发觉的时候，红军由奇袭转为强攻。几个小时之后，在拂晓之前，全部红军部队渡过了嘉陵江。

又经过24天的进击，红军相继攻克了阆中、南部、剑阁、昭化、梓潼、平武、彰明、北川等八座县城，打出了东起嘉陵江、西迄北川、南达梓潼、北抵川甘边界的广阔区域，纵横三百里。歼灭国军十二个团、约一万余人。

红四方面军的强势西进，直接打乱了蒋介石的两路围剿计划，迫使他把刘湘的主力共十三个旅，紧急调往绵阳一带，阻止红四方面军北上或西进。大量川军被限制在川西地区，极大地减轻了中央红军面临的重兵压力，也直接引出了中央红军的新战略动向：西入云南，北渡金沙江。红四方面军按照既定计划开展的西渡嘉陵江的战役，间接改变了中央红军接下来的进军方向。

中央红军受益于红四方面军的强渡和强攻，红四方面军本身也受益于这次渡江西进战役。渡过嘉陵江之后，局面一下子打开了，张国焘指挥属下军政干部，迅速开展之前驾轻就熟的根据地建设，以极快的速度，将新占领导地区改造成"标准而成熟"的新苏区。红军兵员得到补充，物资和粮食得到补济，红四方面军发展壮大到五个军，下辖十一个师，三十三个团，总兵力达到八万多人，如果加上机关和后勤人员，总兵力高达十万。张国焘等带领红四方面军越打越勇，愈加显得兵强马壮。

蒋介石猛然醒悟过来：如果任由红四方面军向西发展，很可能不久之后又是一个鄂豫皖或川陕。于是他改变用兵重点，从南北两个方向，向处于涪江和嘉陵江中间地带的红四方面军压过来。

1935年5月间，应该是徐向前戎马生涯中最为焦虑的一段时间。他真切感受到蒋介石调兵遣将的后果，一再发电请示正在后方征粮和扩红的张国焘：南北两线的压迫性夹击，很可能是致命的；到底应该如何决策：是走还是留？

张国焘也是举棋不定。一番权衡之后，张国焘作为红四方面军和根据地的党政军最高首长，下了最后决心：放弃川陕根据地，率领红四方面军主力，向川陕甘交界处转移。

后来张国焘背叛中共。中共党史在研究川陕根据地这一段历史时，从来都把张国焘在1935年5月决定放弃川陕根据地，向西北转移，作为他的一大历史罪错。

徐向前在晚年回忆中，为张国焘说了公道话。徐向前认为，当时放弃川陕根据地，向西北转移，是唯一正确的决策。主要依据：

一，此时敌强我弱的态势，比当初刚刚进入川北时更甚。此时的红四方面军的规模和战斗力，虽然已经大大强过当初从鄂豫皖撤退、辗转进入川北时的红四方面军；但敌人方面也是今非昔比。当初红军面对的是互相攻杀混战的四川军阀，而且当时四川军阀虽然内斗很激烈，但却一致排斥蒋介石的国民政府"介入四川省务"，所以当时红军可以凭借较弱兵力，趁乱进入川北并迅速站稳脚跟。但此时，经过刘湘统一指挥的"六路合围"之后，红军虽然取得了辉煌的战绩，但川军在持续九个月的大规模对红军的战争之后，反面变得团结协作、统一指挥了；而且完全服从蒋介石的调度指挥，同意甚至支持蒋军嫡系进入四川，共同剿匪。看来最能解决川军内部矛盾的招数，是"引进"外部红军的威胁。

二， 此时川陕根据地的综合资源，已经无法支撑红四方面军固守拒敌的需要。刚刚结束的反六路合围战斗，虽然取得了辉煌的胜利，但也极大地消耗了川陕根据地的人力、物力和财力。

三， 这次"川陕会剿"的川军充分吸取之前的教训，不但不再轻敌冒进，而且有点矫往过正，各路国军都采取层层推进、步步为营的战略，筑碉堡、修工事，谨慎推进，同步进攻，不给红军以"分而歼之"的可乘之机。

基于以上考虑，1935年5月，张国焘召开军事干部会议，最后下定决心：率领红四方面军，撤出川陕根据地，迎接中央红军北上。同时预设了两军会合之后的远期战略目标：

建立川西北根据地，向四川、康定、陕西、甘肃、青海等省区的交界处发展，在这些国民党政府控制相对薄弱的地区，建立延伸到上述数省的范围更大的苏维埃政权。

目前最紧急的任务，需要尽快占领北川、茂县、理番、松潘一带，沿着岷江流经区域，建立川西北根据地。

在这次会议上，张国焘还提出一个非常超前的战略主张，比当初由陕南进入川北之前的"扬弃苏维埃公式"更进了一步：

在川西北，建立"苏维埃西北联邦政府"。之所以要将"苏维埃政府"，升级为"苏维埃联邦政府"，张国焘的解释是：因为川西北是少数民族聚居区，需要给予区域内的群众更多的自治权和自主性。

上述主张，得到了与会高级干部们的一致同意。

红四方面军主力，陆续从川陕根据地有序撤退，向西进军。一路上连续作战，在5月中旬占领了茂县、理番及周边地区，张国焘将红四方面军总部设在了茂县县城。

又是一番苦战，到5月下旬，红军已经基本脱离四川，进入四川和西康边界（当时西康是一个省）。战略目标越来越清晰了：占领会理、冕宁，向北进军，策应中央红军北上，并准备与之会师。

此时中央红军已经飞夺了泸定桥，正准备翻雪山，还没有过草地。大致的进军方向，也是川西北。张国焘和徐向前等研判之后，决定派第三十军政委李先念带领约一个师的兵力，作为会师先遣队，向西向南进攻前进，扫清小金川一带，准备在此迎接中央红军的到来。

李先念率师出发的同时，红四方面军发起了"迎接中央红军"的动员活动：

一，号召大家坚守岗位，等着中央红军的到来；
二，多多消灭敌人，为中央红军的到来献礼；
三，多多筹集物资，作为慰问品，献给即将到来的中央红军。

一切安排就绪，"建立西北联邦政府"就提上了日程。他要用这种"半自治"的方式，在贫瘠苦寒地带，获取更多资源。

川康交界地带，特别是此时他们所处的茂县和理番县，是汉、藏、回、羌杂居的复杂地带，此前是邓锡侯的防区。数万红四方面军主力进入这一地区以后，马上面临着极为严峻的物资补济困难。这一地区已经是牧区，粮食产量很低，多靠外部商业性输入。红军进入之前，邓锡侯就半是强迫、半是诱骗，将大量本地居民赶到了深山之中，实行了坚壁清野。

5月30日，张国焘主持会议，宣布成立"中华苏维埃共和国西北联邦政府"，张国焘以主席的名义，发布了《成立宣言》：

"中华苏维埃共和国西北联邦政府的成立，树立了西北革命斗争的中心，统一了西北各民族解放斗争的领导，从此南取成都，北定陕甘，西通青新，进一步与中央红军西征大军打成一片。"（《张国焘问题研究资料》，四川人民出版社，1982年）

张国焘做出成立"西北联邦政府"这一决策，是因时顺势的权宜之举，正在"仓皇辞庙"的中共中央得到报告，也没来得及做出明确指示。

西北联邦政府宣布：实行民族自治政策，允许民族自决，遵从民族风俗习惯、实行语言文字和信教自由，红军干部战士严格遵守群众纪律，公平买卖，干部战士主动学习当地民族语言文字，增加工资，救济失业，没收地主阶级和官僚财主的土地、财产、牲畜、布匹、粮食、茶叶、衣物，分给穷人，取消一切苛捐杂税……

事实证明，张国焘的"民族区域自治"政策很有成效，这一多民族杂居的地区很快就被"赤化"了，部队在短时间内筹集到了大量的物资：羊毛、羊皮、牛羊肉、盐巴、茶叶等，都是在西北地区生存所必备的物资。

但是，成立"西北联邦政府"的举措，很快就受到了中共中央非正式的公开批评。此时一、四方面军已经接上了头，还没正式会师，6月10日，张国焘的正宗江西萍乡小同乡、二十八个半布尔什维克之一、时任中央政治局候补委员、红九军团党代表的凯丰（何克全），在中共中央总政治部的机关刊物《前进报》上，点名批评"西北联邦政府"。

张国焘本人看到了这篇文章，因为并非中央的正式批评，不好公开回应，但显然是愤怒加委屈，一直耿耿于怀。后来两大主力"胜利会师"之后，张国焘授意川陕省委，以下级机构的名义，致电中共中央，抗议《前进报》上对西北联邦政府的批评：

"中华苏维埃西北联邦政府，是在两大主力未会合以前适应客观环境的需要成立起来的。在理论上、在组织上都是正确的……最近看到《前进报》上凯丰同志对联邦政府的批评，据云并未经过组织局正式计划，这一批评，我们是认为不正确的。在目前，苏区必须建立政权，才便于实际领导群众。仍用西北联邦政府名义或改名，究竟用何名及如何组织，请指示。"（《中国工农红军第四方面军战史资料选编》）

第九节：两大主力会师歌

李先念率会师先遣部队出发之际，6月2日，张国焘、陈昌浩、徐向前三人联名向中共中央致电：红四方面军已经派出一支偏师向西南进占懋功，设法与中央红军建立联络；希望中央红军也派出先头部队相向而行。

6月12日，张国焘、徐向前等向朱德、周恩来、毛泽东等中央领导人发电请示，极其迫切地请求对方：

"请立发整个战略，便致作战，请指定会面地点……数月来，我方战略为与西征军（此处即指中央红军）配合行动。今日会合，士气大为振奋。西征军艰苦卓绝之奋斗，极为此间指战员所欣服。诸同志意见，认为目前西征军须稍微休息，可立将我军包抄打主要方向，南打薛岳、刘湘，或北打胡宗南。"

同一天，6月12日，李先念的部队，与中央红军的先头部队，在四川阿坝地区的达维会师了。张国焘极为兴奋。6月15日，张国焘、陈昌浩、徐向前三人，向毛泽东、朱德、周恩来及中央红军全体将士，发了一封热情洋溢的贺电：

"你们胜利的转战千里，横扫西南，为了反帝的苏维埃运动与神圣的民族革命战争，历尽艰苦卓绝的长期奋斗，造成了今日主力红军的会合，定下了赤化西北的最有利的基础和条件。我们与你们今后在中国共产党统一指挥之下，共同去争取西北革命的胜利，直至苏维埃新中国胜利。"（《中国工农红军第四方面军战史资料选编》）

稍作分析，热情洋溢的背后，这封贺电还是提到了至关重要的"会师之后，谁领导谁、谁指挥谁"的问题。张国焘等人的表态很含蓄，但也很坚定：那就是"在中国共产党的统一指挥下"。

第二天，中共中央回了一封同样热情洋溢的复电：

"今后，我们将与你们携手，打大胜仗，消灭蒋介石、刘湘、胡宗南、邓锡侯等军阀，赤化川西北。……为着把苏维埃运动之发展放在更巩固更有力的基础之上，今后我一、四方面军总的方针，就是占领川陕甘三省，建立三省苏维埃政权，并于适当时期，以一部组织远征军占领新疆……目前计划，则兄方全体及我野战军主力均宜在岷江以东，对于即将到来的敌人新的大举进攻给以坚决的打破，顺着岷、嘉两江之间发展。至发展受限制时，则以陕、甘各一部为战略机动地区。因此坚决的巩固茂县、北川、威州在我手中，并击破胡宗南之南进，是这一计划的枢纽。"

中央指示的战略方向，是两大红军主力会师之后，转头向整个四川发展，消灭刘湘、邓锡侯，打跑胡宗南，占领以四川为主、以陕甘边区为辅的川陕甘根据地。中央也考虑到了向西北发展的问题，但只是准备以一部分力量组成远征军，去占领新疆。当时红军内部，都对"西征占领新疆"持支持态度，期待着能够打通与苏联之间的联络线，获得苏联的全面支持。

这一时期，中共与苏联之间、与共产国际之间的关系，进入一个更加微妙的阶段：

首先，因为电台联络中断，中共中央在事实上拥有了全部自主权，中共内部事务、特别是最高领导人的更替，不再请示共产国际。

第二，中共自主产生的领导层、特别是主要领导人，能力和威望都大大超过此前由共产国际指定的历届领导人，毛泽东脱颖而出。从长征时期起，中共最高领导人的产生方式，不再由共产国际派出或指定，而是先由中共内部产生，再由共产国际给予正式认可。运用这一模式，长征途中张闻天取代了博古，会师之后毛泽东压服了张国焘。

第三，中共的自主性扩大之后，更加需要苏联和共产国际（1943年解散）的直接援助，战争期间需要军事援助，建政之后需要建设援助。

接到中共中央6月16日电报指示之后，张国焘马上意识到，中央的计划，与他之前的规划之间，分歧非常大。此前张国焘曾经设想过两个战略方向：一个是向西北进军，占领西康、青海、新疆，打通与苏联的国际联络线；另一个是向东南进军，占领成都，顺江而下，占领武汉，进而威胁南京。

经与陈昌浩、徐向前等商量，张国焘给中央复电：

一、 同意中央的指示，向川陕甘发展。

二、 两军分头行动：一方面军沿金川进军，进占阿坝；四方面军从茂县、理番出师，北上进军，进占松潘；然后两军合兵一处，向青海、甘肃一带进军，同时以一部分兵力组成远征军，占领新疆。在青海、甘肃站稳脚跟之后，再寻找合适时机，进军陕西。

三，为了迷惑敌人，也为了解决大军行进之前的给养，两大方面军可以采取南下的态势，先取岷江以西的天全、芦山、名山、雅安等地，获取粮食物资之后，再迅速转头向西北进军。

此后四天，双方没有再电来电往。6月20日，中央直接给张国焘本人发电，通知他前往中共中央所在地，四川懋功的两河口镇，参加中央政治局扩大会议。

此时张国焘正在四川茂县红四方面军总部，接到电报之后，马上动身，带着秘书黄超和一小队卫兵，骑马从茂县出发，赶往四百里外的懋功。经过三天的艰难跋涉，越过重重山峦、道道险滩和原始森林之后，终于在6月25日下午5时左右，到达了中央红军的驻地两河口镇。

此时两河口镇也为张国焘的到来，做了充分准备，镇外专门搭了一个台子，布置了会场，墙上刷了标语：欢庆一、四方面军胜利会师。

张国焘到达两河口的时候，正赶上大雨，这真不是一个好的兆头。毛泽东、周恩来、朱德、张闻天、博古、刘伯承等中央领导人，已经在会场上淋了很久，等待他的到来了。

这是张国焘和毛泽东历史性的一次会面，据当时在场的人回忆，两人紧紧拥抱在一起。红军长征过程中，产生了无数历史性的画面，但对于张、毛会师拥抱这一幕，理应多费一些笔墨。

毛泽东在长征上费的笔墨就很多，他善于抓住重点。1936年6月，到达延安半年的毛泽东，在百忙中指示总政治部副主任杨尚昆，向经历了长征的红军团级以上干部征稿，让他们把长征中经历的战斗经历、民情风俗、奇闻异事，择其精彩有趣的片断写出来。他亲自撰写征稿信，指定由丁玲来担任主编。1937年2月，丁玲就完成了《二万五千里》的编辑加工。由于抗日战争的爆发，迟至1942年才完稿，总政治部将之更名为《红军长征记》，作为内部参考资料，印刷出版了一部分，供中高级干部阅读。2002年，美国哈佛大学燕京大学图书馆发现了一本由朱德亲笔签名、赠送给埃德加斯诺的孤本《红军长征记》，引起了不小的哄动。

丁玲编撰这部书的时候，张国焘就在延安，虽已经被批判，但离叛党还有一年，所以在这部书中记载的有关张国焘、毛泽东会师拥抱的情节，不但活灵活现，而且可信度很高。根据书中内容，大致还原一下历史画面：

6月25日，从早到晚一直在下着大雨。傍晚时分，在账蓬里等了大半天的朱德、毛泽东等人，终看到了一小队人马正穿过雨幕而来。朱德率先走出账蓬，与翻身下马的张国焘紧紧拥抱在一起，毛泽东等人跟上，互相也都拥抱了一回。会场上，战士们正在高唱《两大主力会师歌》。

张国焘一到，庆祝大会就可以开始了。首先是总司令朱德致欢迎辞，据在场的莫休回忆，朱德大致讲了这些话：

"两大主力红军的会合，欢呼快乐的不只是我们，全中国的人民，全世界的被压迫者，都在那里庆祝欢呼！这是全中国人民抗日土地革命的胜利，是党的列宁战略的胜利！"

人民在欢呼，大雨也在不停地下。张国焘代表红四方面军致辞：

"我们今天有这里的胜利大会师，是两军指战员们英勇的结果……我代表四方面军的全体同志，向党中央致敬！四方面军过去一直远离中央，没有直接接受中央领导。现在好啦，中央就在我们身边，和我们在一起。今后我们要在中央的直接领导下，去战斗，去奋进。这里有着广大的弱小民族，有着优越的地势，我们具有创造川康新大局面的更好条件，我们一定能够取得更大的胜利！"（莫休《大雨滂沱中》）

欢迎会结束了，大雨也变小了。

会后，两支大军的主要领导，举行了庆祝酒宴。可以想见，当天晚上的酒宴，一定是毛泽东和张国焘之间最为亲密的好时光，觥筹交错之际，推心置腹之间，一、四方面军之间的巨大分歧，像天际的一团乌云，正在悄悄临近，很快就要笼罩这块刚刚被他们占据的荒凉之地。

会师之际，领导人之间热烈拥抱，普通官兵们也是兴奋异常。

1935年6月12日中午时分，在四川夹金山北坡的达维镇木城沟，红一方面军和红四方面军会师了。远道而来的是红一方面军的先头部队、第二师第四团；等候接应的是红四方面军第二十五师第七十团。据当事人回快，两支队伍的官兵非常激动，紧紧拥抱在一起，几乎所有人都是喜极而泣。

三天之后，6月15日，中央红军的主力部队到达懋功，红四方面派出李先念部前往迎接。一时间，懋功这座边远小城里，挤满了兴高采烈的红军官兵。当天晚上，红四方面军安排了一次大会餐，一时间，兄弟情、战友爱，热烈得像煮沸了的酥油茶。

第十节：三人行，必有遵义会议

和普通官兵一样，从江西瑞金到四川懋功，毛泽东这一路走得也是一波三折。

1934年12月，中央红军进入贵州时，还有四万之众。

中央红军是被蒋介石一步步赶到贵州的。蒋氏赶红军进贵州的目的，又是想一箭双雕——他总想一箭双雕，却总是顾此失彼，要利用红军进入之机，让中央军进入，接管贵州，吞掉贵州军阀王家烈。

王家烈回忆：

"蒋早就想攫取贵州，以便控制西南各省。这次，他的中央军乘着尾追红军的机会，要进贵州来了。我又不可能拒绝，前思后想，心绪异常烦乱。在当时形势下，我决定执行蒋介石的命令。"

12月19日，中央军的八个师进驻贵阳，立即开始修机场，筑公路。按照王家烈的说法，是"反客为主"了。

贵州搞定之后，蒋介石想如法炮制，把红军赶到四川，然后再由中央军接管四川防务。此时刘湘指挥的"六路围攻"已经结束，四川诸军阀联已经被张国焘的红四方面军打得损兵折将，灰头土脸。蒋氏嫡系进入四川，此正当其时也。

第六章：1932-1935

天时地利都具备，只是人和缺了一点火候，蒋介石没有想到，毛泽东不太配合，此时不愿意率领中央红军进入四川，不愿意与张国焘的红四方面军会师，过早地与张国焘展开了党内最高权力的争夺。

进入贵州的时候，毛泽东已经筹划好了"担架上的阴谋"。在行军的担架上，他成功拉拢了两位早已对总书记博古不满的盟友：时任中央政治局候补委员、红军总政治部主任的王稼祥，和时任中央政治局委员、中央书记处书记的张闻天。

王稼祥和张闻天都曾在莫斯科学习过，和博古、王明是同学，都属于"二十八个半布尔什维克"之一。王、张二人都不甘心屈居博古之下，更不能容忍博古把他们俩排斥在决策层之外。张闻天的晚年回忆：

"博古排挤我，我当时感觉得我已经处于无权的地位，我心里很不满意。记得在出发前有一天，泽东同志同我闲谈，我把这些不满意完全向他坦白了。从此，我同泽东同志接近起来，他要我同他和王稼祥同志住在一起——这样就形成了以毛泽东同志为首的反对李德、博古领导的中央队'三人集团'。"

毛泽东邀请王稼祥、张闻天"住在一起"，在每天行军的中央队里，其实是走在一起，或者说是"躺在一起"。按当时的规定，中央领导有权坐担架，所以在整个长征途中，大部分时间内，毛泽东其实是躺在担架上、被士兵们抬着走过来的。为了躺着舒服，毛泽东甚至自己重新设计了担架。据张闻天的夫人刘英回忆，毛泽东曾向她夸耀他和王稼祥的担架：

"你看，我们设计了担架哩。我和稼祥，一个病号，一个彩号，抬着走。"

据刘英回忆，毛泽东亲自改造过的这副担架，长长的竹子抬杆，方便爬山；上面用油布做成弧形的盖，不怕雨淋日晒。对于躺着走完长征的经历，毛泽东后来自己说过："长征中坐在担架上，做什么？我看书，看了不少书。"

坐担架的人有回忆，抬担架的人也有回忆：

"爬山的时候，我们只能用膝盖跪行，有时直到膝盖跪烂，才能爬到山顶。爬完一座山，洒下一路血与汗。"

毛泽东主动邀请之下，王稼祥、张闻天和他一道，躺在衣衫褴褛的士兵们担着的担架上，路宽时并排前行，路窄时前后呼应，三个人头挨着头说话，伴着担架士兵们呼哧呼哧的喘息声。

"三人集团"的目标很清晰，就是要撤掉博古和李德，把军权交到毛的手里，把党权交到张闻天的手里，而王稼祥呢，也将从政治局候补委员，晋升为正式委员。

三个人的位置都安排好了之后，决定寻找合适机会向博古提议，召开政治局会议，检讨中央苏区失败的责任。

博古此时还是一位 27 岁的年轻人，作为党的总书记，还在为丧失了中国第一个红色政权而极为苦恼着。有人曾见到他举起手枪，对着自己的脑袋比划。

1935 年 1 月 7 日，中央红军攻克了遵义城，暂时安顿下来，博古同意政治局委员张闻天、政治局候补委员王稼祥的建议，召开政治局扩大会议。

1 月 15 日至 17 日，中共党史中极为著名的遵义会议，正式名称为中央政治局扩大会议，在遵义城中心的一个旧式楼房内召开了。这儿是黔军师长柏辉章的宅院。柏辉章在抗战期间表现英勇，被授予中将衔；1949 底率部起义，向共军投诚；1952 年在镇反期间被错杀，但一直没有给予平反。据知情人士称，之所以未予柏将军平反，是忌惮柏家后人因此索要遵义会议会址的产权。

会议首先由博古代表中共中央，做关于第五次反围剿的总结报告，博古极力为自己辩护。接着周恩来做了副报告，分析了第五次反围剿失败的军事上的错误，作了自我批评，主动承担了责任，他是中共中央在军事上负总责的人。

毛泽东在发言中，重点批判了五次反围剿的错误，以及自从战略转移以来，中央所犯的种种错误。按照"担架上定下的阴谋"，张闻天、王稼祥先后发言，对毛泽东的意见和观点予以支持。

会议吵了三天，结束之前，基本达成共识：取消博古、李德

第六章：1932-1935

的最高军事指挥权，改由周恩来、朱德负责指挥军事。

中央政治局候补委员王稼祥提议：增补毛泽东为中央书记处书记。

细究起来，王稼祥的提议有些勉强，不合程序，他仅是政治局候补委员，无权提议中央书记处人选。此前的六届五中全会上，选出了七位中央书记处书记，并报请共产国际批准：正在在长征途中的有四位：博古、周恩来、张闻天、陈云；留在苏区的有一位：项英；远在莫斯科共产国际驻会的有一位：王明；还有一位，就是川陕根据地和红四方面军最高首长张国焘。

王稼祥的提议虽然勉强，但戎马倥偬军情危急，很难细究程序上的问题，于是毛泽东便成了第八位中央书记处书记。

中央书记处是中共中央的日常决策机构，约等于后世的中央政治局常委会；除却项英、王明、张国焘之外，五位都在中央红军队伍里。张闻天已经是盟友，陈云是中间派，不倾向于任何一方，剩下的周恩来和博古，毛泽东决定拉周打博。

拉周打博的招数也很巧妙。张闻天负责起草大会决议，周恩来表示愿意与"张王毛三人团"合作之后，张闻天便在大会决议中放过了他，只点名批判了博古和李德两个人。周恩来自1927年南昌暴动时起就一直是中共中央的军事方向负责人，自1931年1月起，担任中央军委书记；1931年12月进入中央苏区之后，担任苏区党政军最高首长，地位类似鄂豫皖时期的张国焘；周恩来一直是"军事上最后下决心者"，第五次反围剿惨败，他竟然能够免责。难怪李德晚年回顾这段史事时，把周恩来描绘成了滑头和投机分子：

"周恩来巧妙地跟博古和我保持距离，使毛集中火力攻击我们而放过了他。"（李德《中国纪事》）

毛泽东进入中央书记处之后，张闻天再提议："泽东同志为恩来同志的军事指挥上的帮助者"。张的这一提议颇合时宜：周恩来虽然未受批评，但其军事指挥能力显然已被怀疑，急需有人帮助他。提议被通过了。

不要小看这个之前从未有过、之后也没有过的"帮助者"

职位，它既非参谋人员，又非副手副职，在古今中外的军事典籍和军事实践中，也很难找到"帮助者"这样一个军事术语。但就是这样一个极尽权宜和调和的职位，让毛泽东在没有被赋予正式军事指挥权的情况下，生生地从周恩来手里抢过了一半军事指挥权。

成为"帮助者"之后，毛泽东投桃报李，和张闻天联手，利用书记处书记的权力，把王稼祥由政治局候补委员，提升为政治局正式委员。

遵义会议为毛泽东解决了"进入中央核心决策层"的目标，但同时又为毛泽东制造了一个新的麻烦。遵义会议决定，北渡长江，到四川去，同已经在川北的张国焘领导的红四方面军会合，协同作战，建立新的根据地。

从中央红军的角度看，这一战略是正确的；但从毛泽东本人的利益上看，则是极度危险的。遵义会议之后，所有人，包括周恩来、朱德、以及张闻天、王稼祥，都非常清楚，毛泽东成为中共最高领导人，只是时间问题；遵义会议在中共党史上的地位如此重要，原因也正在于此。但一旦进入四川，与张国焘会师，毛泽东鹤立鸡群、呼之欲出的储君地位，就会被资历更深、实力更强、能力也绝不弱于他的张国焘消解和取代。

在中共党史中，把遵义会议描述为"重大转折"，毛泽东进入核心决策层，拥有军事指挥权之后，中共才避免了覆亡的命运——"遵义会议挽救了党，挽救了中国革命"。

从张国焘的角度看，遵义会议"挽救了党"的判断，显然是夸大其辞。他一定是这么想的：即便不召开遵义会议，红四方面军照样可以挽救党和中国革命。

遵义会议完成转折任务之后，还有一些收尾性的工作要做。最主要的是，得让博古把中共中央的位置转让给张闻天。

1935年2月5日，在位于云贵川三省交界的一个叫"鸡鸣三省"的村子里，毛泽江和张闻天先是一同去找周恩来，说服周恩来，以"多数人决定"的名义，逼迫博古交权。

周恩来爽快地答应了，经过他的反复劝说——博古后来回忆:"他们跟我没完没了地谈,施加了无穷无尽的压力,不得已才让位——博古同意"主动辞去"总书记职务,张闻天成为中央总负责人、名义上的一号人物。

这个将中共中央最高权柄私相授受的"鸡鸣三省会谈",最终完成了遵义会议的历史使命,按照官方党史的说法,从这个小村子开始,中共作为一个革命的政党,开始独立自主地选择自己的最高领导人。

中共开始独立自主地选帅,有一个偶然因素造成的"天时",共产国际发自天际的指令,从天际消失了。

1934年10月至1936年6月,共产国际和中共中央之间的电讯联络完全中断了。这期间,驻共产国际的前中共最高领导人李立三费尽千辛万苦、想尽各种办法,也没有搞定此事。即使李立三本人就是密码和电讯专家,但也无济于事。一直到1935年11月,共产国际再派林彪的堂兄林育英(化名张浩)赴中国,才算是初步建立了与中共中央的电讯联络,又过了半年左右,上海地下党搞到了一台大功率电台,运到延安,才算是正式与共产国际恢复了电讯联络。张浩到达延安的时候,正值张国焘和毛泽东争夺最高领导权进入高潮期,张国焘另立中央,与毛泽东分庭抗礼,幸得张浩关键时刻助阵,以共产国际代表的名义传递上级指示:中共应以毛泽东为最高领导人,毛、张之间的纷争才告结束。毛泽东感激张浩的关键助攻,1942年3月张浩因病去世,毛泽东亲自为其抬棺送葬。张浩助阵毛泽东的详细过程,后文有述。

第十一节:开明天子,不能让位

1935年6月18日,红一方面军和红四方面军在四川懋功会师,6月20日,蒋介石便获知了相关情报,做出如下判断:

一, 红军会合之后,将会合力攻打汶川、灌县,然后进击成都,以图谋"赤化全川"。

二, 如果上述目标无法达成的话,则红军有可能转头向甘肃、青海一带北进,以图谋打通与苏联的国际援助路线。

针对以上判断，蒋介石决定：

"我军以先巩固碉线封锁，再行觅匪进击之目的，除于甘青边境趁时宣抚番夷、坚壁清野、巩碉设防外，对川西地区，应限期巩固各纵横碉堡封锁线，并分集重兵于要点，防匪进犯，及准备尔后之进剿。"（《国民党追堵红军长征档案史料选编》）

蒋介石命令：胡宗南、薛岳、邓锡侯、孙震、李家钰、杨森、刘文辉等各部，向川西、川南集结。

6月25日到达两河口、与中共中央诸位领导人会面的张国焘，此时并不清楚蒋介石的战略布置。6月27日，他从两河口给徐向前、陈昌浩发电：

"（中央确定之）战略以首先集中兵力消灭松潘之胡（宗南）敌，迅速转到甘南，用运动战向前灭敌的方式，创造川陕甘赤区。同时，以小部在洮河、夏河区域行动，以便将来在甘、青、新、宁广大区域发展成为后方。"

6月29日，中共中央召开常委会议，张国焘参会。会议决定，利用日本侵华、进攻北平的"华北事变"，寻求与国民党之间的缓冲机会。以中共中央的名义，向全国发表宣言或通电，强化中日之间的矛盾，弱化并缓和国共之间的争斗。

这次常委会上，再次明确：朱德为中央委军主席，周恩来、张国焘、王稼祥为中央军委副主席，同时增补徐向前、陈昌浩为中央军委委员。张国焘对此欣慰，但并不满足。

中央常委会结束之后，中央军委迅速制订了《松潘战役纲领》：

一，　分三路向松潘进攻。

二，　以运动战为主要手段，迅速、机动、坚决地消灭胡敌（胡宗南部国军）。

三，　控制松潘以北及东北各道路，以利于北向作战和发展。

6月30日，中共中央和中央军委随部队开拔，向北进发。张国焘也离开两河口镇，返回茂县。"两河口"这个地名很有些玄机，正是从这里开始，一方面军和四方面军像两条河一样改道分流了。

从 6 月 25 日到达，至 6 月 30 日离开，张国焘在两河口呆了五天。在这期间，他看清楚了一方面军的真正实力：与四方面军相比，实力差距太大；他也看清楚了以张闻天为旗号、以毛泽东为核心的中共中央及中央军委的真实意图：暂时稳住他本人和四方面军，随后便有可能以"统一指挥"为借口，削弱甚至夺取四方面军的指挥权。

作为应对之策，在两河口期间，张国焘也有主动作为，他以"地主"的身份，专门请聂荣臻、彭德怀吃了一顿饭，当时聂是红一军团的政委，彭是红三军团的军团长，一方面军的两大主力，正是这两个军团。很显然，张国焘是想借此机会，探听一方面军的虚实，寻找一方面军指挥系统中可以利用的矛盾、可以突破的缝隙，同时对聂、彭二人做一番"党内统战"。

据聂和彭后来回忆，张国焘准备了一桌在当时条件下算是很丰盛的筵席，邀请聂政委和彭司令入席，并在席上向聂荣臻承诺，拨两个团给他（红一军团），以补充严重的兵力不足。

张国焘叛党之后，党政军的重要人物纷纷与他划清界限。在 1983 年出版的《聂荣臻回忆录》中，聂元帅提到了一、四方面军之间的实力悬殊：

"两河口会议是张国焘野心暴露的起点。这时，经过万里之行的中央红军，军衣破破烂烂，五光十色，在张国焘的眼里，还不如'他的'队伍有战斗力。本来不管哪个方面军，都是中国工农红军，都是党的队伍，谁有战斗力都是好事，可是张国焘他动了野心。我们当时看到四方面军的队伍人员比较充足，除五万多部队外，还从川北带来一些帮他们运东西的男男女女，总共有八万人……在两个方面军汇合以后，一方面军中也确有人从一种不正确的动机出发，歪曲地把一方面军的情况和遵义会议的情况，偷偷地告诉了张国焘。"

在《聂荣臻回忆录》中，还回忆了他本人与红一军团军团长林彪之间的一段妙论。聂荣臻提醒林彪，要提高注意力，提防张国焘把红一军团吃掉；林彪不以为然，批评聂是"宗派主义"；聂反驳，说张国焘和中央思想分歧很大，是路线问题；林彪再次回应:"既然是路线问题,你说他路线不对吗?那他为什么有那么多人哪?我们才几个人哪?"聂荣臻被惹毛了,马上拍了桌子:"蒋介石的人更多哩,难道能说蒋介石的路线更正确?"

张国焘之前没有见过彭德怀,对于彭和毛的关系,他做了误判,最后他也是栽在了彭德怀手里。彭虽然在一些具体问题上反对毛,但在整体利益上,彭与毛保持着坚定的同盟关系。在1981年出版的《彭德怀自述》中,彭回忆了张国焘在两河口会议之后,对他大做党内统战的经历:在芦花镇,张国焘派黄超给彭德怀送来几升大米、几斤牛肉干和几百块银元,劝说彭德怀接受张国焘提出的"川康计划",先在当地站住脚跟,再伺机北进或南征。

撰写"自述"的时候,彭德怀正在囚禁中,狱中回忆,应该更加冷峻客观。彭德怀说,一、四方面军会师之初,互相猜忌得很厉害,一方面军前敌总指挥部跟着四方面军的三个军前进,为了以防万一,彭德怀每天晚上都要从部队驻地赶到毛泽东所在的前敌指挥部过夜,并秘密派一个团的兵力隐蔽在附近,担任守卫工作。

张国焘在"统战"一方面军主要将领的同时,"中共中央"和"中央军委"也在想方设法"统战"四方面军的将领。7月初,从一方面军那儿过来一个"中央慰问团",代表中共中央和苏维埃中央人民政府,向四方面军指战员表示慰问。慰问团成员都是中央军政大员:中共中央组织部部长李维汉、中央政府财政部长林伯渠、中国工农红军总参谋长刘伯承,以及总政治部主任李富春。

张国焘发现,中央慰问团除了慰问之外,更热衷于向红四方面军宣传中央精神,要求红四方面军全体将士,统一到中央的最新战略意图上来。

这个阵势,让张国焘下定决心:要想改变中央的精神,就得先改变中央,让更多的四方面军领导人进入中央决策层、特别是中央军委决策层。

说干就干,在与中央慰问团成员谈话时,张国焘请他们向此再未被允许返回北京。1976年7月,逝于家乡附近的无锡(张是江苏南汇人,现为上海浦东新区),享年77岁。

娘娘刘英则一直活到2002年,在98岁的高龄去世。晚年刘英居住在北京的一座四合院里,院子中央有张闻天的半身塑像。有一次记者前去采访,天上正下着细雨,刘英伫立院中,看着张闻天的塑像,喃喃自语:

"他湿了。"

第七章：1935-1979

第一节：沙窝分兵：左路、右路

在两大红军会师期间，国民党方面还出现了一段插曲。

7月4日是美国国庆日，当天，蒋介石的连襟、南京政府行政院副院长兼财政部长孔祥熙，前往苏联驻中国大使馆，与鲍格莫洛夫大使会谈，讨论日本侵略华北的事情。临近结束，孔祥熙对鲍大使说：蒋先生很想与他儿子蒋经国团聚，为此专门给斯大林写了一封亲笔信，信中写道：

"我已经让你的两支红军会合了，释放我的儿子吧！"

鲍大使显然早有准备，他直接予以答复：

"我们并不阻碍蒋经国回国，但据我所知，是他自己不要回来。"

这样一个插曲，折身出好几层意思：

一，蒋介石和苏联方面都认为，中共领导的红军，就是苏联自己的军队。虽然此时中共已经自主推举出了最高领导人，但还必须经过苏联（共产国际）的追认。

二，此时的苏联政府和蒋氏政府之间，因为日本侵华而变得更加亲近了。一年以后西安事变发生时，苏联主动插手，要求释放蒋介石，便种因于此。

三，蒋经国这位滞留在苏联的质子，必定会影响蒋介石对苏联、对中共的决策。

四，自1925年10月至1937年4月，从少年到青年，蒋经国在苏联呆了十二年，还娶了一位俄国夫人。蒋经国留苏期间，所见所思所想，直接影响了日后他所主政的台湾政治走向。这一层意思，算是题外话了。

"苏联的两支红军"胜利会师，蒋介石也没有完全失败，借着围追堵截红军的机会，他完成了统一西南三省的重大战略目标。贵州军阀王家烈被迫辞去省政府主席一职，由南京派员接任；第二十五军军长一职也被撤掉，部队编制、番号被打散、替换，黔系地方势力被摧毁殆尽。云南省主席龙云主动与蒋氏合作，展示出配合和服从的态度，暂时保持着良好的"中央与地方"的关系。至于蒋介石最为看重的四川，也因为红军的进入，让蒋氏有理由派驻中央军，全盘控制了四川。

但是，蒋氏一生最大的祸根也由此种下。中共和它领导的军队，经过长征之后，借着日本侵华的时间窗口，得以延续生命，并在抗战期间发展壮大，最终成为他的党、他的政府、他的军队以及他本人最为强劲的外部敌人，最终推翻了他在大陆的政权，把他本人和残余的军政力量，赶到了台湾小岛之上。

回头再看"松潘战役"。

进攻松潘、打通北上路线，是"两河口会议"的既定战略目标。而有能力进攻并取得胜利的，只能是四方面军。所以这次战役的作战计划，其实是围绕四方面军制订的。因为没有解决统一指挥的问题，松潘战役并没有真正展开，只是由红四方面军组织了数次规模较大的进攻；但此时胡宗南部已经完成了防御部署，战机已经失去，这几次进攻都失败了。

松潘战役哑火，北上通道没有打开。后来红军北上，改走草地，造成了极大的非战斗减员，这也被后来的领导人以及党史研究者归罪于张国焘。

8月3日，中央军委再制订了替代性的《夏洮战役计划》，决定穿越松潘草地，进入甘南。同一天，中央军委决定重新编组红军，将一、四方面军打散重组，分成左、右两路军，分头北上。

左路军，以红四方面军为主，原红一方面军的红五军团、红九军团，划归左路军，由朱德、张国焘率领，刘伯承任参谋长，经阿坝北进。

右路军，主体为一方面军的红一军团、红三军团；加上四方面军分出来的第四军、第三十军。右路军由徐向前任总指挥，陈昌浩任前敌总指挥，叶剑英任参谋长，经班佑北进。

中共中央随右路军行动。

8月4日至6日，在毛儿盖地区的沙窝的一个喇嘛寺内，召开了中共中央政治局会议，党史称"沙窝会议"。

沙窝是一个藏族村庄，掩藏在山谷之间，距离毛儿盖大约十多华里。开会用的喇嘛寺，其实是红四方面军十一师的师部。为了警戒会议安全，张国焘调集了部队在会场周围。毛泽东为此向张国焘抗议：

"你这是开的'督军团'会议！"

这次会议并非"扩大会议"，参会者均为中央政治局委员：博古、毛泽东、朱德、张闻天、张国焘，另外两名政治局委员周恩来、王稼祥，因病请假，没有参会。中央政治局候补委员邓发、凯丰（何克全）列席会议，中央书记处秘书长王首道负责大会记录。

王首道的记录很完整，也很传神：

会前，张国焘试图为这次政治局会议设置议程，定调子：

1，检讨党的全盘工作和当前的军事问题。

2，然后，由政治局召集两军高级干部会议，统一意志，并遴选一批新人参加中央政治局会议和中央工作。

会议一开始，张国焘就提议，把7月18日"芦花会议"上的决定，即他任红军总政委的事情，再讨论一下。很显然，他不满足于只出任"总政委"。

张闻天以退为进，立即回应："我的总书记让你当吧。"

毛泽东趁势发言，接住张闻天的绝佳助攻，说：

"国焘同志要当总政委，就当总政委吧，总书记还是洛甫（张闻天的化名）同志当。"

话说到这个份上，国焘同志也识趣，认可了对方的这一粒进球：

"总书记还是你们当吧，现在是打仗嘛。"

国焘同志说得很清楚，这次政治局会议，本质上就是在"你们"红一方面军、和"我们"红四方面军之间，再次分配权力。

会议接着研讨党的全盘工作，毛泽东拿出一个决议草案：

一，中共中央的政治路线是正确的，苏维埃运动和土地革命已获得重大胜利，红军在反围剿中也获得重大的胜利。

二，中央在过去一个时期中曾发生军事路线的错误，遵义会议后中央所执行的是正确路线。

三，全党全军都应该团结在中央的周围，继续为中国革命而奋斗。

看得出来，这个决议草案，主要是拿给张国焘看的，是站在"你们"红一方面军的立场上，以中共中央的名义，要求维持遵义会议以来的格局和现状。很显然，这对于军事实力对比已经占有绝对上风的红四方面军而言，是不公平的。

果然，针对这一决议草案，张国焘第一个发言：

"我和你们之间发生歧见，不值得大惊小怪，梁山泊的好汉不打不相识，争争吵吵没有关系……有人说我张国焘是军阀，是凭借实力要挟中央；也有人说我张国焘是老机会主义，非打击不可；或者说张国焘自视资格老，瞧不起所有的政治局委员，要在纠正中央错误的名义之下，摧毁整个中央；有人说西北联邦政府、总政委的职务完全抹煞军委会主席和整个中央的职权等。凡此流言，似乎把我描绘得不成样子。"

这段话看起来像是抱怨，其实质仍然是要挟，是在公开向"你们"宣示：我就是有实力，我就是资格老，我就是已经建立了西北联邦政府，我就是已经成为红军的总政委，我就是有可能凭借这些资源，抹煞了"你们"。

毛泽东顺水推舟：

"这种流言是很多的，譬如有人说我是曹操，中央成了汉献帝。"

毛泽东这句话很厉害，他也用一种自我否定式的语句，向张国焘明确宣示：我毛泽东才是这个"中央"的实际控制人，你有什么招数就冲我来吧。

张国焘接着发言，逐条否定毛泽东代表中央提出的这个决议草案：

"中央的政治路线错了，也可能是共产国际错了，也可能是我们执行错了。我要求检讨中央的政治路线，决不等于推翻整个中央……苏维埃运动不是胜利了，而是失败了，这是显而易见的事实……遵义会议肯定中央政治路线正确，却说军事路线错了，这是有些倒果为因。"

张国焘的这几点反驳，都打到了"中央"的痛处。他作为中共的主要创始人、老资格的领导者，对于他所创建的这个党、他所参与领导的这个"中央"，从骨子里是了解的、理解的，在基因的层面，有外人所无法感觉到的默契；在生理层面上，有下意识的共鸣。

毛泽东不再直接回应张国焘，干脆当起了曹操，拿出"中央"这块大牌子，挡住了张国焘的进攻：

"中央是全国的，不仅是一、四方面军的，因为还有二方面军和全国白区秘密党的组织，因而中央的政治路线，不能由一、四两方面军来检讨……现在是在军事行动中，一切只有以中央的命令行事。"

毛泽东想用中央的名义，直接关上大门，不允许张国焘在"中央政治局"这个平台之上，重新分配权力。

张国焘心无旁骛，继续进攻，明确提出要求：增补四方面军的九名干部，进入中央政治局。

这相当于凭借军事实力，要对中央政治局进行大规模改组了；类似于毛泽东在党内斗争中擅长使用的"掺沙子"战术。但一下子增补九名干部进入政治局，这个"沙子"的规模也太大了。经过一番讨价还价，中央政治局同意，增补四方面军的陈昌浩、周纯全（时任川陕省委书记）为新的政治局委员。

沙窝会议开了两天，毛泽东的"你们"和张国焘的"我们"之间，在如何分配中央权力上，始终无法达成一致，但双方都守住了底线，维持了表面的团结。在军事行动方向上，双方意见基本一致：

"红军全部迅速进入甘南岷县临潭一带地区，再依情况决定北进或西进。朱德的总司令部率驻毛儿盖的原四方面军第九军、第三十一军，经刷金寺北进，为全军左翼；徐向前、陈昌浩率所部为全军右翼，抑制松潘及其以北之敌；彭德怀、林彪率所部为中路，掩护中央机关；董振堂、罗炳辉率所部殿后。张国焘随左路军行动。"

第七章：1935-1979

沙窝会议之后，朱德和刘伯承离开一方面军，赶赴位于毛儿盖的左路军集结地点，在张国焘的实际领导之下，参与指挥左路军。朱德、刘伯承与张国焘共事的这段经历，深刻影响了毛泽东对他们的信任。

第二节：他跑了，我另立

对于红军分成左、右两路军之后的动作，张国焘这样回忆：

"我们在刷金寺停留了两三天，积极查明北进道路。"

张国焘到达刷金寺，是在9月9日。如果上述回忆属实，则说明张国焘直到这时候，仍然是在按照沙窝会议的精神行事，准备北上，而不是坚持南下。

9月10日一大早，也是在刷金寺，张国焘收到右路军徐向前、陈昌浩的急电：毛泽东带着一方面军的两个军团跑了——

"徐向前、陈昌浩的急电称：'一、三两军团违抗总司令部暂停前进的命令，私自北进。'接着他们又来了好几个电报，其大要是：'毛泽东因徐、陈已打开北进通道，左翼又为水所阻，竟自动直接下令一、三两军团，以"北上先遣队"名义，单独向北挺进。毛等此次行动，完全是秘密的，事先并未通知徐陈等。'"

张国焘说，对于毛泽东不辞而别，他完全不知情、不理解、不接受："徐陈来电中，还描述了毛泽东此次行动的不当，谓先一天晚间，中央各机关和一、三两军团乘夜秘密移动，一、三两军团原担任的对敌警戒任务，未作交代，就撤守了，使四方面军的某些驻地完全暴露，易受敌军攻击，等到徐陈发觉了这件事，一、三两军团的殿后人员才告诉他们这次行动是奉有中央的直接命令的。

"毛泽东等的这次异动，使我们为之大哗。……我和一些负责同志冷静考虑之下，认为这样的分裂行动是不对的。红军各单位分开行动，虽是常有的事，但总该根据计划，顾到全局，而且对内不应守秘；尤其是在党内有歧见的时候，更不应该这样做。如果毛泽东等事先将其北进的行动，告诉徐向前陈昌浩，或事先与（设在左路军中的）总司令部商讨，他们决不会受到阻拦，也许还可以得到较为妥善的处理。

"我们旋又接到徐向前来电,谓毛泽东单独北进的行动已引起北面敌军的注意,如我军跟踪北进,不仅不能衔接上一、三军团,且可能遭受敌军顽强阻拦。徐陈的主力现正与松潘胡宗南部相持,且有约八百名伤兵急待安排,他们如分重兵去控制松潘西北及北面一带通路,则毛儿盖后路难免被敌抄袭。因此他们的部队只有暂坚守阵地,以毛儿盖为后方,候命行动。

"第三天我们总司令部才接到毛泽东的来电,大意是因时机不可失,乃率一、三军团先行北上,现已进到岷县南部地区,盼总司令部率各军跟进。这是分裂后我们所接到的第一个电报,但这个电报既未告诉我们他们今后行动的步骤,也未告诉我们北面一带的敌情,因而我们不能据以行动。

"根据我们当时所知道的情况,认为继续北进的时机已经失去,敌方已有足够的时间派兵扼守甘南一带战略要地,北上几条要道中的一些险要桥梁,可能已为敌人破坏,因而拟定暂行南进的计划。我们电令各军事单位,做些准备工作和迷惑敌军的姿态。总司令部也就率所部向阿坝移动。

"我们西行三天,通过草地,顺利到达阿坝……我们在阿坝停留了几天后,沿大金川南下卓克基,准备在卓克基举行一次重要的干部会议,讨论党内问题。徐向前、陈昌浩等奉令率部向卓克基一带集结,仍留少数部队在毛儿盖一带,牵制松潘之敌,原驻卓克基一带的董振堂、罗炳辉部,则以一部占领懋功以南的要地,为南下开路。"

"我们旋即在卓克其举行高级干部会议,讨论毛泽东等的分裂行动问题。……这次会议通过了两个重要决议:一是不再承认原有中央,另行成立临时中央。到会者并一致推举我为这个临时中央的书记,俟到了适当时间,再行召集党的代表大会或代表会议,成立正式中央;电告毛泽东,此后我们虽不再接受原有中央命令,但军事行动,仍互相配合。二是由总司令部根据临时中央的决定指挥全军;各军概依总司令部命令行动;原总政治部副主任李卓然升任为总政治部主任。参谋长刘伯承兼办红军学校。"

"徐向前陈昌浩率原四方面军向天全芦山一带地区活动，董振堂罗炳辉率所部巩固懋功和卓克基一带后方，期能建立川康新苏区。……这就是中共分裂的主要经过。"(《我的回忆》)

以上是张国焘关于"另立中央"的个人陈述。我们通过相关史料，还原一下事情的大致经过。

沙窝分兵之后，8月15日，张国焘、朱德以红军总部的名义，在毛儿盖附近的斜藏，召开了一次左路军团以上干部会议。朱德和张国焘先后讲话，分析了当前的军政形势，鼓励两个方面军联合起来，共同战胜困难和敌人。

8月下旬，中共中央所在的右路军，在徐向前、陈昌浩指挥下，进入松潘大草地。右路军进入大草地之后，磨难开始了。

8月30日，经中共中央多次催促，张国焘、朱德下令左路军开拔，张国焘亲率领左路军第一纵队，进入草地，向班佑（现属阿坝州）方向前进。

朱德和张国焘同在左路军，这样的安排，应该经过了毛泽东等人的缜密考虑。朱德是中央军委主席、红军总司令，张国焘是中央军委副主席，红军总政委；虽然党内职务上张国焘高过朱德，但在军内职位上，朱德显然能压住张国焘，由朱德来左路军坐镇的本意，就是要凭借他的职务和威望，压住张国焘。但是左路军的主体是红四军，具体指挥上，肯定是张国焘说了算。毛泽东把朱德放在这样一个水煎火烤的位置上，真是难为了这位老实人。

第一纵队进入草地的第三天，9月2日，张国焘改变了主意，决定全军不再向北进军，而是掉头向南。他未经朱德同意，就以张、朱两人的名义给中央发电，称噶曲河水暴涨，部队无法渡河。

因为涨水而改变行军路线，朱德对此提出异议，他亲自来到河边，测试了一下深浅，确定部队渡河没有问题。他向张国焘建议，遵照中央军委指令，继续渡河北上，向右路军靠拢。

9月8日，中央再次给朱德、张国焘、刘伯承发电报，希望左路军尽快北进。张国焘以个人名义回电，坚持南下的主张。

关键时刻到了。9月9日，张国焘向右路军前敌总指挥陈昌浩发出一封密电，要求他密切关注中央领导人的动向，必要时不惜以武力胁迫其南下。

这是一封致关重要的密电，是一封改变中国现代历史的密电。但时至今日，所有有关这封密电的信息，都是间接证据，这封密电的原文、原件，都付之阙如。

我们先从最接近核心决策层、与当事人关系最近的间接证据看起。

据时任中央政治局候补委员、红三军团政委的杨尚昆回忆：时任右路军参谋长的叶剑英，看到了张国焘以红军总政委的名义，给时任右路军前敌总指挥的陈昌浩发来的密电，内容是："速令右路军南下。"叶剑英马上报告毛泽东：张国焘有可能采取强制措施，强令右路军南下。

公开的党史均认定，正是叶剑英的报告，导致了毛泽东的当机立断，率领中央红军第一、第三军团紧急开拔，脱离险境。叶剑英在关键时刻做出关键决断，避免了毛泽东陷入灭顶之灾，这个历史过程，应该是真实发生过的。最有力的证据有两个：一个是一九八六年十月叶剑英逝世，中共中央的悼词中称他"在重大历史转折关头，敢于挺身而出，毫不犹豫地做出正确的决断。官方做出这样的盖棺论定，必定具有足够的理由。另一个就是广为人传言的、毛泽东给叶剑英的断语：诸葛一生唯谨慎，吕端大事不糊涂。毛泽东说这句话，是在1962年9月中共八届十中全会上。

叶剑英向毛泽东汇报的电报，应该不是下面这一封：

9月9日下午，右路军前敌总指挥陈昌浩，向毛泽东公开了张国焘的一封电报，内容依然是要求右路军准备南下，但肯定没有"速令右路军南下"这句话，否则当天下午，毛泽东不会以中央的名义，给左路军总司令部这样回电：

"国焘同志并致徐（向前）、陈（昌浩）：陈（昌浩）谈右路军南下电令，中央认为完全不适宜的。中央现在恳切的指出，目前方针只有向北是出路。向南则敌情、地形、居民、给养都对我极端不利,将要使红军陷于空前未有之困难环境。中央认为北上方针绝对不应改变,左路军应速即北上,在东出不利时,可以西渡黄河,占领甘、青、宁、新地区,再行向东发展。如何速复。中央九月九日"

这封电报一开头,就是"陈谈"二字;这两个字极为关键,一方面,中央向张国焘表明:第一,你给陈昌浩的电报,涉及右路军南下的命令,却并不报告中央,这是不正常的;第二,陈昌浩把你的电令已经报告中央了,中央此时并未追究你张国焘隐瞒不报的责任,但中央确实已经了解了你的决策意图(言下之意:陈昌浩对你并非百分百忠诚,似有离间之意);第三,中央再次明确表示:北上有活路,南下是死路。

叶剑英汇报的电报,应该也不是这一封:

9月9日24时,也就是10日凌晨零点左右,张国焘致电中央,再次要求中央改变北上决策:

"左右两路绝不可分开行动,弟忠诚为党,为革命,自信不会胡说,如何?立候示遵。"

叶剑英"看到张国焘发给陈昌浩的密电,要求武力挟迫中共中央随右路军一道南下",马上报告毛泽东。9月10日凌晨两点左右,毛泽东率领红一、红三军团,突然开拔,迅速北上。

9月10日凌晨四时,接到毛泽东等突然带领队伍北上的消息,张国焘向林彪等人发电,并注明要林彪转给中央:

"林、聂、彭、李(富春)转恩(来)、洛(甫)、泽(东)、稼(祥):闻中央有率一、三军单独东进之意,我们真不以为然。一、四方面军已会合,忽又分离,党内无论有何讨论,决不应如是。只要能团结一致,我们准备牺牲一切。一、三军刻已前开,如遇障碍仍请开回。不论南进北打,我们总要在一块。单独东进恐被敌击破。急不择言,幸诸领导干部三思而后行之。候复示!朱(德)、张(国焘)九月十日四时"

跟叶剑英看到的那封"据说"电报不同,张国焘这封"急不择言"的电报是可以查到的。

一夜之间脱离险地,9月10日,毛泽东以中央的名义,给右路军前敌总指挥陈昌浩下达指令，令其率领右路军之第四军、第三十军（均为红四方面军的部队），于日内尾随红一军团、红三军团前进，以策应一、三军团。

对于 9 月 10 日的中央指令，实际指挥第四军、第三十军的右路军前敌总指挥陈昌浩并未服从，而是命令第四军、第三十军跟随左路军南下，把这两个军，又拉回到了张国焘的麾下。这一举动，成为陈昌浩日后在中共党内长期被歧视、被迫害，最后无奈自杀的历史根源。

9 月 12 日，中共中央在俄界（属甘肃省迭部县）召开政治局扩大会议，通过了《关于张国焘同志的错误的决定》。这是全部三个关于张国焘的决议中的第一个，另两个分别是：1937 年 3 月 31 日，在延召开中共中央政治局扩大会议，通过了《关于张国焘同志错误的决议》；1938 年 4 月 18 日，中共中央通过了《关于开除张国焘党籍的决定》。三个决议内容是一致的，第一个"俄界决议"起了打基础、定调子的作用，饱满的情感和情绪，都能从看似严肃认真的决议中感受得到：

"听了毛泽东同志关于与四方面军领导者的争议及今后战略方针的报告之后，政治局同意已经采取的步骤及今后的战略方针。并指出：

（一）四方面军的领导者张国焘同志与中央绝大多数同志的争论，其实质是由于目前政治形势与敌我力量对比估计上有着原则的分歧。张国焘同志从对于全国目前革命形势的紧张化，特别是由于日本帝国主义的积极侵略而引起的全中国人民反日的民族革命运动的高涨估计不足，更从对于中央红军在反对敌人五次围剿的斗争中及突围后的二万余里的长征中所取得的胜利估计不足出发，而夸大敌人的力量，首先是蒋介石的力量，轻视自己的力量，特别是红一方面军的战斗力，以致丧失了在抗日前线的中国西北部创造新苏区的信心，主张以向中国西南部的边陲地区（川、康、藏边）退却的方针，代替向中国西北部前进建立模范的抗日苏维埃根据地的布尔什维克的方针。必须指出，张国焘同志这种机会主义的倾向，于胜利的粉碎了四川敌人地于通、南、巴苏区的进攻之后，自动放弃通、南、巴苏区时已经开始形成。目前分裂红军的罪恶行为；公开违背党中央的指令。将红四方面军带到在战略上不利于红军发展的川、康边境，只是张国焘同志的机会主义的最后完成。

（二）造成张国焘同志这种分裂红军的罪恶行为的，除了对于目前形势的机会主义估计外，就是他的军阀主义的倾向。这种倾向表示在张国焘同志不相信共产党领导是使红军成为不能战胜的铁的红军的主要条件，因此他不注意去加强红军中党的与政治的工作，不去确立红军中的政治委员制度，以保障党在红军中的绝对领导。相反的，他以非共产党的无原则的办法去团结干部。他在红四军中保存着军阀军队中的打骂制度，以打骂的方式去凌驾地方党的、政权的与群众的组织，并造成红军与群众间的恶劣关系。此外，他以大汉族主义去对待弱小民族。这种军阀主义倾向是中国军阀制度在红军中的反映。这种倾向，使英勇善战的年青的红四方面军，在其向前发展上受着莫大的障碍。

（三）由于张国焘同志的机会主义与军阀主义的倾向，所以他对于党的中央，采取了绝对不可容许的态度。他对于中央的耐心说服、解释、劝告与诱导，不但表示完全的拒绝，而且自己组织反党的小团体同中央进行公开的斗争，否认党的民主集中制的基本组织原则，漠视党的一切纪律，在群众面前任意破坏中央的威信。

政治局认为，张国焘同志这种右倾机会主义与军阀主义的倾向，是有着他的长期的历史根源的。张国焘同志在中国共产党内，犯过很多机会主义的错误，进行过不少派别的斗争。四中全会后一个短期内，他虽是对于当时改造了的中央表示服从与忠实，但他对于自己过去的错误是并没有彻底了解的。因此在他远离中央，并在长时期内脱离中央的领导之后，又产生了新的机会主义与军阀主义的倾向。很明显的，张国焘同志这种倾向的发展与坚持，会使张国焘同志离开党。因此，政治局认为必须采取一切具体办法去纠正张国焘同志的严重错误，并号召红四方面军中全体忠实于共产党的同志团结在党中央的周围，同这种倾向

作坚决的斗争,以巩固党与红军。(这一决定只发给党的中央委员)"(《红军长征文献》,解放军出版社)

这个决议,全盘否定了张国焘,力图在政治上"消灭"张国焘;但此时张国焘仍然掌握着数万大军,故而并未对其采取"撤职"和"开除"的处分。

9月14日,中共中央再次致电张国焘,劝他随右路军北上:

"一、四方面军目前行动不一致,而且发生分离行动的危险的原因,是由于总政委拒绝执行中央的战略方针。违抗中央的屡次训令与电令。总政委对于自己行为所产生的一切恶果,应该负绝对的责任……不得中央的同意,私自把部队向对于红军极端危险的方向(阿坝及大小金川)调走,是逃跑主义最实际的表现。"

脱离了张国焘的势力范围,中央的电报语气变得更加严厉。

得知"俄界决议"的内容、连续接到多封指斥电报,张国焘决定实施"绝地反击"。9月15日,他在阿坝主持召开"中共川康省委和四方面军党员活动分子会议",通过了一个针锋相对、措辞严厉的《关于反右倾机会主义斗争的决议》,将毛泽东等人率队北上,定性为"右倾机会主义",必须予以坚决斗争。

阿坝会议上,还以中国工农红军总政治部的名义,发布了《大举南进政治保障计划》,把南下战略定性为"进攻路线",并详细说明了理由:

"只有大举南进,消灭川敌残部,才是真正的进攻路线……目前北方天气渐寒,草地不易通过,敌人在我们的北面已集结相当兵力,碉堡已完成一部,这种情况下,北进是显然不利的……我们南进,当前的敌人是川敌残部。在南进地区内,人口稠密,好扩大红军,物产丰富,可充实红军物质上的供给,这就使我们能够顺利的在广大地区内建立巩固的根据地。……因此,,我们目前的战略方针,是集中主力,大举向南进攻,消灭川敌残部,在广大地区内建立巩固的根据地,首先赤化全川……中央率孤军北上,不拖死会,也会冻死。至多剩几个中央委员到得陕北。"

第三节：过不去的百丈关

如果从即将面临的挑战来看，左路军的敌人更多、更强，"逃跑"企图似乎比右路军更小一些；但左右两路都称对方为右倾机会主义。

9月中旬，张国焘指挥部队沿大金川河上游南下，向马塘、松冈、卓斯甲等地集结。

9月17日、18日，原属右路军的第四军、第三十军，在右路军总指挥徐向前、前敌总指挥陈昌浩的率领下归队，到达毛儿盖，与张国焘会合。数万大军，在深秋的凛冽秋风中，从阿坝、包座地区出发，沿着不久前刚刚北上时走过的道路，再次经过草地，折返向南。

10月初，部队行进到四川理番县卓木碉镇。10月5日，在镇上若布洛寺的一座大殿内，张国焘主持召开了"中共中央政治局会议"，宣布另立中央，自任主席；中央政治局、中央书记处、中央军事委员会和常委委员会等核心组织机构相继成立。同时宣布：

"任命朱德为中央政治局委员、中央书记处书记。

"毛泽东、周恩来、博古、洛甫应撤销工作，开除中央委员会及党籍，并下令通缉。杨尚昆、叶剑英免职查办。"

对于张国焘的这一断然作为，红军总司令朱德弱弱地抗议了一下，左路军参谋长刘伯承则不置可否。张国焘指示之下，针对蒋介石的军事部署，刘伯承制订出了《绥丹崇懋战役计划》。

先看蒋介石的部署：

为对付北上的右路军，也就是红一军团、红三军团，蒋介石调集了周浑元的12个团、胡宗南的20个团，由松潘延伸到西固，配合陕甘本地军队的行动。

为阻止南下的左路军，蒋介石命令二十四军军长刘文辉的两个旅、二十军军长杨森的四个旅加一个团，沿大小金川布防。另外，刘湘、邓锡侯的部队也在邛崃、灌县一线布防，等着夹击红军。

针对蒋军的这个布防态势，刘伯承的《绥丹崇懋战役计划》

做出如下安排：

主力秘密行动，以 8 个团为右纵队，以 16 个团为左纵队，沿着大金川两岸，夹河并进，隔河呼应，先夺取绥靖、崇化，再夺取丹巴、懋功，建立后方之后，再出兵南下，进占天全、芦山、邛崃、大邑。

10 月 8 日，左、右两纵队按预定计划行动，一路势如破竹，接连攻克绥靖、崇化、丹巴、抚边、达维、懋功。到 20 日，绥崇丹懋战役结束，总计击溃杨森、刘文辉部六个旅，俘获人枪 3000 多，占领了懋功、丹巴两城及绥靖、崇化、抚边、三屯、达维、日隆关等重要地点。张国焘和刘伯承之间的配合很默契。

"绥崇丹懋战役"之后，刘文辉和杨森都损失惨重，刘部继续驻守在西康一带，杨部驻守芦全、宝兴一带。邓锡侯没有损失，守在邛崃、大邑、崇庆一线。另外，李家钰、孙震、以及刘湘的部队，也都布防在附近。让张国焘、刘伯承有些意外的是，"绥崇丹懋战役"似乎替蒋介石吹响了集结号，更多的国军逐渐猬集在左路军的周围。

10 月 20 日，张国焘指示刘伯承制订了《天芦名雅邛大战役计划》，决定乘敌军新败、仓皇调整、立足未稳之机，向天全、芦山、名山出动，在这一片区域建立根据地，作为进占成都平原的大后方。战役企图是明确的，但对敌情的估计不足。

战役开始后，红四方面军最先遇到的劲敌，是此前的手下败将刘湘。刘湘似乎有一种知耻而后勇的狠劲，调集全部主力，共 80 多个团，集结在名山以北地区。面对强敌刘湘，张国焘的最佳选择，应该是避其主力，击其侧翼。但他计不出此，仍要携"绥崇丹懋战役"大胜的余威，与当面强敌在邛崃、大邑一带展开决战。

11 月 13 日，红四方面军主力共 15 个团，向当面之敌发起攻击。14 日，击溃当面之敌两个团。16 日，攻占名山县东北的重镇百丈关，下午 4 时，相继占领了黑竹关、活安场、王店子等要地。军史上著名的百丈关大战就要开始了。

百丈关是一个重要的隘口，位于雅安和成都之间，通往成都的公路就从这里经过。百丈关的地型也非常险峻，北面是邛崃山，山高路险；南面是岷江，河网纵横，四周丘陵起伏，水田夹杂其间。敌方以碉堡为中心，建立了一个纵深配置的封锁线。

红军攻占百丈关之后，对面敌人急于夺回阵地，接连派出六个旅进行反击，都被红军打退。但是，敌方的兵力太强大，源源不断地补充到前线。

双方相持了三天，到 19 日，敌方兵力增加到十几个旅，在上面飞机轰炸、下面大炮轰击的协助之下，十几个旅的国军从北、东、南三面向百丈关反攻。

此时红军已经连续作战六十多天，但作战仍然极为英勇。从 19 日到 20 日，又是两天一夜的胶着对攻，国军依然没有能够突破红军的阵地。

此时红军已经到了弹尽粮绝的最后关头，兵员无法补充，补给无法跟上，缺乏重型武器，无法打开局面。经过紧急商量，最后张国焘做出决定：撤出百丈关。

11 月 20 日，红军最后撤出百丈关地区。至此，"天芦名雅战役"，算是结束了，但红军此次并没有达成战役目标。

百丈关恶战，在现代军史上留下了惨烈的回忆。徐向前的回忆：

"百丈关战斗，是一场空前剧烈的恶战，打了七天七夜，我军共毙伤敌一万五千余人，自身伤亡亦近万人。敌我双方都打到了筋疲力尽的地步……战场没有打开，薛岳部又从南面压了上来。敌我力量悬殊，持久相峙对我不利。我们只好放弃原计划，从进攻转入防御。11 月下旬，我三十军、九军撤出百丈关地带，转移到北起九顶山，南经天品山、王家口至名山西北附近之莲花山一线。四军在荥经方向，遭到薛岳部猛攻。因敌众而我寡，被敌突进。部队遂撤至青衣江以北。在西面大炮山的三十三军，则继续巩固陈地，与李抱水部对峙。我军遭敌重兵压迫，堡垒封锁，南下或东出已不可能。"（《历史的回顾》）

徐向前的这段回忆说得很明白，百丈关恶战之后，红军从张国焘所说的南下战略进攻，被迫转入事实上的战略防御。从张国焘本人的命运看，百丈关也是他人生由盛转衰的关键点。

百丈关战役之后，红军撤至懋功、丹巴、宝兴、天全、芦山地区。在这一地区，红军按照惯例开展地方工作，试图建立地方党组织，成立工农政府。红军还迅速组建了一支三千人的地方武装，包括一个独立师和两个独立团。但这一带是藏族聚居区，汉藏之间的民族矛盾深，建党、建政的工作很难开展，兵员、粮食的补给空间也不大。12月初，薛岳部赶来，向荥经方向进攻，疲惫的红军避免与之接触，于12月中旬撤出。

百丈关大战之后，左路军的物资补给、后勤保障陷入了极端困难的地步。1936年1月8日，红五师向上级报告：

"药品材料现在完全是用中药，现在最缺乏的解热剂及收疮剂、纱布、棉花，丹巴附近买不到，早已用完，现也感困难。伤病员每天一餐馍两餐稀饭，吃的菜是萝卜、酸茶。……粮食收集三十四万斤，已吃完，现在是现买现吃。……斗笠、脚马子（爬山用的铁制防滑钉，可捆绑在鞋上）因无材料全未制造。"

时任第三十军八十八师政委郑维山的回忆：

"我军在懋功、宝兴、天全、芦山等地瘠民贫的县内，兵员、补给都十分困难。在百丈关附近作战的部队稍好些，能吃上粮食。而散布在夹金山南北的后勤机关和医院的同志们，则靠野菜树叶充饥。有不少同志，因饥饿、疾病而牺牲。"（《郑维山回忆录从华北到西北》解放军出版社）

百丈关战役之后，张国焘有些进退维谷，向北退，心有不甘；向南进，困难太多：

一，没有后方，没有根据地。数万大军占领的宝兴县，区域狭小，还是藏民聚居区，老百姓自己的粮食还不够糊口，更不可能供养如此庞大的部队。

二，没有出路，打不开前进的局面。宝兴周边地区，已经遍布国军构筑碉堡群，形成了完整的封锁线；蒋军嫡系薛岳部的六个师、周浑元部数万人，也已经集结在红军对面，正采取步步为营的策略，等着与红军决一死战。

张国焘举棋不定，红军暂时采取守势；而国军等来了战机，

第七章：1935-1979

开始主动进攻。

2月中，刘湘部两个师主攻、薛岳部六个师助攻，李抱水一个师侧翼进攻，十余个师的国军开始向天全、芦山地区大举进攻。

此时的左路军，前面有强敌，后面没有根据地，兵员、物资奇缺，向南、向西、向东，都无法进军；唯有一个方向尚存一线生机：向北退却，过懋功，走西康。

2月底，左路军制订了《康道炉战役计划》，战役目标是撤离天全、芦山和宝兴地区，主力迅速向西康东北转移，以一部在邓生、硗碛、达维、抚边一带钳制南面和东面两个方向的敌人。

张国焘大军所面临的最大困难，还不是四面合围的敌军，而是极为匮乏的物资。此时已经是隆冬时节，部队的棉衣还是没有解决。士兵们把棕树上的棕毛撕下来絮在单衣里御寒，直接把未经处理的生牛皮、生羊皮裹在身上。粮食更是大问题，无以果腹，只能以野菜为食。

万般无奈之下，张国焘开始考虑向西北撤退了，提出新的战略目标："建立西北抗日根据地"。一番严峻的挫折之后，被迫再次向北、向西退却。

3月15日，左路军总部到达四川西部的道孚县。张国焘在此召开会议，作《关于中国苏维埃运动发展前途的报告》，讲了几个要点：

一，四方面军（也就是左路军）毅然南下是完全正确的，我们这是在耍回马枪，达到了我们预定的目的。

二，反对毛、周、张（闻天）、博（古）是完全正确的。

三，目前的再次北上（即从天全、芦山转移到西康东北部），是在达到了预定目的以后，主动向北发展。

四，我们要整理部队，夺取少数民族，建立政权，正确执行粮食政策，争取相机消灭李抱水（蒋介石嫡系），拿下康定的战役胜利。

5月21日，张国焘以中共中央的名义，发布《关于中国苏维埃运动发展的前途和目前紧急任务决议大纲》：

一，坚持肯定"南下战略"的正确性："相当的意义上说，南下反攻的形势是胜利的,达到预定的目的。

二,承认目前左路军面临的困难:"主力红军如果比较长久停留在现在的川、康区域内是不利的……粮食的缺乏,使我们在现有地区少数民族中工作中很困难。"

三,明确下一步战略是向西北发展:"因此我们目前的革命战略方针,是在夺取西北地区,创立西北广大地区的抗日根据地。"

四,软化立场,不拒绝与右路军再度会师:"建立西北抗日根据地,有吸引陕北红军采取配合行动的可能;中国的西北部毗连苏联与外蒙人民共和国,夺取西北,可直接得到国际无产阶级的帮助。"

无论如何解释,避开国军重兵、向西北转移已成唯一选择。部队次第脱离与国军的接触,开始有序向西北转移。对于在西康一带的半年经营,晚年张国焘这样回忆:

"我们在西康停留的期间——1935年11月到1936年6月——前线大致没有战争。驻在康定的刘文辉与我军隔着折多山对峙,相安无事。我军向西伸展到金沙江的左岸,西藏达赖喇嘛属下经英国训练的少数军队则驻防右岸,彼此也从未向对方射击。蒋介石、刘文辉也曾利用少数藏人,组成游击队向我军骚扰,但这些受蒋介石利用的藏人,往往被藏人视为'藏奸',没有群众基础,经我军予以打击,也就烟消云散了。其他藏人的零星反抗,我军多数是用政治方法来解决。

"我们是集中力量,进行部队的训练,主要是使一般战士了解西北情况和对骑兵作战的战术。我军大致可以在西康地区长期停留下去,但为了解决粮食困难,我们须花很多时间来从事农业生产。这样,会使我们的战斗部队,转化为屯垦军,因而放弃对全国革命的领导任务,这自然非我们所愿。有鉴于此,我们乃仍照预定计划进行,夺取甘肃的河西走廊和新疆,与在陕北的红军成犄角之势。训练工作便是根据这种方针来进行。"(《我的回忆》)

第四节：神仙下凡断案

张国焘指挥左路军在百丈关浴血苦战的时候，毛泽东迎来了昆仑山上下来助阵的第一拨神仙。

1935 年 11 月，中共驻共产国际代表林育英（化名张浩），带着共产国际赋予的两大任务回到陕北：一，传达共产国际最新指示；二恢复与共产国际之间的电讯联络。第二项任务最终于 1936 年 6 月，由上海地下党组织协助完成（详情见相关章节）；第一项任务则于同年 7 月，和毛泽东一道，创造性地完成了。

1935 年 12 月 5 日，张国焘以"中共中央"的名义，致电另一个"中共中央"：

"（一）此间用中央，中共中央、中央政府，中央军委，总司令部等名义对外发表文件，并和你们发生关系。

（二）你们应称北方局，陕北政府和北路军，不得再冒用党中央名义。

（三）一、四方面军名义应取消。

（四）你们应将北方局、北路军的政权组织报来，以便批准。

两个中央僵持不下，一个看似微弱的外部因素的介入，打破了僵持。

中央候补委员、中国驻共产国际代表团成员张浩（林育英）于 1935 年 11 月到达陕北，12 月即参加了中共党史上另一个著名的会议"瓦窑堡会议"。

在瓦窑堡会议上，中共最早 get（抓）到日本侵华带来的历史机遇，提出了"反蒋抗日"的口号，确立了"建立抗日民族统一战线"的方针，将"苏维埃工农共和国"改为"苏维埃人民共和国"，由"工农"升级为"人民"。这是一个系统性的调整和改变，标志着中共由机械模仿苏俄革命模式、教条执行共产国际指令，升级为弹性制订政策，务实执行命令。

瓦窑堡会议决定，设立中共白区委员会，由周恩来任书记，张浩任副书记，张浩由此进入中共中央领导层。也是在这次会议上，张浩首次以共产国际代表的身份，表态支持毛泽东为中共党的最高领袖。

细究起来,张浩的"共产国际代表"身份有些勉强,他最多算是中共派驻共产国际代表团的成员,核心任务是代表中国工会接受赤色职工国际的领导。此次共产国际派他回国的两大任务(传递最新指示、恢复电讯联络),都是具体的、执行层面上的事务,并没有赋予他代表共产国际指导中共事务的权力。但此时双方的电讯联络依然没有恢复,更有资格代表共产国际的前中共最高领导人李立三,还在中亚的阿拉木图为此一筹莫展。张浩弹性而务实地站出来,以共产国际代表的身份,出面调停张中央和毛中央之间的僵持不下。

1月16日,张浩以共产国际代表的身份,致电张国焘本人,明确要求他取消另立的中央。同时给他送了一个台阶:"兄处可即成立西南局,直属(中共驻共产国际)代表团。"

1月17日,张国焘复电,同意张浩的建议:"一切服从共产国际的指示。"这一复电,既表明了和解的意愿,又给张浩出了一个难题:我方已经退让,对方如何作为?

张浩自有办法,立即复电:

"过去毛儿盖的争论以及后来两个中央的对立,虽属不幸,但这是苏维埃运动发展过程中的难免现象,现在不宜争辩已往是非,应急谋党内统一。我建议,双方中央都不可以中央名义命令对方,由我暂时担任双方的联络人。"

对于这一双方均退一步的办法,毛中央总书记张闻天首先表态赞成,张中央总书记张国焘亦复电表态同意。

南下已无出路,西进亦无把握,既然已经和解,张国焘最后下定决心,重新率军北上,并将这一计划报告给了"共产国际中共代表团"——张浩。

张中央做出退让,毛中央开始小步快进,巩固战果。1月22日,毛中央做出了一个决定:《关于张国焘同志成立第二"中央"的决定》:

"张国焘同志自同中央决裂后,最近在红四方面军中公开成立了他自己的'党的中央'、'中央政府'、'中央革命军事委员会'与'团的中央'。张国焘同志这种成立第二党的倾向,无异于自绝于党,自绝于中国革命。党中央除去电命令张国焘同志立刻取消他的一切'中央',放弃一切反党的倾向外,特在党内公布1935年9月12日中央政治局在俄界的决定。"

1月23日,张国焘出招还击,避实击虚(避开毛泽东),借力打力(借助张浩的提议),以红军总司令朱德的名义,绕开影子总书记毛泽东,直接给正式总书记张闻天发电:

"党内急谋统一……提议暂时此处以南方局,兄处以北方局名义行使职权,以国际代表团暂代中央职务,统一领导。"

6月6日,张国焘最终做出决定,取消"中共中央"的名义,改组为中共西南局。

7月2日,张国焘、朱德率左路军,与贺龙(总指挥)、任弼时(政委)率领的红二方面军(辖红二、红六军团),在四川甘孜会师。从这时起,任弼时成为超级替补,进入党内起跳台,随着张国焘、徐向前、陈昌浩的相继失势,他作为会师后的二、四方面军代言人,一步步跻身中共核心领导层。

7月27日,林育英代表中共中央,正式回复张国焘:批准成立中共西南局,任命张国焘为书记、任弼时为副书记。

8月初,张浩代表中共中央,给张国焘和西南局发电,通报最新局势变化:

首先,西北的抗日局面即将实现,中共的战略基本方针,已经由瓦窑堡会议确定的"反蒋抗日",变为现在的"逼蒋抗日"。

第二,据此原则,陕北红军已经和张学良的东北军和杨虎城的西北军达成了默契。

第三,中共中央业已于6月中与共产国际恢复了正常的电讯联络,得到共产国际的支持。

8月中旬,张浩、张闻天、毛泽东等人,就今后的战略方针,致电朱(德)、张(国焘):

"一、二、四方面军,有配合甲军(即张学良的东北军)打通苏联,巩固内部,出兵绥远,建立西北国防政府之任务。

"二、四方面军占甘肃和青海。……12月起,三个方面军中，以一个方面军保卫陕甘宁苏区，并策应甲军（张学良的东北军），对付蒋介石之进攻，以两个方面军趁结冰期渡河，消灭马鸿逵，占领宁夏，完成打通苏联任务。"

陕北中央做出这样的战略安排，是因为蒋介石大军压境，陕北势将不保；陕北红军唯一的出路，是穿越河西走廊，打通与苏联的通路。此时甲军（张学良东北军）的一个军就驻扎在兰州，可以敞开西兰大道的东大门，放红军一路向西。

9月14日，张浩、张闻天等给朱德、张国焘、任弼时来电：

"国际来电，同意占领宁夏及甘肃西部，我军占领宁夏地域后，即可给我们以援助。为坚决执行国际指示，准备在两个月后占领宁夏，拟作如下部署：

（一）一方面军主力9、10两个月仍在海原、固原地区，10月底或11月初开始从同心城预旺之线攻取灵武、金积地区，以便12月渡河占领宁夏北部，一方面军之其余部队保卫陕甘北苏区。

（二）四方面军主力立即占领隆德、静宁、会宁、通渭地区，控制西兰大道，与一方面军在固原西部硝河城地区之部相当接近，阻止胡宗南西进，并相机打击之。"

接到陕北中央打着共产国际名义发来的这一指令，左路军总政委陈昌浩情绪激动，主张按照指令精神，立即北上会宁，与红一方面军东西夹击，占领宁夏，阻击胡宗南，打通西进通道。徐向前等人表态支持这一积极进攻的战略。张国焘心有顾虑，依然坚持西进方针，于9月20日赶到前线，面见已经心存异志、摇摆于两个中央之间的陈昌浩，软硬兼施，声泪俱下。陈昌浩无奈，下令改北上为西进。

所谓时来天地皆同力，运去英雄不自由。此时左路军上下，也都和陈昌浩一样，对张国焘这位曾经的神仙主席，产生了怀疑。陕北中央接连发电，反对西进，要求遵令北上。西进的先头部队也反馈回来消息，黄河西岸的山峦之间，已经下起了大雪，气候转寒，人马很难行进，不适宜大部队长途行军。诸多因素束缚着张国焘的思路，没有办法，只要忍痛下令：部队重新北上，与红一方面协同行动。10月9日，左路军行至甘肃会宁，与一方面军再度会师。10月22日，一、二、四方面军各一部，共一万余人，在宁夏西吉县将台堡会师，准备集中兵力发动宁夏战役。张浩代表陕北中央前往迎接和祝贺。至此，一、二、四三大红军主力的长征全部结束。

第五节：借刀杀掉西路军

红四方面军势力的消亡，跟西路军的溃败，是同一事件的两种表达。

1936年夏秋之际，"两个中央之争"基本解决，张国焘就任西南局书记，已经与中共恢复电讯联络的共产国际，发出最新指示，同意中共与张学良、杨虎城联合，共同打通西出通道，与苏联接境之后，建立由中共、张学良、杨虎城三方参与的"西北国防政府"，以团结全中国抗日军民，一致抗日。正是在这一目标指引之下，中共中央制订了夺取甘肃中西部和宁夏北部的计划（上文有述）。

在蒋介石看来，中共所称的"三大主力会师陕甘"，正好给国军以聚而歼之的千载良机。

10月下旬，蒋介石调动国民党大军进入西北，中共中央发起的旨在打通西出通道的宁夏战役，仓促发起，半途而废，共产国际自外蒙方向给予中共的物资援助，全部损失掉了；被国军分隔在黄河东、西两侧的攻击部队，亦遭到重大伤亡。西侧的部队主体，是原红四方面军。

11月8日，中共中央决定，中止宁夏战役，转为实行《作战新计划》，将参加宁夏战役的部队就地分为三路：一、二方面军为南路军，南下攻占陕南；尚在黄河东岸的原红四方面军的两个军为东路军，伺机进占山西；以已经渡过黄河的原红四方面军的三个军，组成西路军，在黄河以西建立根据地，伺机西进，打通西接苏联的通道。西路军的领导机关称为"西路军军政委员会"，统管军事、政治与党务，陈昌浩为主席，徐向前为副主席；西路军总指挥为徐向前，政委为陈昌浩，参谋长为李特。

西路军从渡河、成军、命名，到进退行止，都是在中共中央军委直接指挥下进行的。在此期间，张国焘单独发出的电报只有两封，都是告诫陈昌浩、徐向前，要严格遵照中央指示，不得心存异议，不许重犯过去的错误。

西路军失败的根本原因，是战略指挥失误。这个失误是主观故意，还是客观造成的？虽然目前西路军不再是党史中的禁忌，但到底是不是毛泽东为首的中央军委主观陷害？依然是只能说事实，不能说结论。

导致西路军失败的具体因素很多：

首先，客观因素，河西走廊具有极为特殊的地理环境、气候特点，以及特殊的民族民情。

第二，西路军是孤军深入，独立作战。

第三，西路军是步兵为主，而当面之敌马家军，是骑兵部队。

第四，西路军总共 21800 人，占红军总数的五分之二，亦是战斗力最为强劲的部队，但长期征战之后，亦是人困马乏，缺枪少弹，人枪比是 3：1；枪均子弹约 15 发，重武器基本没有；相比较而言，马家军人数更多、装备更齐备、战斗力更强。西路军此次出征，是以弱击强，以寡敌众。

第五，西路军出征的目标游移不定，出兵的主要目标，是策应河东的中央红军，而中央红军的战略目标也在摇摆之中；而且河东的军事局面也在不断变幻，西路军没有清晰的作战目标，很容易被河东的临时局面所左右；这对于孤军深入的西路军来说，很容易陷入进退失据的境地。

从史料上看，河东的中央军委，给西路军的指令一直在变化：先是命令其西进，至苏联、蒙古、中国接境之地，接受苏联援助的物资；再是命令其东进，策应河东的中央红军；最后是命令其就地停留，在河西走廊地区建立新的根据地。断断续续的、互相矛盾的指令，让西路军像一只笼中困兽，在河西走廊这条狭长的、危机四伏的地带不断地转圈圈。

第六，最后、也是最关键的因素，就是张国焘害了西路军。

第七章：1935-1979

欲灭其人，先亡其军；为了彻底解除张国焘的"最高领导人头号竞争者"的优势，必须消耗掉他一手建立起来的、强大的红四方面军。

众多研究者发现，在极为紧急的战况之下，西路军向中央军委提出的许多合理性建议，都被认定为政治问题，不予采纳，生生把这支百战之师，憋死在了河西走廊。

以下是西路军简要的征战过程：

11月11日，后世的双十一购物节、光棍节、新京报创刊那一天，西路军正式出征，总指挥徐向前信心满满，认为二马（马步芳、马步青）主力已经在此前被打残，不足为虑，西路军可以快速通过河西走廊，进击新疆。

11月13日，西路军攻打古浪不克，损失惨重。在河东指挥作战的彭德怀提醒中央军委，国军第三十七军（军长毛炳文）有可能渡河西进，追击西路军，建议陕北红军抽出一部袭扰毛炳文军，防止西路军陷入东西夹击之中。毛泽东不予采纳，而是另出奇计：在河东打击胡宗南部，用"声东击西"的方式，帮助西路军减轻压力。

眼看着毛炳文军于11月16日渡过黄河，与马家军形成了东西夹击之势，张国焘和朱德心急如焚，徐向前和陈昌浩也由自信变得犹豫，在"暂停创建根据地"和"速进打通远方（新疆）"之间举棋不定。毛泽东则坚持之前的策略：打击远在河东的胡宗南，借以牵制已经渡河西进的毛炳文。

11月18日，河东红军主力发起山城堡（位于甘肃最东端，是陕甘宁三省交界之地）战役，经过三天激战，全歼胡宗南部一个整编师，取得了大胜。此战规模虽然不大，但意义不小，对国、共、张（学良）三方接下来的战略都有直接影响：

国军方面，蒋介石果然是毛泽东的"好搭档"，服从毛泽东的调遣，胡宗南被打痛了，蒋介石马上命令毛炳文部火速东返。毛炳文部此时已经追击西路军至凉州（武威）一带，正与徐向前部对战，并未遵令东返。

共军方面，毛泽东借此一战，延迟了蒋介石大举剿共的军事攻势，在陕甘宁交界地带站稳了脚跟。在此之前，在西路军战局不明、蒋介石大军压境的局面之下，毛泽东也对前途担忧，准备了南下的作战计划，甚至做出了"大不了再来一次长征"的最坏打算。山城堡一仗，陕北红军在陕甘宁一带站稳了脚跟，为接下来建立陕甘宁根据地打开了局面。

张学良方面，此前与中共的接触还处于秘密状态，对中共长征之后的实力有所怀疑；经此一战，张学良和杨虎城都对联合中共"逼蒋抗日"信心大增，与中共的接触也由暗转明，开始公开联共反蒋。山城堡战役结束二十天之后，12月12日，西安事变就发生了，说山城堡战役促成了西安事变，也是成立的。

对于西路军问题，蒋介石进退失据、一手好牌打得稀烂；进而影响到对东北军张学良问题、西北军杨虎城问题的处理；对张杨问题判断失误，又引发了西安事变。再接下来的历史风暴，就再也不是蒋介石这位每天都坚持记日记的道学先生+基督徒能够控制得住的了。

回望已经发生的历史事实，站在蒋氏政权的角度，面对宁夏战役之后兵分三路的红军，蒋介石正确的策略，应该是擒贼擒王，放开西路红军和南路红军，集中大军聚歼东路的陕北红军；即便不能完全达到战略目标，无法毕其功于一役，也足以将刚刚聚集的红军再次驱散，让他们重回"流寇状态"。没有了陕甘宁根据地支撑，孤军冒进的西路军、南路军，又何足虑哉？蒋介石格局之小、误国之深，由此可见一斑。

毛、蒋之间战略决策水平的差距，在山城堡战役中，展露无遗：

> 毛炳文军渡河西进之后，毛泽东的做法是：顶住张国焘、朱德的催促和请求，把拯救西路军作为次重要、甚至非重要的战略目标；把打痛胡宗南、打下山城堡、站稳陕甘宁作为最重要的战略目标。数月之后，西路军全军覆没，毛泽东未必有借（蒋介石）刀杀（张国焘）人的恶意，但却在实际上成就了这一不争的历史事实。

反观蒋介石，山城堡战役之后，他急令此时已经深入甘肃

第七章：1935-1979

腹部的毛炳文军回师黄河东岸，配合胡宗南，反击陕北红军，颇有些早知今日何必当初的悔意和凄惶。

山城堡战役之后，中央军委给徐向前、陈昌浩发电，命令西路军停止西进，就地扎根，建立永昌、凉州根据地。鉴于当前严峻的敌情，总指挥徐向前主张，部队应抓紧时间西进，快速突破西侧马家军的阻击，摆脱东侧毛炳文的追击；已经吃过"违抗中央"苦头的政委陈昌浩则坚持，应按照中央军委指示，就地驻扎，在强敌环伺的河西走廊中部，开辟新的根据地。徐、陈之间发生了激烈的争吵，无法达成共识；双方将各自的意见电呈中央军委，请求定夺；军委回电，仍令西路军就地扎根，打退强敌，建立根据地。

此时马家军已经开始调动部队发起围攻，双方在八坝、东寨、东十里铺、水磨关、永昌、山丹一线展开激战，经过20余天的混战，双方损失都很大，各自战死了6000余人，西路军减员至16000人左右。

12月24日，西安事变已经得到和平解决，陕北红军和中共中央的安全有了保障，打通西出通道的必要性和紧迫性瞬间消失。中央军委电令西路军："以东进为有利。年底，西路军进占张掖和酒泉之间的高台、临泽两县，此处已经是河西走廊最狭窄的蜂腰地带，近处无险可据，周边没有纵深。徐向前的意见，仍然是疾速西进；但此时，中央军委再次来电："即在高台、临泽地区集结，暂时勿再西进。"西路军遵令，停在高台、临泽，客观上给了马家军从容集结，再次围攻的时间。走走停停之际，1937年到来了。

1月12日，马家军以优势兵力攻陷高台县城，驻守此地的红五军全军覆没，自军长董振堂以下3000余人，大部战死，少部分溃散。红五军是1931年底自国民党阵营中反水过来的"起义部队"，军长董振堂原为国军旅长；在1935年6月一、四方面会师之前，一直隶属于中央红军；长征期间担任后卫任务，属于外围边缘部队。会师之后，沙窝分兵，被划归张国焘指挥的左路军，改受四方面军领导人的歧视。西路军出征之时，红五军的装备也是三个军中最差的，人枪比高达三比一——平均三名士兵拥有一支枪，枪均子弹仅为5发。

红五军战没，余下的14000余名西路军将士，被多达七万之众的马家军团团围困在狭小的区域之内。

1月16日，中央军委来电，命令西路军向东突围。

1月23日，数万马家军开始阻击、围剿东进的西路军，西路军且战且走，人员损失巨大；战至2月中旬，中央军委再次来电，命令西路军由东进改为西进；同时告诫西路军，不得向南面的青海方向突围，否则就是没有和过去张国焘错误路线划清界限。这通电报，把陈昌浩脑袋里仅存的一点自主精神也给扫除干净了。

2月21日，西路军突破马家军设在临泽县倪家营子一带的重兵包围，打开了东进的缺口；但此时，徐向前和陈昌浩再次发生激烈争执，陈昌浩反对东进，认为此举为右倾逃跑主义，应坚决执行中央此前的指示，扎根此地，建立甘北根据地。徐向前等执拗不过，率部重返倪家营子。同时向中央军委请求，速派八个足团、一两千骑，驰援西路军。但这回等来的，不是援军，而是重新集结的马家军。西路军主动钻入口袋阵，又被迫再次向外突围；经过七个昼夜的激战，总兵员锐减到3000余人。

倪家营子突出、突进、再突出之际，中央军委电示已经处于覆灭边缘的西路：再坚持15天，援西军就可到达。

援西军于2月28日组建完成，由刘伯承任司令员、张浩（林育英）任政委，日夜兼程西进。行至3月中旬，已经抵达平凉的刘、张得到报告：西路军已经被打散，余部三千人，已经退入祁连山。援救目标已经不复存在，刘、张向中央军委报告后，决定停止前进，以防本部孤军亦陷入险境。

此时，退入祁连山的三千余众，已经无法成军，陈昌浩、徐向前等于3月14日召开"善后会议"，决定陈、徐二人返回延安，向党中央汇报情况；余部分成三个支队，分别由李先念、王树声、张荣隐入祁连山内打游击。

分头行动之后，王树声、张荣两个支队遭遇覆灭，王树声只身返回延安。李先念支队保存较为完整，于4月25日到达甘、新交界的星星峡，时任中央政治局委员、中共驻共产国际代表团成员陈云亲往星星峡迎接。400余人的李先念支队，是21800名西路军仅存的成建制余部。

第六节：彻底清算张国焘路线

西路军失败不久，中共党内即将败因认定为"张国焘路线"。这样的结论，源于毛泽东《中国革命战争的战略问题》里的一段话：

"为敌人吓倒的极端例子，是退却主义的'张国焘路线'。红军第四方面军的西路军在黄河以西的失败，是这个路线的最后的破产。'"

1937年3月中旬，中央军委获知确切消息，西路军全军覆没。

西路军刚刚失败，延安就发起了大规模的批判张国焘运动，直接把西路军的失败，与张国焘错误相联，定性为"执行国焘路线"、"分裂主义"、"逃跑主义"。

3月23日至31日，中共中央在延安召开了政治局扩大会议，两项议题：

一是研究国民党五届三中全会以后党的任务；二是讨论张国焘的错误问题。

因为在会议之前，已经借马家军的屠刀，解决了张国焘的军事实力，所以，很顺利地通过了《中共中央政治局关于张国焘同志错误的决议》，对张国焘和四方面军做出政治上的彻底清算：

"政治局听了张国焘同志关于四方面军工作的报告，并详细检查了四方面军各种文件及材料之后，认为：

（甲）张国焘同志在四方面军的领导工作中犯了许多重大的、政治的、原则的错误。这些错误在鄂豫皖苏区的工作中，已经开始存在着，在川陕苏区中，尤其在他最后一时期中，已经形成为整个政治路线的错误。从退出川陕苏区到成立第二中央为止，是右倾机会主义的退却路线与军阀主义的登峰造极的时期。

这是反党反中央的路线。

（乙）张国焘同志由于对于中国革命形势的右倾机会主义的估计（否认中国革命的高涨，两个高涨之间的理论）。因此产生了对于敌人的力量的过分估计（特别在蒋介石主力的前面张皇失措），对于自己力量的估计不足（对主力红军的突围表示悲观失望，对全国人民抗日的民族命运表示不信任）。因此丧失了红军在抗日前线的中国西北战胜敌人创造新苏区，使苏维埃红军成为抗日民族革命战争的领导中心的自信心，而主张向中国西部荒僻地区实行无限制的退却。这是张国焘同志右倾机会主义路线的实质。

（丙）张国焘同志对于中国共产党在领导中国革命胜利中的决定作用是忽视的。因此在他的工作过程中轻视党，忽视地方党的组织的创造，在红军中不注意政治委员制度、政治工作与党的工作的建立。相反的，他用全力在红军中创造个人的系统，他把军权看做高于党权。他的军队是中央所不能调动的。他甚至走到以军队来威逼中央，依靠军队的力量，要求改组中央。在军队中公开进行反中央的斗争。最后他不顾一切中央的命令，自动南下，实行分裂红军成立第二"中央"，造成中国党与中国苏维埃运动中空前的罪恶行为。在同二方面军会合时，他曾经企图用强制与欺骗的方法，使二方面军同意他的路线，共同反对中央。虽是这一企图遭到二方面军领导者的严拒而完全失败了。他对于创造红军模范纪律的忽视，造成了红军与群众的恶劣关系。军阀军队中的打骂制度与不良传统，在红军中依然存在着。这就是张国焘同志的军阀主义的实质。

（丁）张国焘同志的退却路线与军阀主义，在他的一切工作部门中表现出来。在群众工作中，他不从政治上去教育群众，启发群众的积极性，组织群众武装群众，而以军队威临群众，造成脱离群众的现象。青年团、贫农团、工会等群众团体，事实上完全没有工作。苏维埃工作方面，他没有正确的实行土地政策与经济政策。没有建立苏维埃的代表制度，实行苏维埃的民主。他在少数民族问题上以大汉族主义代替了列宁主义的民族政策。

在同反革命斗争中，他以恐怖代替了明确的阶级路线与群众路线。他对于白区工作，完全表示消极，对白区党与群众没有信任心。他以无原则的方法与派别观念团结干部，把个人的威信与党的威信对立。他发展党内的家长制度，以惩办与恐吓来代替布尔什维克的思想斗争与自我批评。

（戊）张国焘同志的南下行动，不但在反党、反中央、分裂红军上看来是根本错误的，而且南下行动本身也是完全失败的，不管四方面军在南下战争中如何由于红色指战员的艰苦斗争而得到一些战术上的胜利，然而结果还是不能不被逼放弃天全、芦山，深入西康，使红军受到损失，而且由于南下的行动，使红军远离抗日前线阵地，削弱了红军在全国的影响与推动抗日民族统一战线迅速建立的力量，也使中国革命受到损失。

（己）张国焘同志从口头上同意中央前年十二月决议起，到取消第二中央，与率领四方面军北上，最后同中央会合止，是他向中央路线前进的表示。

但是必须指出，推动张国焘同志前进的还是由于党中央路线的胜利与中央对于他的耐心的劝导，也由于当时的客观形势，广大红色指战员的要求，红二方面军的推动，一部分领导同志坚决拥护中央与反对他的错误的斗争，张国焘同志始终对于北上与中央会合是迟疑的，对于中央的路线的正确性是不了解的。西路军向甘北前进与西路军的严重失败的主要原因，是由于没有克服张国焘路线。

（庚）中央必须指出，张国焘路线是农民思想的狭窄性、流氓无产阶级的破坏性、及中国封建军阀的意识形成在无产阶级政党内的反映。长期的离开了党中央的正确领导，长期的在经济落后的农村中活动，使张国焘同志不但不能以无产阶级的马克思列宁主义与无产阶级的组织力量去领导农民群众，改造流氓无产者，提高他们到自己的水平，战胜军阀的意识形态，却反而做了他们的俘虏，自己拒绝了无产阶级的思想领导。张国焘同志的这种错误，对于全党应该是一个严重的教训。这教训又一次提出，没有无产阶级先锋队马克思列宁主义的领导，不论是民族革命或是土地革命，必然不能得到彻底胜利的。这一教训，也使我们明显的看到，张国焘路线是同他过去大革命时代陈独秀主义（民族资产阶级的意识在无产阶级政党内的反映）的错误如何紧密的连系着。

（辛）中央对于张国焘同志领导下的四方面军干部的艰苦奋斗、不怕牺牲、不怕险阻、英勇善战、献身于苏维埃事业的忠诚，表示深切的敬意。对于四方面军干部在中央直接领导之下所获得的极大进步与对张国焘路线的正确认识，表示极大的欣慰。过去红四方面军所犯的错误，应该由张国焘同志负主要责任。一切把反对张国焘主义的斗争故意解释为反对四方面军全体干部的斗争，把四方面军的干部同中央对立的企图与阴谋，应当受到严重的打击。四方面军的干部是中央的干部，不是张国焘个人的干部。中央号召四方面军的及整个红军的全体同志在开展反张国焘路线的斗争中像一个人一样，团结在中央周围，来完成当前的伟大任务。

（壬）中央更号召全体同志同张国焘路线做坚决斗争，在这一斗争中教育全党同志，如何在各种环境下坚决不动摇的为布尔什维克路线而奋斗到底。只有共产国际与中央路线的胜利，才能引导中国革命到彻底的最后的胜利。中央在估计到张国焘同志错误的重大性质之后，同时亦估计到他在党内的历史，及对于自己错误的开始认真认识与以后绝对忠实于党的路线的声明，认为暂应该把党的组织结论问题保留起来，给张国焘同志及极少数国焘路线的坚决执行者，彻底发展自我批评，揭发自己的错误，同自己的错误作斗争，并在实际工作中表现自己的机会。"
（《巩固和发展陕甘苏区的军事斗争》解放军出版社）

决议彻底清算了张国焘，中共中央终于在形式上和实质上，完成了以毛泽东为首的党内统一；通过对西路军的断舍离，强化了党对军队的绝对领导、统一领导。决议在政治上宣判了张国焘的"死刑"；但在现实中，要最终"肃清张国焘的流毒"，还需要一段时间。有两个真实的事例，可见张国焘在红四方面军将士心中，地位之高、影响力之大。

第七章：1935-1979

第一个例子：王树声支队被打散之后，他带着仅余的十几个人往延安方向跋涉。原来一方面军的几个干部开始抱怨、继而大骂张国焘，说是张国焘害了他们。王树声大怒，直接枪毙了其中的一人。王树声对张国焘的信任和忠诚，代表了四方面军众多将领的真实心态。

第二个例子：李先念支队 400 余人进入新疆后，陈云专门传达了中央批判张国焘的精神，请大家表态。结果会场失控，多数人继续支持张国焘，大骂毛泽东，其中最为激烈的，就是黄超和李特。黄、李二人不久之后被王明下令处决，这也成了张国焘脱党的导火索。

西路军将士尸骨未寒，毛泽东主持的中共便对"西路军问题"做出如此不堪的定性；对此，共产国际的态度如何？

3月底，共产国际执委会总书记季米特洛夫致电中共中央，对毛泽东等人把西路军惨败归咎于张国焘路线，表示强烈不满和严厉批评：

"我们不相信，为了党的利益，必须像你们所做的那样来审查西路军的地位问题……无论如何，现在不宜就张国焘以前的错误做出专门决议并就此开展讨论，要千方百计避免激化党内关系和派别斗争……西路军失败的原因应该客观加以研究，吸取相应的教训，并采取适当的措施来帮助和保存这支部队的力量。"

季氏的指示电非常清楚，共产国际无法接受毛泽东主持的中共中央如此抹黑西路军。共产国际比谁都清楚，西路军的主要战略目标是"打通国际路线"，与执行张国焘路线无关。

关于西路军将士们的归宿，有一个大致准确的统计数字：

全部 21800 人中，有 7000-9000 人战死；约 9000 人被俘，其中有 5600 余人被残害致死，其余大部分在集中营中服苦役，直到 1949 年中共建政，西路军战俘才重获自由；约 4000 余人陆续回到陕甘宁边区；400 余人进入新疆；2000 余人最终流落在甘、青、宁一带；约 2000 人历经艰辛，返回老家鄂豫皖、川陕、江西等地，从此脱离了国共之争。

重点看一下陈昌浩和徐向前的结局。

祁连山会议之后,陈昌浩和徐向前二人结伴而行,向陕北方向返回。走到一个叫大马营子的村子时,陈昌浩高烧不退,二人商量后决定,徐向前继续走,陈昌浩留下养病。从此之后,两个人的命运就天差地别了。

徐向前的运气比较好,他一个人沿着祁连山的戈壁往东走,在平凉一带,遇到了由刘伯承、张浩(林育英)带领的援西军的前哨部队,这支部队的首长是耿飚。找到部队之后,徐向前顺利回到了延安。

1937年8月,红军接受国民政府改编,剩余的红四军部队,改编为八路军一二九师,师长刘伯承,徐向前被任命为副师长。后来一路顺利,建国后,徐向前代表四方面军的最高领导,被授予元帅称号。

陈昌浩病愈之后,没有继续返回延安,而是折返向南,于1937年6月来到武汉老家,见到了阔别十年的母亲和妻儿,了却一桩心愿。然后他又返延安。

回延安不久,即陷入批判张国焘的运动之中,他低调做事,在陕北公学、马列学院当教书先生;因长期野外征战,落下了胃溃疡的旧疾,经组织批准,陈昌浩于1939年赴苏联治病,从此开始了十三年异国漂泊的艰难时光。

1941年,苏德战争爆发,陈昌浩也随着人潮,被紧急疏散到了中亚共和国的一个名叫科坎加的小镇。在这个小镇里,没有人知道他曾经是中共的政治局委员和红军副总政委。为了生计,他到采石场去做苦工,缺医少药加上劳动艰辛,陈昌浩的胃溃疡越来越严重。

在这期间,陈昌浩曾给中共中央、苏共中央、共产国际分别写信,要求回国,但都没有得到回复。

1942年冬天,苏联人民外交委员会的回复来了,聘他为翻译。

1943年5月,共产国际宣告解散。经季米特洛夫提议,苏共中央找到了散落在苏联各地的中共重要人物陈昌浩、李立

三、冼星海等人，先后安排他们到苏联外国文学和民族文化出版局工作。陈昌浩从一名带兵的统帅，转变成了一名翻译和编辑。

陈昌浩的超强能力，在翻译方面也体现得很好，他先后译著了《近代世界革命史》、《共产党和共产主义》、《政党论》、《列宁文集》（两卷），先后在苏联出版。受苏联方面委托，他主编了一部工程量巨大的新版《俄华辞典》。

此后数年间，他多次给中共中央写信，希望回国参加工作，都没有得到回复。

1951年，中共建政已经两年，留学苏联的儿子陈洋生大学毕业，回国参加工作。陈昌浩再次要求儿子，替他向组织申请，回国参加工作。

经过中央和毛泽东批准，离开祖国十三年的陈昌浩，带着苏联妻子格兰娜和小儿子陈祖莫，于1952年回到中国。刘少奇等中央领导，代表党中央，亲自到北京站迎接他一家的到来。

回国之后的陈昌浩，曾受已经升任解放军总参谋长的徐向前邀请，到徐宅聚会。陈昌浩曾经是包括徐向前在内的几乎所有四方面军将领的上级，此时，面对已经成为将军、部长的老部下，陈昌浩显得极为落魄。

更加让他难堪的是，他的前妻张琴秋，此时已经是纺织工业部副部长了。四目相望时，应该是一种什么样的感受？

回国后很长一段时间，陈昌浩的工作都没有得到落实。后来还是在张琴秋的举荐下，被任命为马列学院副教育长，后又调任中央编译局副局长，算是一个既能发挥其专长，又能安置其生活的一个闲职。

1966年文革之后，陈昌浩首先被冲击。苏联妻子格兰娜被迫与陈昌浩离婚，但仍然被投进监狱。他们夫妇的三个孩子：陈祖莫、陈柏生、陈洋生，也被逼四处逃难。

1967年7月，被逼到了人生绝境的陈昌浩吞服安眠药自杀，时年仅61岁。

1980年8月,中共中央为陈昌浩恢复了名誉,举行了追悼会,悼词中的定性是:

"中国共产党的优秀党员,忠诚的无产阶级革命战士,他的一生是革命的一生,忠于党忠于人民的一生。"

第七节:清明时节欲破门

所有红四方面军将士们的结局,都没有他们的统帅张国焘的结局那样惊世骇俗。

1937年11月29日,中共中央政治局委员、书记处书记(相当于常委)、驻共产国际代表团团长王明(陈绍禹)回到延安。毛泽东亲自到机场迎接,并讲了一句意味深长的话:欢迎昆仑山上下来的神仙。

王明1931年底以中共中央最高领导人的身份离开中国,六年之后再回到延安,虽然仍是核心层领导人,但毛泽东在党内的地位,已经远远高过了所有其他人。晚年张国焘回忆,他见到回国后的王明不久,就断定,此人绝非毛泽东的对手。

但是,王明虽然斗不过毛泽东,收拾一个失了势的、之前的手下败将张国焘还是绰绰有余的。

在收拾张国焘之前,王明先把他的两名爱将李特(西路军参谋长)和黄超(西路军前锋红五军政委)给收拾了。李、黄之死,直接促使张国焘下定了叛党的决心。

李、黄二人之所以被处决,就是因为他们忠于张国焘、反对毛泽东。1937年底,延安批张运动之初,陈云开会传达相关精神;李特、黄超公开提出抗议,并把矛头指向了毛泽东。主持会议的陈云态度和缓而坚决,称他们说得不对,但也仅此而已,没有追究李、黄的罪错。1937年11月,中共中央书记处书记(相当于中共中央常委)王明到达迪化之后,很可能是想着给毛泽东一个见面礼,简单审判之后,即将李特、黄超定性为托派分子,于1938年初处决。

延安的批张运动愈演愈烈,被牵连的人也越来越多。1937年11月,张国焘最器重的红四方面军高级将领、红九军军长、抗大副校长何畏，从延安不辞而别，投身到了国民党一边。何畏的投敌，显然是不满中央对红四方面军的全盘否定，更对毛泽东等人用借刀杀人之计、将红四方面军主力予以消灭的做法耿耿于怀。何畏是张国焘的嫡系将领，他的叛党行为，让张国焘在延安的处境更加艰难。

内忧未解之际，外患又到了。王明到来之前，张国焘背负的罪名多为"分裂主义"、"右倾机会主义"、"军阀主义"之类的老问题；王明到来之后，把斯大林于上一年发动的"反托派"运动，也带到了中国——李特、黄超就是以"托派分子"的罪名被处决的。

李特、黄超被处决之后不久，王明和张国焘之间曾有过一段看似云淡风轻、实则是于无声处的对话。王明向张国焘通报了处决李特、黄超的情况，张国焘沉默了很久，问：

"我不是托派分子吧？"

王明脱口而出：

"你不是托派，不过受托派利用。"

此言一出，张国焘认识到，眼前这位小个子安徽人，已经成为刀俎；自己是他眼中的鱼肉；延安已无他立足之地，思前想后，只有离开。

王、张之间的这段对话，发生时间应该在 1938 年 3 月中。据晚年张国焘回忆，他正是从这一天起，开始准备逃亡；为确保安全，连怀孕中的妻子杨子烈也没有告知。他不动声色地逐步脱离具体事务，把边区政府代主席的工作，有计划地交给伍修权代行。

他在寻找机会。

而机会终于来了。

黄帝陵位于陕西中部，当时属于国统区。西安事变之后，"逼蒋抗日"进化为"联蒋抗日"。大敌当前，"黄帝"是全体国人的最大公约数；为了表示全民族共同抗战的姿态，自 1937 年起，每逢清明节，国民政府都要从西安派出代表前往黄帝陵，向黄帝致祭，同时邀请陕甘宁边区政府派出代表，陪同致祭。

这样一个活动，对于中共来说，是加分项，是由非法转为合法的一个象征，所以中共很乐意从命，派出代表，陪同致祭。

1937年清明的祭陵活动，是国共两党第一次联合致祭，中共非常重视，派出周恩来、叶剑英前往。

第二次就有些惯例和常态的意味了。1938年清明节到来之前，中共中央决定，派出张国焘代表边区政府，去祭拜黄帝陵。张国焘在中共资格老，此时又担任着边区政府的代主席职务，由他代表中共陪祭，是比较合适的人选。

有材料说，这次祭拜黄帝陵，是张国焘主动申请到的机会。4月1日，他向毛泽东申请前往。一开始，毛泽东并不同意，或许是觉得张国焘份量不够？或许是有所觉察？不得而知。经过一番坚持和争取，毛最终答应了他的要求，张也向毛承诺，祭黄之后，马上赶回来。

4月2日，张国焘带着陆姓秘书和警卫员张涛，随行的还有一个警卫班，乘一辆大卡车，从延安出发，经过甘泉、富县、洛川，前往黄帝陵。

4月4日，张国焘和国民政府西安绥靖公署主任蒋鼎文一同祭陵完毕，他告诉陆秘书和警卫员张海：

"你们先坐卡车回延安吧，我要去西安办事。"

张海当时吃了一惊：

"毛主席不是说让您祭陵完毕就回延安去吗？"

张国焘这样回答：

"我要到西安找林祖涵同志（即林伯渠，时为陕甘宁边区政府主席兼八路军驻西安办事处主任）研究事情。"

然后张国焘就进了蒋鼎文的小汽车。

张海是张国焘的贴身警卫，职责所系，他当机立断，挤进了西安公署宪兵队的车子，跟随张国焘去了西安。

进入西安，当天晚上，蒋鼎文把张国焘安置在最为豪华的酒店之一、西京招待所。三天之后，4月7日，蒋鼎文安排张国焘乘火车前往武汉。

离开西安之前，张国焘也曾动摇过。准备乘火车去武汉之前，张国焘命令张海：你先去车站给林主席打个电话，叫他到车站等我，我马上就到。

林伯渠匆匆赶到车站，张国焘向他诉说了在延安遭受的批判，向林表示，他在延安无法再呆下去，要到武汉去。林伯渠的态度很明确，劝说他回心转意，无论如何不要转投国民党。

至此，张国焘反而去意更加坚定了，他向林表示：不会再返回延安。

林伯渠见劝说无效，急忙赶回办事处，向中共中央和中共长江局发出电报，告知张国焘出走之事。中共中央接报，马上给正在武汉的周恩来发电，要他设法找到张国焘，促其觉悟，回党工作。

4月8日，张国焘来到汉口。此时南京已经沦陷，国民政府的军政机关大都已经转移到了这里。中共在武汉也建立了八路军办事处，秘密成立了中共中央长江局（1938年2月成立，王明任书记，同年9月撤销，王明亦被撤职；另组南方局，周恩来任书记；中原局，刘少奇任书记）。

4月8日清晨，担任长江局秘书兼机要科长的童小鹏，把林伯渠的报告电报、中共中央的指示电报，同时拿给周恩来。周恩来十分震惊，让童小鹏将电报马上报送长江局书记王明。同时命令长江局秘书长李克农，让他带人去武汉火车站，一定要把张国焘拦下并接来，不能让国民党特务把他接走。

8日晚，李克农、童小鹏、邱南章、吴志坚四人，分乘两部小汽车，到大智门火车站去拦截张国焘。七时左右，火车进站。李克农等四人分别站在车厢门口，瞪大眼睛注视着每一个下车的旅客，但就是没有见到张国焘的身影。无功而返，向周恩来汇报。

李克农估计，因为林伯渠已经知道了张国焘要来武汉，估计张本人也防着中共派人拦截，很可能今天没来。周恩来同意李克农的判断，要求他们继续蹲守火车头，一定要把张国焘拦下来。

李克农领着三人便又去拦截，终于在第四天，4月11日晚上，在西安开来的客车最后一节车厢里，发现了张国焘。李克农紧走几步，来到正愁容满面的张国焘面前，十分客气地说：

"张副主席，我们是王明同志和周副主席派来接您的。"

张国焘身边还有两个护送他的身着便装的国民党军人，警卫员张海也在身边。李克农身后是三位全副武装的八路军副官，国共力量对比，共方占了上风。

李克农把张国焘请下车，要求他坐八路军办事处的小车回去；张国焘执意不肯，一定要住在外面。一名国军士兵随张国焘留下，另一个离开，出去报信。

见张国焘态度坚决，李克农决定，共方四个人也兵分两路：邱南章、吴志坚陪同张国焘到江汉路先找一个旅馆住下；他和童小鹏带张海去见周恩来。

11日晚上，周恩来、博古、董必武、叶剑英来到张国焘临时居住的旅馆，谈了一个通宵。周恩来言辞恳切：

"这个党是你创建的，你不能离开啊。"

张国焘听得多说得少，偶尔发牢骚，认为中共中央对他的批评太过份了。让他当陕甘宁边区政府副主席，也是不公道的。

谈到最后，张国焘提出三个选项：一，到上海治病；二，回江西老家；三，在长江局工作。说来说去就是一个核心要求：不回延安，不愿意见到毛泽东和王明。

周恩来的答复，也是三个选择：一，回延安工作；二，去苏联学习；三，回延安或去苏联养病。

周恩来等人一再希望他住到办事处去，张国焘坚辞不就。最后，周恩来要求张国焘自己向中央发电报，一方面承认私自出走的错误，一方面请示对他今后工作的指示。张国焘顺手起草了一个电报稿，交给周恩来：

"毛、洛甫（张闻天）：弟于今晚抵汉，不告而去，歉甚。希望能在汉派些工作。国焘"

这封电报稿虽然极为短促，但也确实表达了张国焘此时忐忑、委屈、悔恨、屈从交织在一起的复杂心境。

周恩来等回到办事处，即向中央报告并请求处理办法。第二天，4月12日，中共中央书记处的指示电报来了：

第七章：1935-1979

"陈（即陈绍禹，王明，他是长江局书记）、周、博、凯（即凯丰）：为表示仁至义尽，我们决定再给张国焘一电，请照转。"

照转的电报：

"国焘同志：我兄去后，甚以为念。当此民族危机，我党内部尤应团结一致，为全党全民模范，方能团结全国，挽救危亡。我兄爱党爱国，当能明察及此。政府工作重要，尚望早日归来，不胜企盼。弟毛泽东、洛甫、康生、陈云、刘少奇"

这封电报"照转"之时，中共党史上的"12月政治局会议"已经于1937年12月中旬召开，按照共产国际和斯大林的意图，改组了中共中央书记处（常委会），增补王明、陈云、康生为书记，指定毛泽东为中共七大筹委会主席，毛在党内称"主席"的肇始，即是此次"12月政治局会议"。

以这封电报的口吻来看，这只是一封兼具劝说和撇清责任的最后告白。4月13日，周恩来拿着电报，来到旅馆，当面交给张国焘，再次劝说他认清形势，不要一意孤行，最好搬到办事处去住，一切都可以商量。张国焘仍然坚持住在旅馆，他告诉周恩来：

"我感觉极消极。请允许我回江西老家做老百姓。我家里饭有得吃的，我此后再也不问政治了。"

4月14日晚，周恩来和王明、博古、李克农等再次来到旅馆，再次劝说张国焘搬回办事处居住。张国焘仍然不同意。软的不行，只好来硬的，李克农连劝带拉，把张国焘强行推上了汽车，拉到了办事处。

住到办事处之后，张国焘不再谈政治问题，总是找借口外出，邱南章、吴志坚负责全程跟随他。这期间，他去拜访过陈立夫、周佛海，以及刚刚从国民党监狱中出来不久的陈独秀。

这期间周恩来等对张国焘的监控很严密。张国焘回忆，他曾写了一封信给老家的四弟，被监控人员追到邮局、打开看了，确认不是寄给国民党的，才同意寄出去。

期间，张国焘向周恩来表示，他想见一下此时正在武汉的蒋介石。

4月17日下午，周恩来陪同之下，张国焘过长江、到武昌，来到蒋介石官邸。一见面，张国焘就说：

"兄弟在外糊涂多年。"

接着，张国焘以边区政府负责人的身份，向蒋介石汇报了一些情况。因为没有事先准备，所以谈话很不顺畅，有些语无伦次，让蒋介石也很尴尬。

当天更晚一些的时候，张国焘提出要外出配眼镜、看牙病。李克农派吴志坚带上钱随行。

见到了蒋介石，应该是得到了蒋的一些承诺。张国焘下定决心，要摆脱中共，弃共投国。他在街上一直转悠，直到天快黑了，才说要过江到武昌，去看一个朋友。到了轮渡边上，一直等到轮渡快要关上铁栅栏门时，他才忽然跳上去，很显然是要摆脱吴志坚。

吴志坚受过特务工作训练，他也迅速地跳上了轮渡。

来到武昌，天已经黑了。吴志坚劝说张国焘回汉口办事处。张国焘不同意。又累又饿的两个人找了一间小饭馆吃饭，张国焘仍不听吴志坚劝说，执意住在外面。吴志坚只好在附近找了一间旅馆，开了房间，张国焘住在里间，他住在外间。期间他写了一个条子给茶房，让茶房打电话给八路军办事处，要办事处快派人来接张国焘回去。

周恩来再次派出邱南章和几个警卫人员过江，连拉带扯地把他带上轮渡，带到了江对岸的汉口。张国焘依然不愿意再回办事处。邱南章暂时把张国焘安置在中山路太平洋饭店，吴志坚赶回办事处报告。

周恩来、王明、博古等人听了报告，判断张国焘去意已决；他们决定，明天与张国焘最后公开谈判，也算是最后一次努力。

4月17日上午，周恩来、王明、博古一起来到太平洋饭店，正式向张国焘提出三个条件：

"第一，回到办事处，回党工作，这是大家所希望的。第二，暂时向党请假，休息一个时期。第三，自动声明脱党，党宣布开除其党籍。"

张国焘当即表示，第一条已不可能，可以在第二、第三条中考虑，请求容他考虑两日再予答复。周恩来同意了他的这个要求。

周恩来等人离开后不久，张国焘即打电话给国民党军统负责人戴笠，请他到饭店来，表示他要投靠国民党。

当天晚上，两辆小汽车赶到了太平洋饭店，三个人走到张国焘的房间，两个人把在门口值守的邱南章抱住，第三个人进到房间，把张国焘带走。直到小汽车开走了，邱南章才被松开。

邱南章回到房间，桌子上放着一张字条，是张国焘写给周恩来的：

"兄弟已决定采取第三条办法，已移居别处，请不必派人找，至要。"

邱南章拿着字条，赶回办事处向周恩来汇报。中共长江局马上召开紧急会议，决定向中央报告事情的全部经过。

4月18日，周恩来起草了电报，以"陈（王明）、周、博"的名义，致中共中央书记处，报告了张国焘脱党的情况，建议中央公开开除张国焘的党籍，利用此机会，加强党和军队的团结。当天，中共中央即作出了《关于开除张国焘党籍的决定》，向全党做了公布：

"张国焘已于四月十七日在武汉自行脱党。查张国焘历年来在党内所犯错误极多，造成许多罪恶。其最著名者，为一九三五年进行公开的反党反中央斗争，并自立伪中央以破坏党的统一，破坏革命纪律，给中国革命以很多损失。在中央发布抗日民族统一战线总路线后，他始终表示不满与怀疑。西安事变时，他主张采取内战方针，怀疑中央和平方针。此次不经中央许可私自离开工作，跑到武汉，对党的抗日民族统一战线总路线表示不信任，对中国革命的光明前途表示绝望，并进行破坏全国抗日团结与全党团结的各种活动。虽经中央采取各种方法促其觉悟，回党工作，但他仍毫无改悔，最后竟以书面声明自行脱党。张国焘这种行动当然不是偶然的，这是张国焘历来机会主义错误的最后发展及其必然结果。中共中央为巩固党内铁的纪律起见，特决定

开除其党籍，并予以公布。"（《中共中央文件选集第 11 集》中共中央党校出版社）

4 月 22 日，在武汉出版的《新华日报》公开发表了这一决定，向全国做了公布。

张国焘脱党、中共开除其党籍，此事在延安、在中共组织内部，引起了大地震一样的震撼。为了消除中层干部、基层党员和普通群众的重重疑惑，中共中央发布《关于开除张国焘党籍的党内报告大纲》，统一口径，用深入浅出的语言，向大家解释，为什么要开除张副主席党籍：

"对于中共而言，张国焘叛党不但不是什么损失，而是去掉了一个腐朽的不可救药的脓包。"

5 月 4 日，毛泽东在抗大给学员作报告时，最早公开评价张国焘脱党事件：

"张国焘到延安后，中央多次开会批评他，他多次承认错误；但尾巴犹在，一反一复，两面派行为始终存在。他资格老，过去做过工人运动。我们讲仁义道德，还让他做边区副主席，希望他割掉尾巴，他说割掉了，实际上穿起长袍子，尾巴藏在里面。这次他借口到陕西中部祭黄帝陵，黄帝抓他到墓里去了，我们也只好开除他的党籍。"

很显然，张国焘出走，对毛泽东有利；毛对张的出走，明显是一种幸灾乐祸的心态：终于走了；但似乎还有一些遗憾，毕竟这一举动，没有在他的掌握之中。

5 月 7 日，陕北公学举行第二期学员毕业典礼，毛泽东出席并讲话。此时在党内外、国内外，最大的事件就是张国焘脱党；面对台下无数双疑惑的眼睛，毛泽东只好再讲一遍：

"张国焘过去在政治上早已开小差，现在在组织上也开小差了。此人一贯称自己是中国的列宁，什么都要争第一，但实际上他是一个十足的'老机'（老的机会主义者），历史上不左就右。党的三大讨论第一次国共合作时，开会十几天，他反对十几天。到了武汉，他又支持陈独秀右倾。长征路上，他反对北上抗日，主张到西藏去建立根据地。以后，又另立中央。到陕北以后，1936

年10月,他反对党中央致国民党二中全会的信。反对第二次国共合作,说什么党中央的信是'韩文公祭鳄鱼文,与国民党合作是幻想。'西安事变后,他半夜敲我的门,坚决主张对蒋介石(毛泽东用手比划着在脖子上一割)处以极刑。党中央进入延安后,张国焘说:'延安是块鸡骨头,食之无肉,弃之有味。'这是曹操主义。结果味也没有了,开了小差,一直逃到汉口。延安有自由,有民主,有正确的政治方向,有好的工作作风,但张国焘没有看到。张国焘在革命的道路上从头到尾是机会主义,沿途开小差。我今天讲的是坚定革命的旗帜,就作为对同志们远行的礼物。每个同志出去要记住,坚决奋斗,不怕困难,不开小差,不学张国焘。"

第八节:"让子烈同志回家吧"

张国焘脱党,感到最最震撼的,是他的妻子杨子烈。杨子烈的晚年回忆:

"(祭黄帝陵之后)过了很久,并未见到国焘回来,也未有只字给我。我心中虽难过,也羞于去问谁。这是两种心理在作祟:第一,因为共产在秘密工作时代,谁未负责该项工作,谁就不应知道该项工作的秘密,何况那时白色恐怖很厉害,同志们知道党的工作秘密越少越好,十数年来我就养成了这种习惯。第二,国焘是我的爱人,最亲爱的人,他走向何处去,竟不对自己讲,问别人(这是以前从未有过的事),别人还能讲吗?离别将近七年了,才相聚数月,竟又不告而别?我在盛气之下,更不愿意去问他人了。"

不久,杨子烈接到通知,要她去中组部一趟,她还以为是恢复她的党籍,心中异常欣喜。她在上海与党失去了多年联系,好不容易到了延安,组织不信任她,没有恢复她的党籍。到了中组部,中组部部长陈云把她请到了一个房间,低声说:

"子烈同志,你知道吗?最近党内发生了一件震惊全党的大事:国焘走了。"

陈云此话,让杨子烈异常震惊。陈云交给他一封信:

"国焘有一封信给你，他在汉口等你，你去不去？"

她满心想去找张国焘，但此时无法直接表达。陈云见她大腹便便，问她有几个月身孕了，杨答：六个月。陈云异常关切地对她说：

"那你要好好当心，如果同志们有闲言碎语，你来告诉我好了。"

杨子烈回到住处，打开张国焘的信：

"子烈贤妻吾爱吾妹：不告而别，请妹原谅。我在延安苦闷，现到汉口等你，希望妹携爱儿海威来汉口……"

再看写信日期，是四月初在西安写的。由此可知，张国焘在西安时，就基本上安排好了接下来的出走路径。

两天之后，她去见毛泽东，当时刘少奇、张闻天都在。据她本人回忆，她还没开口，这些知情人就很热情地走近她，很和蔼地和她打招呼，又似乎很认真地和她开玩笑：

"好呀，子烈，国焘把你丢下，跑了！"

杨子烈好半天才强自镇静地说：

"他为什么要走？我不明白，我想去汉口找他，问个明白，把他找回来。"

毛泽东接话：

"好呀，你若能把国焘找回来，那你就是共产党的大大功臣。"

刘少奇也开口了：

"子烈，到我那里来玩嘛。"

又过了几天，杨子烈见到时任中组部副部长的李富春，她向李富春提出：想去汉口找张国焘，请组织批准。李富春回答：这个需要中央开会决定，然后再通知你。在几个辗转反侧的日夜之后，李富春的答复来了：

"中央已经开过会，决议你不去汉口，小孩子将来仍然可以送到莫斯科读书。"

她再也忍不住泪水，掩面痛哭，直接要求：

"不，我要去汉口找他。"

几天之后，她再去中组部，李富春告诉她："毛主席决定了，不要你走。中组部管不了这件事。"陈云低声说："要走，就快走。"

陈云此时33岁，这位上海人的心思，比绣花针还要细密。

毛主席不让去，杨子烈决定直接去找毛主席。她挺着六个月大的肚子，爬了几个土坡，来到毛泽东住处，直接了当地说：

"毛主席，我想回家养孩子，你批准我吧。"

毛回答："那是组织部管，你去找他们。"

杨答："我刚从组织部来，富春同志说是你决定的。你们两处，你推他，他推你，那怎么行？你看我大着个肚皮，跑来跑去，实在跑不动了，你现在就干脆写张条子给我吧。"

毛泽东也爽快，提笔在一张白纸上写了几个字：

"让子烈同志回家吧。"

一边写一边说："你是好的，一切都是因为国焘不好。现在国焘已被戴笠捉去了。戴笠是什么人，你知不知道，他是国民党的大特务呀。你去了汉口以后养孩子的一切费用，党都可以负责，你无论任何时候都可以回到党里来。"

杨子烈拿着毛泽东亲自开的条子，带着年幼的长子张海瀛，离开了延安，再未回头。

第九节：军统和中统，戴笠和王陵基

张国焘脱离中共，对于国民党而言，也是一件大事。中共第三号人物（毛泽东、张闻天之后）脱共入国，国民党方面确实大为振奋，报章杂志连篇累牍地报道相关新闻。

热闹过后，如何使用张国焘这位中共超大号叛徒？考验着蒋介石的气度和能力。很可惜，蒋介石虽然口称"张国焘（叛共）是对延安的致命打击"，但他还是把他当成了一个普通的中共高级干部，没有把张国焘当成中共本身，没有"以其党之道，还治其党之身"。周恩来再三规劝张国焘归队，所担心应该就是这个。

但中共的担心是多余的，蒋介石把张国焘交给了陈立夫的徒弟戴笠，他更看重眼前利益：如果张国焘能帮他策反共军一个师、一个军，这才是蒋总司令最看重的成效。

对比南明时期、满清安置和使用孙可望的方式，蒋介石的抱负和见识，差年轻的顺治帝福临何止三百年？

1657 年（永历十一年，顺治十四年），张献忠义子、大西军统帅、秦王孙可望与晋王李定国闹内讧，因部下倒戈而众叛亲离、全军覆没；孙可望只身投降满清之后，顺治帝为首的满清朝廷极为重视，特旨封其为义王。此后，清国军队以孙义王为例招降纳叛，一路势如破竹，不过三年，便将西南反抗势力廓清。

历史总有惊人相似的一幕。1657 年满清朝廷、永历朝廷、大西军、孙可望这四方的关系，很像 1938 年国民党、中共、红四方面军、张国焘这四方的关系。蒋介石之所以没有像顺治帝重视孙可望那样重视张国焘，很可能是因为此时国民党政权的势力，远远大于当时的满清朝廷；但中共对于蒋氏政权而言，绝非疥癣之疾，而是心腹大患。如果考虑到张国焘的红四方面军之于中共，和孙可望的大西军之于永历朝廷，都是压力性的、决定性的力量；蒋介石对张国焘的轻慢，何止是暴殄天物，简直就是自毁长城。

张国焘"过来"不久，蒋介石即派时任国民党中央组织部部长（国民党的"中组部"是安全特务机构，"中统"和"军统"是其下属组织；与中共的中组部职能完全不同）的陈立夫去征求张国焘的工作意愿。张国焘表示：希望创办一种"民办刊物"，来为国民党做文章。

陈立夫是国民党情报机构的开山鼻祖，蒋介石让他去"安排"张国焘，这就已经给张国焘接下来的工作定了调子：做情报工作。但是从张国焘本人的表态上看，他更愿意充当"最高谋士"的角色。

蒋委员长的调子定下来之后，党政军各部门都争相延请张国焘。来抢他的部门有：军委政治部，西北王胡宗南，军统，中统。

这段仅有的"新人笑、香饽饽"时期，张国焘结识了萍乡老乡、时任武汉警备副司令的蔡孟坚。这个蔡副司令，就是 1931 年 4 月，在武汉抓获顾顺章的党国大功臣；顾顺章之所以去武汉，就是送张国焘赴鄂豫皖苏区任最高领导人。张、蔡二人的友谊保持了一生；1979年12月，张国焘在加拿大多伦多去世，已经移居美国的蔡孟坚帮助杨子烈向台湾最高领导人蒋经国申请了3500美元，料理了后事。

各部门争抢，戴笠任局长的军事委员会调查统计局（军统局）拔得头筹。1938年9月，正在武汉的张国焘，接到戴笠的一封电报，要他速回重庆面商要事。到达之后，戴笠将他安顿在重庆的一座小洋楼里；为了利用好张国焘的特殊价值，戴笠在军统局内部，专门成立了一个"特种政治问题研究室"，下设秘书室、联络组、研究组，另外还设有招待所；这个研究室的主任，就是张国焘。

中共的第三号人物，屈居在国民党系统第三级组织之内（国民党中央委员会——中组部——中统局）、受特务头子戴笠支使，这样的安排，实在是大材小用，愚蠢至极。

张国焘是个实干家，在这个特种政治问题研究室，他也确实是倾力而为。

在戴笠的思维高度之下，而不是在蒋介石的思维高度之下，张国焘开始有所作为。据戴笠的四大金刚之一、时任军统局少将处长的沈醉回忆：

"戴笠企图利用张国焘过去在中共的这一点地位和关系，大搞对中共组织内部进入和打入拉出的阴谋活动。最初对张国焘寄予极大的希望，满以为只要他能卖一点力气，便可以把共产党搞垮；张国焘说要在陕甘宁边区设立一些策反站，戴笠马上照他的计划办理。真是要人给人，要钱给钱。"

据沈醉回忆，张国焘曾向戴笠建议，举办一个"特种政治工作人员训练班"，培训反共的专门人才。戴笠对此大为欣赏，马上开始筹办，戴笠本人亲任班主任（事实上，军统局每一届学员、每一班的班主任，都是戴笠），张国焘任副班主任，学员均来自军统内部，都是优中选优，而且每个学员都由张国焘亲自谈话，亲自考核，标准极为严格。

但是，再严格的特务训练班，对于张国焘这位"中共之父"

而言，都是脏活，都是污辱。事实证明，这样的脏活是不可能做得漂亮的，结果注定无比丑陋。

这个"特种政治工作人员训练班"一共办了两期，招收了200多名学生，张国焘亲自讲课。据说课程包括：中共问题分析；如何进入边区以及如何从事特务活动。课程很有针对性，但教学效果很差，优中选优的学员们并不喜欢听张国焘的长篇大论，甚至公开表达对他本人的厌恶和羞辱。

据军统官员张之楚回忆："在特种工作人员训练班第一期结业典礼的时候，典礼一毕，教官、学生以及军统局有关负责人在一起聚餐，戴笠、张国焘均在场。正当入席的时候，别的教官都互相关照，彼此打招呼入席，唯独没有一个人请张国焘入席。张的处境极为尴尬，坐不是，站不是，不知所措。后来戴笠见了，才过来请张国焘入席。"

如果这段回忆是真实历史的话，则张国焘的这个活的确是脏到了极点。

让张国焘训练特务，或许是校长蒋介石愿意看到的。但此时已经不是黄埔军校创立时期的国内局势了。张国焘训练出来的特务，据说表现都很差。大多数派出去潜伏的特务，都被特务之道更加高阶的中共消灭了，另一些人反正参加了中共组织。只有少数人得以侥幸潜伏下来。

戴笠继续信任张国焘，按照张国焘的建议，批准在华北、华中、西北等地成立了"特种政治工作联络站"，这些联络站的站长，多由叛逃归来的前中共人员担任。此外，戴笠还在靠近陕甘宁边区的榆林、洛川、耀县等地，设立了陕北、延安、耀县三个策反站。这些"联络站"、"策反站"的总负责人，就是张国焘。

顺便说一句，戴笠本人似乎很喜欢"特种"这个词语，"中美特种技术合作所"，就是在他的主导下成立的。

张国焘领导策反站的成绩，远没有领导鄂豫皖的成绩大，十八年中共领导者的经验，已经完全不能适应国民党体系内的政治和文化和习俗和惯例。浪费了时间和金钱，戴笠很失望，张国焘很抱歉。

戴笠仍然不死心，还想让张国焘做最后一搏，派他向太行山区的八路军一二九师进行渗透和策反。一二九师的主体部队，就是原红四方面军的老底子。当年红四军的最高领导，现在成了敌方的低级特务，这种情况，无论对原红四军的各级将领，还是对于张国焘本人，都是一件恶心和窝火的事情。蒋介石能把张国焘用到这个程度，真不是一个"蠢"字所能涵盖得了的。

张国焘干过的另一种脏活，是现身说法，劝说被捕的中共党员"归化"。

据沈醉在《军统内幕》（文史资料出版社1984年版）回忆，张国焘曾受命，到监室去劝降一位在重庆南岸被秘密逮捕的中共地下党员，出现了戏剧性的一幕：

张向这位身陷囹圄的中共地下党员介绍自己的身份，因为他之前在中共的位置实在是太高了、太重要了，"使得对方为之一惊。"张趁机劝说对方，"改邪归正"。对方的反应出乎他的意料，以一种坚定的态度回答：

"我不能这样做，死又有什么可怕。"

沈醉写作《军统内幕》是在1960年前后，如果沈醉不是为了讨好中共而编故事的话，则上述这一幕，一定会对张国焘内心产生巨大的冲击。

另一个具有画面感的细节，是中共南方局干部童小鹏的经历，他在回忆录《风雨四十年》里提到，1939年冬天，童小鹏在重庆的公交车上，偶遇张国焘。当时张国焘大概已经不再为国民党所重视，没有专车为他服务，乘公交进城，正好与童小鹏相遇。当时张国焘穿戴严实，似乎是怕被人认出来，但却被童小鹏认出来了。童小鹏一边惊讶一边暗笑：

"从前的张主席，从不走路，总是骑马，长征过草地时，还是一人两匹好马换着骑，两匹大骡子给他驮衣服、被褥和食品。到了延安，虽然还没有小轿车，也同朱总司令、林伯渠主席一样，可以坐在卡车前头去开会。而现在，居然和我这个小干部一样搭破烂的公共汽车了。"

张国焘做不出成绩来，戴笠对他不但失去了耐心，还加强了戒备。沈醉回忆，当时在张家做勤杂工的，都是他挑选的特务；张国焘在"特研室"的秘书黄逸公，也是监视他的特务。

沈醉在《我所知道的戴笠》中，这样回忆张国焘与戴笠的关系：

张国焘刚到军统时，戴笠经常拿张来炫耀：

"明天你来吃饭时，便可以看到共产党里面坐第三把交椅的人物了！"

大约过了两年左右，张国焘远远没有达到戴笠所期望的目标，他便开始厌恶此人了：

"张国焘再也不受欢迎，半年、几个月都见不到戴笠一次；即便见到了，不是被当面讽刺几句，就是被严厉训斥一番。有一次不知为了一个什么问题，戴笠对张国焘答复他的询问不满意，便暴跳如雷地拍着桌子骂张国焘。张国焘走出大门，表现出垂头丧气的样子。我进去问戴笠'什么事又生气？'他没有正面答复我，只是余怒未消地说：'这家伙太不知好歹，他不要以为这样就可以对付过去！'戴笠愤恨之余，经常对部下说：'校长对张国焘来投靠，以为是对延安的致命打击，交我运用。几年来大失所望，对校长难以交差。'"

张国焘的人生陷入了低谷，戴笠的态度又影响了其他国民党大员对他的态度，据沈醉回忆，张国焘曾这样哀叹：

"我们这些人身家不清，在国民党里无什么出路。"

据沈醉回忆，张国焘的秘书、同样是"弃共投国"的黄逸公，亲眼看到张国焘殚精竭虑的样子，为他打抱不平：

"张国焘为军统卖力，连吃饭睡觉都在想办法，实在是因为共产党组织太严，防范太周密，所以做不出特别的成绩来。"

共产党组织之所以太严，防范之所以太周密，很大程度上是张国焘之前的创造、领导之功。蒋介石不从这个角度开挖张国焘的价值，戴笠更不可能有这样的高度。

张国焘就像是太阳下的一滴水，他的遭遇，真实地反映了国民党在面对中共的时候，看似花样百出、实则无计可施的窘境。后来中共从蒋氏手中硬生生地夺回全国政权，蒋氏败退到台湾，痛定思痛，才效法中共早在1927年就实行的土地改革政策，用"先统一国有，再平均分配"的方式，实现了"耕者有其田"的土改目标，稳定了国民党在台湾的统治基础。

在军统局呆不下去了，张国焘开始考虑转换门庭，蔡孟坚帮了他一把。

1939年间，蔡孟坚将张国焘介绍给了国民党中央调查统计局（中统局）局长朱家骅。朱家骅也是北大毕业生，对张国焘这位学长一直是仰慕已久。既然军统用不好张国焘，朱家骅就想接手试一试。他把张国焘请过来，聘其为"对共斗争设计委员会"的中将设计委员兼主任秘书。

中统内部的人士对于朱家骅这样安排张国焘很有意见，认为此人无尺寸之功，却直接升为中将，对他们是不公平。明着暗着挤兑张国焘，"叛徒"、"笨蛋"、"饭桶"之类的粗话脏话，时常能传到张国焘耳朵里。

张国焘依然勉为其难地在中统这个平台上开展工作，努力"设计"着对共斗争方案。结果可想而知，依然寸功未获。数月之后，他就又成了"三无人员"：无"计"可设，无员可用，无公可办。

张国焘本人也有抱怨，他告诉"伯乐"蔡孟坚，自己在中统也是每日坐一两个小时，颇感无聊。蒋介石侍从室副官唐纵第一次见到张国焘时，颇有些大失所望：

"张国焘过去为共产党之首领，以为彼必富于阴谋策略斗争精神，及见面谈话讨论问题时，观其态度，察其言辞，似亦为一普通之做官人，并不如吾人所想象之斗争家。"

1940年10月，抗战期间的"第二次反共高潮"出现了，第二届"国民参政会"也即将召开，张国焘是"参政员"。国共之间关系虽然紧张，但仍在统一抗战的大旗之下，维持着表面的和平，彼此之间并无磨擦和热战。

12月7日，显然是为了向国民党施压，中共致函国民参政会秘书长王世杰：

"中共强烈反对张国焘、叶青（原名任卓宣，曾任中共湖南省委书记，主动叛党）做为参政员出席此次会议，因为此二人为中共叛徒。"

王世杰将中共的这一抗议又转达到蒋介石那儿，蒋氏表态：

"张国焘事情好解决，目前已经发表了（已经公布为"参政员"）；过些时，当想办法。"（《皖南事变资料选辑》，中共中央党校出版社）

蒋介石表态后一个月左右，皖南事变发生，国共之间爆发武装冲突，撤销张国焘"参政员"资格一事，也就不再提及了。

时间过得很快，到了1946年。抗战结束之后，一直在国民党系统中担着虚衔的张国焘，经时任国民政府东北行辕主任的江西同乡熊式辉推荐，张国焘被行政院任命为"善后救济总署江西分署署长"。江西是张国焘的老家，他本人愿意接受这个任命，而且这还是一个肥缺。

1946年中，张国焘走马上任，来到故乡江西，本想有所作为，没想到又遇到了一个意外：此时任江西省政府主席的是王陵基，这位王主席，当年曾在四川军阀刘湘手下任师长。张国焘率领红四军进入川北时，曾率领红四方面军，把王师长打得落花流水、大败而逃；刘湘追究战败责任，差点把他给枪毙了。手下人求情，刘湘才饶他一死，改为撤职、拘禁。与红四方面军的这一仗，是王陵基一生的屈辱。

实在是风水轮流转，当年的老对手、曾经的红四方面军统帅张国焘，兜兜转转，竟然成了自己的新部下。这让王陵基在大感意外之际，亦大觉过瘾。他精心设计，一定要在公开场合，好好羞辱一下这位中共的第三号人物。

张国焘到"分署"办公的第一天，新上司王陵基邀请他前去赴宴。宴会刚刚开始，王陵基就旧事重提，以"变节"的经历羞辱张国焘。张国焘面红耳赤，极为难堪，提前告退。

有了王主席的刁难和报复，张署长的抱负自然无法展开。坚持了两个月左右，张国焘主动请辞，退居上海。

闲处光阴易过，转眼就到了1948年。6月，张国焘在上海创办《创进》杂志，这是一个以新闻为主的周刊，他拿出了积蓄的120两黄金，租房子、买设备、招编辑；在国共决战的最后关头，他终于决定，要远离政治，改做文化和传媒生意了。他为这本杂志设定了立场：从思想上反共。

张国焘亲历亲为，拿出当年创建根据地的劲头，不停地撰写时评文章，批共褒国，抑毛扬蒋。数月的努力之后，钱快花光了，《创进》周刊也没有折腾出多大动静。时间已经接近1949年，辽沈战役已经结束，国民党丢了东北，平津、淮海正在进行，蒋军节节败退，胜负的天平向中共一方倾斜得越来越快。张国焘清醒地认识到，蒋介石在大陆的统治，就要结束了。

1948年底，张国焘把《创进》周刊停刊，带领全家逃到台北。

张国焘的台北生活很不顺利。他用积蓄租了一栋房子，等着国民党安排工作。国军新败，溃退台湾，百事忙乱，没有人关心他这位失势的前中共要人。等了一年，时年51岁、仍是国民党中央委员的张国焘，也没等来新的工作。

在这期间，张国焘还摊上一件窝心事。新到台湾的行政院，为了给更重要的人员和机构准备住处，把他租住的房子也给强行征收了。张国焘一家五口（夫妻二人加三个儿子），成了无家可归的可怜之人。

这是1949年底的事情，此时他的老对手毛泽东，已经在天安门上宣布建国，国共之间的生死决战也已经成了过去，无论从哪个方面看，张国焘都没什么用处了。他本人也看清了这一点，决定再次出走，1949年冬天，张国焘一家在凄风苦雨中继续逃难，离开台北，到香港暂居，这一住，就是十九年。

第十节：你揭我的老底，我揭你的画皮

在香港期间，张国焘的生活也不顺利。

1950年10月，中国出兵朝鲜，韩战规模升级。曾经在北大学研修过经济学的张国焘，决定趁势炒黄金。过程很曲折，结局很惨淡，归根结底一句话：他又把本钱都给赔光了。

中共建政之后，香港聚集了一批既反共又反蒋的政治边缘

人物，人们统称之为"第三势力"，其中尤以南昌起义期间的关键先生张发奎最为活跃，其他的还有顾孟余（国民党左派，"改组派"核心人物，曾任国民政府交通部长）、张君劢（中国社会党创始人，既反共又反蒋，是《中华民国宪法》之父）、左舜生（中国青年党创始人，历史学家）等人。韩战的兴起，中美之间的武力对抗，让"第三势力"极为兴奋，感觉到机遇终于越过蒋介石、毛泽东的头顶，转到了自己的头上。一段时间里，"第三势力"在香港频繁活动，声势很大。

张国焘观望了一阵，耐不住寂寞，也加入到了"第三势力"圈子之中，借着曾经创办杂志的经验，参与创办了《中国之声》杂志。

但很快，张国焘便发现，他与"第三势力"不是一路人，离开了《中国之声》杂志。

没了正式工作，炒黄金又蚀了本；何止是祸不单行，韩战还没有结束，夫人杨子烈就在下楼买菜时摔坏了大腿骨，窘迫的经济环境之下，治疗也无法到位，杨子烈骨折痊愈，人成了瘸子。种种寻常生活中的艰难，让刚刚年过半百的张国焘，现出了下半世的光景。走投无路之间，他动了"终极回归"的念头：承认错误，返回大陆。

1953年中，张国焘写了一封信，请时任新华社香港分社社长的黄作梅，转呈毛泽东、周恩来，信中明确表示，想回大陆生活。

三周之后，时任中共中央书记处书记、国家副主席的刘少奇，让黄作梅带口信给给张国焘：

"张国焘愿意回大陆是可以的，但他必须首先写一个报告给中央，深刻检讨自己在历史上坚持的错误路线，拿出改过自新的保证。"

这个要求还算合理：想要回来，必须低头；张国焘考虑过后，决定拒绝，暂打消了回归大陆的念头。

1956年9月，中共八大召开，党内民主气氛回升；身在香港的张国焘研判之后，又动了回归大陆的念头；同样的信息传递

第七章：1935-1979

路径，同样的"先认错，再回归"；张国焘思忖再四，还是不愿意低下已经抬不起来的头颅，此事也就不了了之了。

1958年8月，内地进入轰轰烈烈的"大跃进"模式，热火朝天的新中国，让时年已过六旬的张国焘再次心潮澎湃，他又动了回归大陆的想法。这次他的动作更加具体，10月，他托人向中共中央表示：愿意为新中国做点事情，并要求给他以生活补助。

这次张国焘的请求上达了天听，毛泽东看到了相关"内部情况简报"，大笔一挥，做出批示：

"应劝张国焘割断他同美国人的关系。如能做到这点，可考虑给以个人生活方面的补助。"

此时中共已经掌握了张国焘与美国情报人员和学者频繁接触的情况，毛泽东的批示，是条件，也是警告。第三次、也是最后一次，张国焘依然没有接受中共提出的合作条件。1973年，周恩来在谈到张国焘和他的七十万字"巨著"《我的回忆》时，说了好几次："我们对他做到了仁至义尽"，显然是包括上述三次接触。

据曾协助美国学者参与整理张国焘"录音访谈（音频版回忆录）"的台湾历史教授左光煊回忆，采访张国焘时，能感觉到他与中共之间，似乎有默契，对敏感问题的回答适可而止，且多有回避；尤其对于他本人和毛泽东之间的分裂，更是有所保留。

左光煊采访张国焘的时间，应该是在1960年前后；张国焘的"默契"、"回避"和"保留"，早已上不到政治之争的台面，只留下稻粱之谋——此时张国焘正要求大陆官方，安排他的二儿子张湘楚，去位于广州的中山医学院学医。这一情节，周恩来曾亲口予以证实。

自1949年底到达香港之后，张国焘在香港的生活，始终无法摆脱困顿和拮据，一直到1961年，美国堪萨斯大学的几位学者找到他。

1961年间，美国堪萨斯大学"名人中心"的工作人员，通过美国驻中华民国大使馆，辗转找到身居香港的张国焘，希望他能把自己的经历写下来，堪萨斯大学愿意每月提供2000港元的报酬。

张国焘确实需要感谢客居香港十九年间的艰难困顿，正是因为现实生活的逼迫，他才有动力、在"月薪"两千港元的激励之下，把他所参与的中共早期历史详细写了下来。

从 1961 年到 1966 年，在江西同乡许鹏飞（曾任熊式辉的秘书长）等人的的帮助下，张国焘用了五年时间，写成了一部七十万言的"煌煌巨著"——《我的回忆》。美国出生的作家罗伯特埃尔冈特（Robert Elegant），曾帮助张国焘把回忆录翻译成英文，他回忆了亲眼见到的、张国焘写作回忆录时的情景：

"我记得我们曾在一间房子的大客厅里呆过，这间房子住于通往山顶的司徒拔道上，现在已经不存在了。当时整个客厅的地板上铺满了他的回忆录的不同章节。我真的不知道他是当时重要的人物。但我对他充满了尊重，他是一个给人留下深刻印象的人，一个有主见和尊严的人。他曾得意地表示，在 1921 年中共一大的最后一天，他和他的同胞如何设法把莫斯科来的共产国际代表关在会议室之外。……他很自豪的是，成立的共产党是中国人的共产党，而不是其他人（苏联人）的共产党。……归根结底，毛泽东在与张的对抗中欺骗了张。张是被胡言乱语欺骗了。……毛泽东就是这样的狡猾和奸诈的人，而张不应该被赋予背叛的恶名。"

1966 年，《我的回忆》完稿，香港《明报月刊》用一笔较大数额的资金，购买了该书的中文版版权。《我的回忆》的中英文版权收入颇为不少，这成了此后十余年间，张国焘一家的主要经济支撑；三个儿子留学和深造的学费，也都来源于此。张国焘前半生波澜壮阔，后半生穷困潦倒，做成的事情不多，悔恨的时候不少；唯有晚年著书立说，以稿费和版权养家这件事，足以自傲。蔡孟坚于 1978 年回忆："十年前（1968 年）他们一家迁往加拿大定居，他们的三个儿子分别赴英国及加拿大深造，均习科学，分别获得博士、硕士学位，都赖国焘夫妇写作出版收入供应学费，均就业成家，并有孙儿女八人。"

从 1966 年开始，《我的回忆》在《明报月刊》连载，直到

1968年，引起了巨大轰动。当然也引来了形形色色的质疑、反驳甚至攻击、谩骂。其中最著名的，是1968年，发生在彭述之和张国焘之间的一场骂战。

看到《明报月刊》上连载的《我的回忆》，彭述之首先跳出来质疑。在1968年6月号的《明报月刊》上，发表了他的雄文《让历史文件作证》，"揭露张国焘所虚构的历史故事。"

同在香港的张国焘，很快看到了彭文，迅速做出回应，在《明报月刊》三十一期和《展望》半月刊一百五十四期（1968年7月1日出版）上，同时发表了《维护历史的真实—并质疑明报月刊编辑》，用一篇超长文字，逐条反驳了彭述之的"不实之辞，胡言乱语"。

彭述之没有立即再发文反驳，他正忙于带着夫人陈碧兰，以游客的身份考察日本；迟至1970年6月28日，他终于不忙了，也写了一篇长文《维护历史的真实，还是维护虚构的历史故事？》。

值得一提的是，张国焘和彭述之这两位中共早期重要领导人，互相之间都不惮于以最恶毒、最粗俗的语言攻击对方。彭述之先是控诉，说张国焘在文章中任意辱骂他：

"如小偷，惯贼，厚颜，画皮，狗急跳墙，贼喊捉贼……"
然后便用他认为更加文明一些的"恶毒"来攻击张国焘：

"全文内容有如亚基思的马厩（Arges's stals），充满着肮脏与紊乱……"

论战到这份上，也就升级为骂战了，彭张之间全方位开火，不但针对对方的政治路线、方针政策，同时也绝不放过对方的人品、能力、性格、态度、恋爱经历、男女关系……

张国焘在论战檄文中，提到了陈独秀发表于1929年12月10日的《告全党同志书》：

"陈独秀《告全党同志书》是当年陈独秀伙同彭述之等搞托派的宣言，为他们被开除中共党籍而辩护的……而且彭述之也正是这一《告全党同志书》的制造者之一；因为他那时是参与这一活动的主要分子，对这文件也参与设计和执笔。"

针对张国焘的这段回忆，彭述之开足了马力予以回击：

"至于陈独秀的《告全党同志书》，完全是他个人的名义，表示他个人的意见，根本用不着别人参加，更无须说要别人"设计和执笔"了。以陈独秀的地位和个性，以他对中共所经历的历史与事实的熟悉，以及他的写作能力，是绝对不需要别人设计和执笔或制造的。只有像张国焘那样写作低能的人，于写作时，才要别人设计和制造，他的"回忆"就是全靠堪萨斯（Kansas）大学教授罗拔布尔登（Robert Burton）帮助他设计和制造出来的。（布尔登教授一九六六年八月在布鲁塞尔访问我时，曾告诉我，为了帮助张国焘写《回忆》，他在香港花费了整整五个年头。从那时起，还要到香港去呆一年，帮助张国焘完成他的《回忆》。他那时写给我的信中，也提到此点。）"

彭述之揭他的老底，他就揭彭述之的画皮。在《明报月刊》三一期上，张国焘发表了《揭穿彭述之的画皮》：

"现在我只有向读者大众和彭述之高声说：根本没有这回事（指彭述之讲述的一段个人经历：1926年3月，"中山舰事件"发生后，上海的中共中央，派彭述之以"中央代表"的身份，前往广州处理此事，彭奉命在广州成立"特委会"，亲任书记。）完全是彭述之造谣，彭述之所说对抗蒋介石的政策和计划是假的，"特委会"根本没有过；彭述之一九二六年五月没有去过广州，彭述之一直不曾成为中共中央的重要领导人，也不是特委书记。"

因为没有具体证据支撑，彭述之的画皮并未被揭穿，暂时完好；彭书记定下神来，继续发表文章，反唇相讥：

"张国焘在他的文章中，除了使用阿飞式的骂人字眼外，并从大陆红卫兵惯骂反对派的词汇中学到一些新名词，如小辫子和画皮之类。"

现在回头看张、彭二人在1968年间展开的这场撕逼大战，难免有一种既怪异又同情的感觉：当时中共建政已近二十年，1968年前后，中共正忙于文化大革命，党内党外热火朝天。张、彭二位作为中共早期的重要领导人，还在为四十年前的党内旧事争执不下，互泼脏水。张、彭二人此时的落魄和不甘心，跃然纸上，半斤八两。

还是在 1968 年，张国焘在《明报月刊》三四期上，发表文章，有这么一段话：

"我对中共有难以形容的感情。好像中共是我儿子，我一直全心全意爱护它的。最初，我觉得这个小孩子发育得很好。后来经过数不清的灾难，我的期望减少了。有时觉得孩子多灾多难，不太长进。我和任何父亲的心情一样，孩子虽不争气，但仍然是自己的儿子。"

对于上述这段话，彭述之大光其火：

"这是何等的狂妄和荒唐！张国焘把他所属的党—中共看做他的'儿子'，读者试想想看，古今中外还有比他更狂妄和荒唐的吧？"

背叛中共、被中共"破门"，是张国焘一生的至痛；彭述之专攻这一点，绝不心慈手软：

"许许多多抱有某种民主观念或自由思想的党员都脱离了中共，这是可以理解的，只需要不参加反动集团，干反革命活动，他们就是完全消极，都可以被原谅的。如果脱离中共，站在真正的马列主义立场来反对中共，那是更可贵的（彭述之是中国托派的代表人物，这句话是在自证清高）。张国焘的情形与此相反。"

张、彭之间骂战正酣，作为平台的《明报月刊》渔翁得利，大卖特卖，受益良多。这又引起了张国焘的不满，他专门写了一篇《向明报月刊严重抗议》的文章，要求公开刊载：

"编辑不能让投稿的人，任意攻击别人。"

张国焘似乎是想结束这场连老脸都丢尽了的骂战。彭述之不依不饶，写了一篇《对张国焘「向明报月刊编辑严重抗议」说几句话》，讽刺挖苦张国焘：

"像这样的抗议，只有在一个条件之下才有理由，那就是：明报月刊拒绝刊登他回答彭述之的文章。但明报月刊在刊出《让历史的文件作证》一文的"编者谨识"中，即已明白表示："张国焘先生关于彭文的任何文章，本刊亦乐于刊登。"既然如此，为什么张国焘还要"严重抗议"呢？……但他忘记了一件小事，香港并不是中国大陆，不是只让一个人瞎说，而不容许别人批评的。"

第十一节：与他人合用一块墓碑

1968年还没有过完，张国焘夫妇便离开香港，移居加拿大，他们的两个儿子早几年已经移民枫叶国（加拿大）了。张杨夫妇到来之后，先是在儿子家暂住，儿子的生活也不宽裕，不久之后，夫妇二人便申请上了政府开办的老人公寓，住到了多伦多郊外。

1970年间，时任加拿大总理的老特鲁多，来多伦多开会，期间曾短暂拜访过张国焘。二人之间谈了些什么话题，目前尚未找到直接的文件资料。

1977年12月中旬，临近圣诞节，已经年过八旬的张国焘忽然中风，身体右手脚麻木，从此便失去了自理能力，卧床不起。

早在二十多年前的香港，夫人杨子烈已经不幸成了跛子，但还能生活自理，丈夫对她还能稍作关照；现在张国焘意外中风，老夫妻二人都成了残疾人，完全无法互相照顾。长子一家无力同时照顾父母二人；只好寻找政府方面的免费资源，帮他们安排风烛残年。一番申请、等待之后，张国焘住进了一家政府主办的免费老人病院，杨子烈继续住在政府的养老院里。相濡以沫了一辈子，到头来老夫妻反而要分居了。于是，在多伦多郊外士嘉堡镇的公交车上，经常能看到一位白发苍苍的老奶奶，拄着拐杖，一路蹒跚着往返于养老院和老人病院之间。

中风后的张国焘记忆力时好时坏。隔壁的老人们也是昏头昏脑，经常有老人有意无意地走到他的房间，把他的眼镜、假牙、手表、台钟等拿走，这成了曾经的红四方面军统帅、现在的中风病人张国焘最大的烦恼。

也有短暂而热烈的幸福时光。1978年的一天，移居美国的老朋友蔡孟坚赶到多伦多，看望了张国焘。蔡孟坚的回忆：

"在张夫人（杨子烈）偕我往访之前，嘱我将一些要谈的话或人名，用大字写好，当交谈时，交给他看看，以帮助他的听觉，并可使他便于回忆。因此我预先作了这些准备。当我见到他时，他大为高兴，欢呼大笑，用他尚能以动作的左手握着我的手说：'老了病了，能见到你就万分高兴。'他的衷挚之情，溢于言表，真令我感动万分。

"（杨子烈）这位当年革命情绪高昂的张夫人，此时虽年老腿伤，须策杖行动，但精神饱满，佛口婆心，顾家人而不忘国事。每日在老人院吃了自助餐后，即乘街车去疗养院陪伴国焘，在病榻边谈天安慰，可说是患难夫妻终生伴。儿孙亦常来承欢。但他们夫妇靠养老救济金维持生活。"

张、蔡二位相见尽欢，一年之后，张国焘即撒手人寰，离开了他试图改造过、已经改造过的世界。

对于张国焘病逝的经过，蔡孟坚也有详细叙述：

"（1979年）12月初，当地大雪不止，（那晚）他转身时毯子掉在床下，自己无法拾起，想叫人也无人来助，暖气关闭，只有咬紧牙关受冻。12月3日5时起，他忽然大吐大呕两小时，就此昏迷，不省人事。待护士欲叫医生诊断，竟已气绝。"

蔡孟坚的这段回忆，是复述张国焘病逝之后，杨子烈主动与他通电话的内容，相较其他版本的"病逝"过程，张夫人的叙述，更加真实可信。

杨子烈给蔡孟坚电话的目的，是想请他帮助料理后事。蔡孟坚请人向时任中华民国（台湾）总统的蒋经国报告了张国焘病逝的消息，并张杨夫妇拮据困顿的经济现状。几天之后，蒋总统指示国民党中央秘书长蒋彦士，电汇蔡孟坚3500美元，请他转交杨子烈，用于处理张国焘的后事。

后事的处理简单而顺畅。张国焘辞世两天之后，12月5日，即被安葬在加拿大多伦多近郊士嘉堡镇（Scarborough）的松山墓园之中。

1994年3月，陪伴张国焘一生的杨子烈，病逝于士嘉堡的养老院中，享年92岁。家人将杨子烈与张国焘合葬一处，张、杨夫妇的中英文名字，被平行地刻在墓碑之上。

张杨夫妇的墓碑背向大路，不仔细分辨，很难发现。更让人迷惑的是，张杨夫妇的墓碑，是和另一对外国老夫妇合用的一

—这有点像加拿大常见的一种普通民宅 semi-detached house，类似中国大陆常说的"半独立别墅"。墓碑的另一面，是那对外国老夫妇的姓名，姓氏为（Last Name）Black。铭文显示，这对 Black 夫妇得享高寿，卒年分别为 87、88 岁。Black 夫妇生前未必听说过 Mr Zhang，但一定知道 Chairman Mao；他们到死也想不到，会与毛泽东最重要的政治对手张国焘，在同一块石头上，刻下自己的姓名。

后记

2018年圣诞节期间,我带着家人,和老周兄一家三口,从加拿大多伦多,飞到古巴首都哈瓦纳附近的一个海滩酒店度假。

这是一个封闭的涉外度假村,只有服务员是古巴本地人,连流通货币都是特制的;更封闭的是,每天只有晚上7:00-8:00一个小时可以接通互联网。每天除了泡在海里,就是徜徉于几个不同风味的餐厅之间,看哪个先开饭。百无聊赖之际,老周兄拿出一套盗版的《我的回忆》,借给我打发时光。

很快我就不无聊了,跟着张国焘行云流水的笔触,跳过盗版书特有的离奇错误,来到了洪江会的造反现场和"二七大罢工"的紧张时刻。没有互联网干扰的阅读体验爽极了,之前阅读此类书籍时,但凡遇到一丁点问题,总要按捺不住求证的冲动,放下书,打开网,检索一番,答案是找到了,但阅读的顺畅感也被打断了。这有点像性爱和幽默感,你很难兼顾得到。

老周兄是一位既博大又精深的旅加学者,之前在哈工大做材料方面的工作,掌握着本领域的尖端技术和多项自有知识产权;更为难得的是,我所了解的文科知识,他全都了解,而且见解独到。回多伦多的飞机上,自然是开聊张国焘,共识太多了,总是"又想到一块去了";飞机落地了,各自的大腿也都被拍红了。

从古巴回来,已经是2019年元旦,那一年是建国七十周年;和老周兄的最大共识就是:要赶在建党一百周年之际，把本书《张国焘传》写出来。

真正动笔开写，是在2019年清明之后。清明期间，我约老周兄一道，去祭奠安息在多伦多市士嘉堡镇松山墓园的张国焘。因提前做过功课，没费多大劲就找到了背对着墓园通道、与另一对西人老夫妇共用一块墓碑的张国焘墓；距离墓碑五米左右，是张国焘先生和杨子烈女士的棺木安放地，英文铭牌嵌在地面之上：kaiyin；这是张国焘父亲为他取的字"恺荫"的拼音。

张杨夫妇的墓碑和墓地，很可能是松山墓园内最廉价的"产品"。距离张墓不远的另一块墓区上，鳞次栉比地排列着大大小小的石牌坊、石抱柱、石龟蚨等华人世界才有的往生符号；简单浏览了一下，大部分是客死异乡的洪门兄弟的墓碑——高大威猛的是大哥，精巧细致的是小弟？大概应该如此。

回程的车里，我和老周兄闲聊：那些张扬的洪门石牌坊下的英灵，他们会否想到，"卧榻之侧"，安眠着一位曾经搅动中国政局许多年、差点主宰全体国人命运的大英雄？

因为有洋洋七十万字的《我的回忆》为参照，写起来很顺利。在本书开头，我曾借考证"张国焘入读北京大学的准确时间"，辩驳了《我的回忆》里的史实错误；这类错误很多，差不多俯拾皆是。所以，《我的回忆》还真的仅只是"我的"回忆，不能当成信史看待；否则一不小心，就被张主席带到了沟里。但《我的回忆》是一个很好的"提词器"，任何一个与张国焘有关的历史细节，它都没有放过。

1929年夏天，在莫斯科中山大学的一次冗长会议上，有二十八个共产党员和一个共青团员，表态支持陈绍禹（1931年以后改名王明）控制的支部局；于是"二十八个半布尔什维克"的名号，便横空出世了，这里面出了三位中共最高领导人和一位中华人民共和国主席。张国焘不属于这 1/28.5，但我们可以借用一下类似的命名方式：在中国现代史上，张国焘最重要的作为，大致有"三个半事情"：

第一个事情，是以大会主席的身份，主持中国共产党第一次全国代表大会，创建了中国共产党。说陈独秀是中共的缔造者，不会有异议；说李大钊是中共的缔造者，有人会有疑义；说张国焘是中共的缔造者，了解历史真相的人，不会有异议。

第二个事情，是以空降中央代表的身份，重新创建了鄂豫皖根据地。"重新创建"这个说法，是借鉴乔布斯"重新发明了手机"这个表述。在张国焘之前，中央往这个三省交界的大别山区空降了三拨最高领导人，唯有张国焘成了终结者。稍后，他又率领红四方面军转战川北，创建了川陕根据地。四年多一点的时间里，他创建了两个根据地，组建了一支八万人的百战雄师。

第三个事情，就是尽人皆知的"另立中央"了。所谓"另立"，一定是先有了一个，然后又立了一个。由谁来判断哪个是"先立"的，哪个是"另立"的，这个至关重要。姜文的名片《让子弹飞》里，有一句著名的台词："你不重要，没有你很重要"。1935 年 10 月，张国焘"另立中央"的时候，中共中央的上级机关共产国际，已经"很重要"地消失了大半年，与中共中央完全失去了电讯联络。值得一提的是，这期间还召开了遵义会议，毛泽东在会后被增补为中共中央书记处书记（相当于后世的中共中央常委）。

张国焘人生中的第"半"个事情，就是"叛党"。按他本人给周恩来的原话，是"情愿被破门"。之所以只能列为"半"件事情，是因为蒋介石不予配合，没有把这桩颇有潜力和前途的事情，往大了整，成为完整的一件事。张国焘叛党之后，在每天坚持写日记的蒋委员长精心安排之下，这位中共第三号政治人物、实力最强的军事统帅、毛泽东一生中唯一势均力敌的党内竞争者，成了国民党内部三流人物、当代影视界顶流IP、特务头子戴笠手下的末流角色。蒋介石一生浪费了太多的历史机遇，埋没了太多不世出的枭雄和精英，他最后还能躲在一个小岛上终老，结局不算太坏，这是他"配合"共产党和毛泽东取他而代之、应得的奖励。

大约半年前，2020年9月，偶然接触到台湾著名作家高阳先生的一部历史小说《清末四公子》，那些山堆海积的清末民初史料，欲说还休的历史真相，精巧细致的雅谑调侃，读起来非常过瘾；突然就悟出了点什么：我也可以这么写啊！《清末四公子》这部在大陆并不出名、更不流行的高阳作品，成了我悟道的龙场。

悟道之后便豁然开朗，之前为了紧随"张国焘"而忍痛放弃的人和事，现在都可以往书里写了；这部书不是博士论文，也不是结项报告，让自己写着过瘾，让读者看着畅快，这便是对得起各方面、便是"致良知"了。

于是便有了刘清扬与张申府的狂恋故事，有了李之龙的乌龙故事，有了陈延年、陈乔年的悲情故事，有了刘从云的神仙故事，也有了张国焘和彭述之两位古稀老人的撕逼故事。

但是也有写不完的人。张闻天是1/28.5，更早的时候，他还自费留学美国两年半，在加州大学伯克利分校旁听过包括经济学在内的多门课程；1930年从苏联回国时，31岁的他已经先后留学日本、美国、苏联，熟练掌握日语、英语、俄语三门外语，学贯中西，眼界开阔，精力充沛，思维敏捷，就算是搁在国门洞开的今天，也是各方争抢的稀缺人才，稍作历练，必定会有一番大作为。

张闻天在遵义会议后被推举为中共中央总书记，一力扶持毛泽东成为党的实际最高领导人；毛泽东心怀感激，多次公开称其为"开明君主"。张闻天的开明，源于他的国际视野和科学思维。1959年著名的庐山会议上，彭德怀用直白的语言批评毛泽东不懂经济、胡乱折腾；张闻天支持彭德怀，发言三个小时，运用最基础的经济学理论，讲了一个再寻常不过的道理：要按经济规律办事，不能只凭主观意愿，不能只靠政治要求。毛泽东闻之震怒，将他打成彭（德怀）黄（克诚）周（小舟）张（闻天）反党集团的最后一位。但毛泽东毕竟不是朱元璋，党内高层斗争中，除非"罪大恶极"，一般很少肉体消灭；张闻天被给了出路，到中科院经济学所任特约研究员，也就是让他好好歇着，闭门思过。

但张闻天有一颗永不安宁的心，"特约"了两年左右，通过在江苏、浙江、上海三个经济活跃省份，和湖南这个红太阳升起的省份实地调研，撰写了一份调查报告《关于集市贸易等问题的一些意见》，上呈毛泽东，开门见山地提出，政府应允许、容忍、鼓励集市贸易的存在。这是1962年的事情，"政治挂帅"的口号已经甚嚣尘上，张闻天胆识之卓越，实在让人敬佩，加州大学伯克利分校两年半的旁听生涯，功夫没有白费。1969年至1975年，张闻天夫妇被下放到广东肇庆，他坚持写作，反复强调：社会主义社会的首要任务，是发展生产力；文章合在一起，就是《肇庆文稿》。

大约在同一时期，张闻天的上海同乡、党内后辈、中科院经济学所同事顾准，也在艰难的生存环境之下，独立思考类似的问题（张闻天生于江苏南汇，现属上海浦东）。今天的大陆思想界，顾准作品和思想，已经成为官方默认的"显学"；但张闻天在《集市贸易意见》、《肇庆文稿》中提出的、具有开山价值和预言意义的创见，却由于他本人曾任中共最高领导人的特殊经历，而被严格审查、谨慎对待，很难公开出版发行，一般人无由得见。说张闻天是中共领导人中的"顾准"，一定是抬高了顾准的历史地位。张闻天一路高开低走的惨淡命运，被他的秘书何方（党史专家）称为"强大的封建传统之下的必然结局"。

之所以多写几句张闻天，是因为在书中正文里没有写完。写不完的人和事，何止一个张闻天？高阳先生才是旷世逸才，可以用三百万言，写作一部《慈禧全传》。

至于这些呈现在读者面前、已经写完了的内容，虽然难免浅薄疏漏，许多地方下功夫不够，往往管窥蠡测，不甚了了；但毕竟下了两年功夫，特别是身处加拿大，无缘百度，多用谷歌，而且还是英文的，一些生动有趣的史料也就有缘得见。所以这本小书，或许还有一些可取之处：史料方面，尽量引用原文，并扼要标明出处，以方便有心的读者延伸阅读；史论方面，尽量不人云亦云；当然，也并没有刻意颠覆、揭露、讽刺、影射。另外，书中若有戏谑和调侃之语，请一定相信，那纯属自娱自乐、悦己及人；绝不意味着对传主不尊、对历史不敬。

写作过程中，参考了若干种国内、国外正式出版的张国焘传记及相关书籍，书目附后，一并诚挚感谢。叙述一些具体历史事件时，或有引用相关书籍的相关文字，仅限于事实叙述，并无观点、论述方面的复写；如有此类异议，敬请作者告知，以便维护版权、厘清责任、并待修订再版时予以改正。

国内虽然正式出版了若干种张国焘传记——此为值得肯定的开明情景、"解冻"现象；但由于"你懂得"的原因，史料方面的删改取舍，难免过于大刀阔斧。感谢王者之剑、陈阿勇、耿之林、子规、杨杨等一众亲友的帮助，有的帮我往加拿大背书；有的帮助联系国内的研究者、知情人；有的为我申请美国大学图书馆系统的校外卡，方便我查阅相关资料。感谢小洁洁和大勇勇，作为江西人，你们是我求证张国焘乡音特点的最佳人选。张国焘第一次在北大登台演讲，就因为浓重的江西腔，得了一个"群众运动"的绰号，被全校师生牢牢记住了；这一有趣的历史细节，对于张国焘来说、甚至对于中共党史来说，都并非无关紧要。感谢美国麻州大学教授老郭兄，他说书出来之后，要为我在智库云集、牛人扎堆的波士顿，在他富丽堪比王宫、堂皇不亚国宴的餐厅里，举办一场新书发布会。凡此种种，不一而足；感恩戴德，没齿不忘。

感谢加拿大国际出版社的解老师。解老师的专业精神、职业态度以及丰富的文史修养，为这本海外出版的中文书，增色良多。

至于老周兄，他其实是本书的第二作者，说"感谢"已经不准确了——遂无异趣，期待再次合作。

2021 年 4 月 21 日

参考书目

《我的回忆》，张国焘 东方出版社 2004 年
《张国焘和「我的回忆」》，于吉楠 四川人民出版 1984 年
《张国焘传》，张树军 红旗出版社 2009 年
《张国焘传》，苏若群 姚金果 天地出版社 2018 年
《解秘档案中的张国焘》苏杭 苏若群 人民出版社 2015 年
《张国焘的这一生》，少华 湖北人民出版社 2010 年
《张国焘问题研究资料》，四川人民出版社，1982 年
《记叛徒张国焘》，成仿吾 北京出版社 1985 年
《历史的回顾》，徐向前 人民出版社 2016 年
《周恩来选集》，人民出版社 1997 年
《苏俄在中国》，蒋介石（台湾）中央文物供应社 1956 年
《军统内幕》，沈醉 中国文史出版社 2001 年
《蔡孟坚传真集》，蔡孟坚 传记文学出版社 1981 年
《西行漫记》，埃德加斯诺 三联书店 1979 年
《昭萍志略》，刘洪辟 1935 年
《清末四公子》，高阳 华夏出版社 2014 年
《共产国际有关中国革命的文献资料》，中国社会科学出版社，1981 年
《共产国际、联共（布）与中国革命文献资料选集》，北京图书馆出版社 1997 年
《联共（布）、共产国际与中国国民革命运动》，北京图书馆出版社 1997 年
《共产国际、联共（布）与中国革命文献资料选辑》，中央文献出版社，2002 年
《共产国际、联共（布）与中国革命档案资料丛书》，中共党史出版社 2007 年
《中共党史大事记》，中共党史出版社 1981 年
《中共党史报告选编》，中共中央党校出版社 1982 年
《中共中央文件选集》，中共中央党校出版社 1989 年
《中共中央文献选集》，中共中央党校出版社 1990 年

《鄂豫皖革命根据地》，河南人民出版社，1990年
《川陕革命根据地史料选辑》，人民出版社，1986年
《川陕革命根据地论丛》，四川大学出版社，1987年
《川陕苏区报刊资料选编》， 四川省社会科学院出版社 1987年
《中国工农红军第四方面军战史》，解放军出版社 1989年
《中国工农红军第四方面军战史资料选编》，解放军出版社，1993年
《红军长征文献》，解放军出版社 1995年
《巩固和发展陕甘苏区的军事斗争》解放军出版社 1999年
《明报月刊》杂志 1968年-1970年
《历史档案》杂志 1981年第二期
《炎黄春秋》杂志 1993年第一期